PANTHÉON EN POCHE

Dieux et déesses de l'Antiquité

PANTHÉON EN POCHE

Dieux et déesses de l'Antiquité

Précédé

d'un entretien avec Pierre Brunel

Textes réunis et présentés

par

Laure de Chantal

Deuxième tirage

LES BELLES LETTRES

2013

© 2013, Société d'édition Les Belles Lettres
95, bd Raspail 75006 Paris

Premier tirage 2007

www.lesbelleslettres.com
Retrouvez Les Belles Lettres
sur Facebook et Twitter

ISBN: 978-2-251-03001-2
ISSN: 0003-181X

ENTRETIEN AVEC PIERRE BRUNEL

Pierre Brunel, membre de l'Institut universitaire de France de 1995 à 2005 est professeur de littérature comparée à l'université Paris Sorbonne (Paris IV). Il a écrit de nombreux ouvrages concernant la mythologie et la mythocritique, comme Le Mythe de la métamorphose *et* Le Mythe d'Électre *; il a dirigé le* Dictionnaire des mythes littéraires.

LAURE DE CHANTAL : Qu'est-ce qu'un panthéon ?

PIERRE BRUNEL : Il y a trois sens différents. Le panthéon ancien, qui est celui des dieux, et en particulier celui des dieux de l'Olympe ; le Panthéon qui est le bâtiment que nous avons à côté de la Sorbonne, destiné à honorer les morts illustres, auxquels la patrie est reconnaissante, ce qui ne signifie pas pour autant que ces morts illustres soient devenus des dieux. Et puis je pense qu'il y a l'acception courante, banale, le panthéon qui désigne une réunion de sommités ou une réunion de valeurs. Pour moi, le bon sens est le premier, évidemment, car puisqu'il y a *theos* dans le nom, il faut que le divin soit là. Tout panthéon qui est « dédivinisé » est un panthéon qui est également dévalorisé.

Et le monument de Rome ? Quels dieux y étaient adorés ?

À Rome, le Panthéon était un temple, où tous les dieux étaient adorés, à commencer par les dieux grecs et latins. Vous savez que les Latins ont très largement repris le panthéon grec : ils l'ont adapté, ils ont changé les noms des dieux, au besoin en assimilant certains de leurs dieux locaux avec ceux de la Grèce, mais les différences entre Minerve et

Athéna, Zeus et Jupiter, Aphrodite et Vénus, sont minimes. D'ailleurs dans le bâtiment que nous évoquions, TOUS les dieux pouvaient être priés, et non ceux de Rome et de la Grèce uniquement : les cultes égyptiens et orientaux avaient leur place. D'une manière amusante quoique assez naturelle, il est devenu par la suite une église. Le Panthéon français dans l'histoire duquel j'aime à me perdre a, en tous cas maintenant, une destination totalement différente. Les civilisations passent, les panthéons demeurent.

Ce livre traite de mythologie, un sujet parfois difficile à circonscrire : quelle définition donneriez-vous à ce terme ?

La mythologie est un mot dont on use et dont on abuse aujourd'hui. Peut-être traite-t-il plus de mythes que de la mythologie qui est une science, un discours, sur le mythe et quel que soit le sens très large du mot en grec, je pense qu'il est prudent de réserver « mythe » à ce qui est en relation avec le religieux. Donc la mythologie c'est pour moi un peu comme le panthéon, c'est un ordre de discours dans lequel le divin et la divinité sont présents.

Un ordre de discours que l'on retrouve en littérature ?

Oui, avec le statut divers que la littérature peut lui donner. Il peut y avoir dans un texte des éléments mythologiques qui conservent leur signification première, et puis il peut y avoir toutes les formes de transposition, voire parfois de dégradation. Y compris les reprises parodiques qui sont si nombreuses dans la littérature contemporaine. Par exemple, dans les romans de Robbe-Grillet, quand la sirène devient le nom d'une marque de conserve, on est dans un autre ordre.

Quels sont les rapports avec les contes et les légendes ?

Je suis soucieux d'être rigoureux à cet égard, et ma référence est le livre d'André Jolles, *Formes simples*, qui date de

1930 et dont la traduction française a paru en 1972. La légende est à l'origine ce qui doit être lu, et donc, au sens propre, ce qui concerne les vies de saints, ou, si l'on élargit, les destinées héroïques quand elles sont considérées comme des modèles ; le conte est ce qui est supposé avoir une fin heureuse, sauf quand ce conte est un conte tragique, où c'est l'inverse qui se produit. Quant au mythe c'est, pour moi, ce qui est lié aux divinités, aux fils de dieu, aux héros, au sens strict du terme, c'est-à-dire quand ce héros a une ascendance divine.

Quels sont vos dieux et déesses préférés ?

Comme dieu je choisirais Hermès, parce que c'est le dieu du secret, et comme déesse Aphrodite parce que c'est, quand même, celle qui frappe le plus les hommes. Par ailleurs, le surgissement des eaux est une image extrêmement féconde pour mon imagination.

Vous pensez au tableau de Botticelli ?

Je vois le tableau de Botticelli, je pense aux magnifiques vers d'Hésiode, au poème de Rimbaud, *Credo in unam.* Le mythe de la naissance de Vénus a été fortement exploité par la littérature, mais il me donne toujours l'impression d'un surgissement miraculeux. C'est la fascination à l'état pur.

À quelle occasion avez-vous rencontré cette mythologie et cette littérature ?

Rien de plus banal : j'ai fait des études de lettres classiques donc j'ai été nourri, forcément, de mythes latins et grecs, mais disons que dans l'ordre du travail de recherche, il y a eu un événement décisif dans ma vie, qui est la rencontre d'un ami, et collègue, Philippe Sellier. Je sortais à l'époque de mon doctorat. Nous nous sommes trouvés sur ce terrain, avec le désir de créer une collection, la collection « Mythes ». Cette rencontre a été pour moi absolument déterminante dans le cours des travaux que j'ai entrepris à ce sujet. Lui était spécialiste du XVIIᵉ siècle à l'origine, moi j'avais fait une thèse sur Claudel, donc nous n'étions directement conduits ni l'un ni l'autre vers le mythe, mais, que voulez-vous, la mythologie a un pouvoir d'attraction assez irrésistible.

La mythologie antique est non seulement parvenue jusqu'à nous, mais elle a fondé et influencé la nôtre. Comment expliqueriez-vous ce parcours ?

Cela reste mystérieux. Il y a sans doute le poids de la tradition scolaire, il ne faut pas se le cacher, mais ce n'est pas la seule raison. Peut-être est-ce cette attraction irrésistible que nous évoquions. Je suis frappé, par exemple, de l'intérêt des étudiants pour la mythologie. C'est une excellente chose. Étudier le latin et le grec peut se faire dès le collège et le lycée, parce qu'il y a ce côté séduisant pour l'imagination. En outre la mythologie permet d'apprendre des choses essentielles sur notre passé bien sûr, mais aussi sur notre civilisation et peut-être sur nous-mêmes : tout le monde en tire quelque chose. Et puis le goût de l'homme pour le surnaturel et pour le mystère a aussi permis que les mythes voyagent jusqu'à nous.

Quel a été le rôle des arts ? La littérature, la statuaire ou la peinture sont-ils des « préservateurs » de mythologie ?

Ils en ont été en tous cas les vecteurs. Je pense que la littérature et l'art ont joué un rôle considérable : pendant longtemps les mythes antiques étaient la principale source d'inspiration. Ces dieux, je crois qu'il ne faut pas les voir comme nécessairement figés. Ils sont statufiés pour nous, mais cela n'empêche pas qu'ils conservent quelque chose de fascinant, de vivant. Ce ne sont pas seulement des images qui nous sont imposées. Je ne crois pas que ce soient des dieux morts. Vous vous rappelez peut-être cette page, dans l'*Esthétique* de Hegel, où justement le philosophe parle des dieux latins et grecs comme de dieux morts parce que leur regard, dans les statues, n'a pas d'expression. Eh bien je trouve que nous sommes constamment au-delà de cela. Si ces dieux étaient uniquement des figures livresques, s'ils n'étaient que des images de statue, ils n'auraient pas la force qu'ils ont conservée jusqu'à nous. Ils ont inspiré les artistes qui à leur tour nous inspirent ou nous délivrent selon la conception que nous nous faisons de l'art. Ils sont gravés dans notre imaginaire, dans des textes dont les plus marquants vont, dans ce livre, être découverts par le lecteur.

On trouve ces dieux aujourd'hui même dans la publicité, ne serait-ce que dans le nom de certaines marques.

J'ai été à un moment donné en contact avec cette entreprise par un ami interposé, mais la prestigieuse marque n'a aucun rôle, je pense, dans la fascination pour Hermès dont je vous parlais tout à l'heure ! En revanche, ce qui est décisif dans la séduction qu'Hermès exerce sur moi, c'est le moment, dans la mythologie, où il dérobe les troupeaux de son frère Apollon. Le côté rusé, un peu voyou d'Hermès me plaît plus qu'un dieu en majesté ; et puis il est aussi le dieu des voyages.

Quelle est la particularité des mythologies grecques et latines par rapport aux autres ?

Elles viennent de notre culture, et, forcément, nous sommes moins familiarisés avec les dieux scandinaves ou les dieux de l'Inde qu'avec ceux qui ont nourri nos études et notre histoire. Mais peut-être aussi est-ce à cause de leur caractère anthropomorphique. Je pense qu'ils auraient moins de force sur notre imagination s'ils n'étaient représentés comme des hommes et plus que des hommes. C'est-à-dire qu'ils sont proches de nous dans leurs manifestations, dans l'ordre de l'épiphanie, et en même temps ils sont supérieurs à nous, loin de nous, par la transcendance dont ils sont chargés. Les dieux de l'Inde me parlent moins parce que leur anthropomorphisme est moins net. Quant aux dieux et aux héros scandinaves, parce qu'ils nous sont historiquement moins familiers, ils se perdent dans une brume pour le coup véritablement nordique.

La statuaire a donné corps à cet anthropomorphisme. Je pense à la statue si belle de Praxitèle représentant Hermès : le dieu tient dans ses bras Dionysos encore enfant. Il y a dans son attitude une grâce et une simplicité à la fois proches et idéales qui sont bouleversantes. Nul ne peut y rester indifférent. Le plus étonnant est le fait que ces statues, parfois mutilées, sinon souvent, ont une force de représentation intacte.

Si l'anthropomorphisme a été aboli dans la religion quand le polythéisme a été remplacé par le monothéisme, il a été conservé dans les arts.

Pensez-vous qu'on puisse s'identifier à ces dieux un peu comme à des « super héros » ?

Oui, bien sûr et pourquoi pas ? Cela fait partie de l'actualité que la mythologie a su conserver. En même temps l'identification ne dure qu'un instant, car ces dieux se dérobent à nous : ils sont doués d'une multiplicité très grande, bien plus que les « super héros » produits par les époques récentes. Surtout, ils ne sont pas manichéens : il n'y a pas de « méchants » et de « gentils » dans le panthéon. Et puis, forcément, ils ne sont proches de l'homme qu'en apparence. Athéna, dans l'*Odyssée*, est la protectrice du héros qui est un humain, Ulysse, mais, en même temps, elle le manipule et le trompe, comme lorsqu'il est débarqué par les Phéaciens à Ithaque : Athéna fait en sorte qu'Ulysse ne reconnaisse même pas son pays ! Elle déroute son protégé et elle nous déroute nous aussi, je pense, en tant que lecteurs. Elle prend un caractère protéiforme qui fait qu'elle s'échappe et qu'elle s'éloigne de nous, au moment même où elle est pourtant attentive au destin d'un homme.

Il est dans le caractère des dieux antiques de contenir une ambivalence : ils sont à la fois très humains et surhumains, bénéfiques et maléfiques. Tous ont leur part d'ombre. Par exemple, l'Apollon farouche, vengeur, capable d'écorcher ses rivaux, semble loin de l'Apollon rayonnant, lumineux et clairvoyant. Dans le cas d'Apollon c'est très net : quand, après avoir vaincu Python, à Delphes, il est obligé de s'exiler vers la Grèce du Nord, lui aussi il se perd dans les brumes, il y a un temps d'ombre, même pour le dieu de la lumière. De même Aphrodite peut être sombre et cruelle, quand elle décide de se venger d'Hippolyte. Tous les dieux grecs et latins ont cette ambivalence qui nous fascine, surtout dans le monde volontiers manichéen dans lequel nous vivons : les dieux anciens n'ont que faire du Bien et du Mal. Cette ambivalence est une force, un élément essentiel du message que ces dieux peuvent nous apporter : l'ombre et la clarté ne sont-elle pas également aveuglantes ?

La Méditerranée antique (1 cm = 280 km)

Le monde grec (1 cm = 98 km)

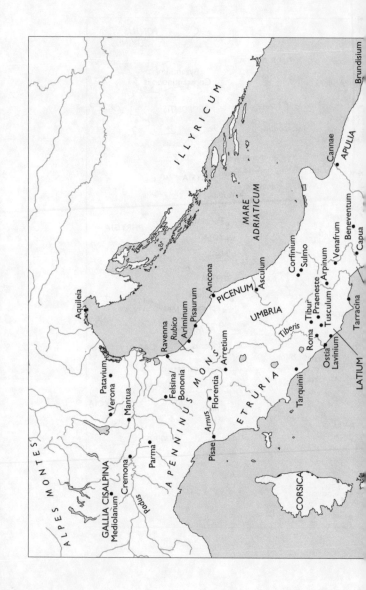

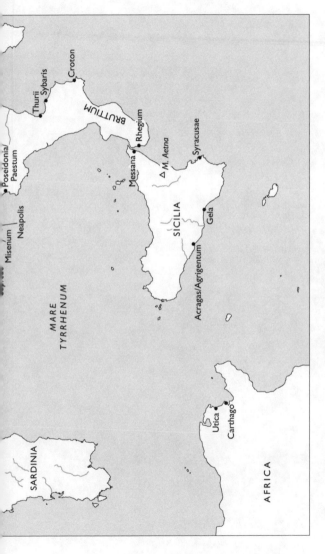

L'Italie antique (1 cm = 93 km)

I

LA NAISSANCE
DU MONDE

LES DIEUX DES ORIGINES

Qu'y a-t-il à l'origine du monde ? Les Grecs ne manquèrent pas de se poser la question. Le premier témoignage qui nous est parvenu est celui d'Hésiode[1] (vers 700 av. J.-C.). Dans la *Théogonie*, le poète paysan raconte ce que lui dirent les Muses, au sommet de l'Hélicon, un beau jour où il faisait paître ses bêtes. Si l'enseignement des Muses est révélé, il n'est en rien dogmatique : les déesses de l'inspiration précisent au poète « nous savons conter des mensonges tout pareils aux réalités ; mais nous savons aussi, lorsque nous le voulons, proclamer des vérités »[2]. La mythologie grécolatine commence par une cosmogonie et une théogonie, c'est-à-dire le récit de la naissance du monde et des forces divines. Les dieux de l'Olympe ne sont pas, pour les Anciens, les premiers : il y eut un monde d'avant les hommes, et d'avant leurs dieux, doté de divinités, brutales et balbutiantes comme le monde qui vient de naître.

---

1. Pour une présentation des auteurs, voir « Les auteurs du Signet » en fin de volume.
2. *Théogonie*, 17-18.

HOMÈRE
VIIIᵉ s. av. J.-C.

VIRGILE
Iᵉʳ s. av. J.-C.

CLAUDIEN
Vᵉ s. ap. J.-C.

Hésiode

LES PREMIERS DIEUX

Donc, avant tout, fut Abîme[1]; puis Terre aux larges flancs, assise sûre à jamais offerte à tous les vivants, et Amour, le plus beau parmi les dieux immortels, celui qui rompt les membres et qui, dans la poitrine de tout dieu comme de tout homme, dompte le cœur et le sage vouloir.

D'Abîme naquirent Érèbe et la noire Nuit. Et de Nuit, à son tour, sortirent Éther et Lumière du Jour. Terre, elle, d'abord enfanta un être égal à elle-même, capable de la couvrir tout entière, Ciel Étoilé, qui devait offrir aux dieux bienheureux une assise sûre à jamais. Elle mit aussi au monde les hautes Montagnes, plaisant séjour des déesses, les Nymphes, habitantes des monts vallonnés. Elle enfanta aussi la mer inféconde aux furieux gonflements, Flot – sans l'aide du tendre amour. Mais ensuite, des embrassements de ciel, elle enfanta Océan aux tourbillons profonds, – Coios, Crios, Hypérion, Japet – Théia, Rhéia, Thémis et Mnémosyne, – Phoibé, couronnée d'or, et l'aimable Téthys. Le plus jeune après eux, vint au monde Cronos, le dieu aux pensers fourbes, le plus redoutable de tous ses enfants; et Cronos prit en haine son père florissant.

Théogonie, 116-138

---

1. Ou encore le Vide: *Chaos* désigne une profondeur béante.

HOMÈRE
VIIIe s. av. J.-C.

VIRGILE
Ier s. av. J.-C.

CLAUDIEN
Ve s. ap. J.-C.

Hymnes homériques

*Même s'ils ne font pas partie du panthéon les éléments des commencements n'ont pas disparu. Les Anciens vénéraient encore ces dieux d'autrefois comme en témoigne l'*Hymne à la Terre.

À LA TERRE

C'est la Terre que je chanterai, mère universelle aux solides assises, aïeule vénérable qui nourrit sur son sol tout ce qui existe ; tous les êtres qui marchent sur le sol divin, tous ceux qui nagent dans la mer, tous ceux qui volent, se nourrissent de ta richesse. Grâce à toi, les hommes ont de beaux enfants et de belles moissons, ô Souveraine ! C'est à toi qu'il appartient de donner la vie aux mortels, comme de la leur reprendre. Heureux celui que tu honores de ta bienveillance ! Il possède tout en abondance. Pour lui, la glèbe de vie est lourde de récolte ; dans les champs, ses troupeaux prospèrent, et sa maison se remplit de richesses. Ils gouvernent avec de justes lois une cité où les femmes sont belles ; la grande fortune, ainsi que l'opulence, suit leurs pas. Leurs fils brillent d'une joyeuse et vigoureuse jeunesse ; leurs filles, le cœur content, jouent dans les danses fleuries et bondissent parmi les tendres fleurs des prés : voilà le sort de ceux que tu honores, déesse auguste, divinité généreuse !

Salut, Mère des Dieux, épouse du Ciel Étoilé ! Daigne, dans ta bienveillance, m'accorder pour prix de mes chants, une vie qui plaise à mon cœur ! Pour moi, je penserai à toi dans mes autres chants !

À la Terre

5

HOMÈRE
VIIIᵉ s. av. J.-C.

VIRGILE
Iᵉʳ s. av. J.-C.

CLAUDIEN
Vᵉ s. ap. J.-C.

Platon

La création telle qu'Hésiode l'évoque, si elle fait référence, est loin d'être la seule : orphiques, pythagoriciens, chaque secte a sa version, et même Platon, bien que fort peu crédule en matières de mythes, propose la sienne : le Démiurge, c'est-à-dire en grec l'artisan ou l'ouvrier, divinité unique, a façonné l'univers.

LE DÉMIURGE

Or, tout le reste, jusqu'à la naissance du Temps, avait été fait à la similitude de ce modèle auquel il ressemblait. Mais le Monde ne comprenait pas encore en lui-même tous les Vivants qui devaient naître en lui et, par là, sa ressemblance à son Modèle n'était point encore parfaite. Et ce reste de son ouvrage, le dieu l'a accompli, en reproduisant la nature du modèle. Dans la mesure donc où l'intellect aperçoit les Formes comprises dans ce qui est le Vivant, sait quelles elles sont et en quel nombre, le dieu a pensé que ce Monde-ci également devait en contenir de telles et en même nombre. Or, il y en a quatre : la première est l'espèce céleste des dieux, la seconde l'espèce ailée qui circule dans les airs, la troisième l'espèce aquatique, la quatrième celle qui vit sur terre et qui marche. Pour l'espèce divine d'abord, le dieu a, pour la plus grande part, façonné de feu sa structure, afin qu'elle fût la plus brillante et la plus belle à voir, et, la formant à l'imitation du Tout, il lui a donné une figure bien arrondie. Il a mis, en sa partie la plus puissante, une Sagesse, capable de suivre l'ordre du Tout ; il l'a distribuée en cercle dans le Ciel tout entier, de telle sorte que le Monde, véritablement Cosmos, ordre et beauté, en fût diversifié dans sa totalité. À chacun de ces dieux il a attaché deux mouvements : l'un se produit dans le même lieu et selon des rapports invariables (car chacun d'eux médite toujours en lui-même les mêmes pensées relatives aux mêmes objets); l'autre s'effectue vers l'avant et il est dominé par la révolution du Même et du Semblable. Quant aux cinq autres mouvements, ces dieux ne les ont pas d'emblée et ils ne les auront pas à l'avenir, afin que chacun naisse le plus parfait possible. Voilà donc pour quelle cause naquirent ceux des astres qui n'errent pas, Vivants divins et éternels, qui toujours demeurent identiques et tournent dans le même lieu. Quant aux astres qui vont et viennent et errent de cette façon qu'on a dite plus haut, ils sont nés après ceux-là, ainsi qu'on l'a exposé. Pour la Terre, notre nourrice, qui est pressée étroitement autour de l'axe qui traverse le Tout, le dieu l'a disposée pour être la gardienne et la protectrice de la Nuit et du Jour, la première et la plus vieille des divinités qui sont nées à l'intérieur du Ciel. Mais décrire les chœurs de danse de ces astres, faire connaître leurs positions voisines, près de l'horizon, quand leurs trajectoires rebroussent sur elles-mêmes, ou quand elles se devancent les unes les autres, montrer quels sont, dans les conjonctions et les oppositions, ceux de ces astres qui se placent en face les uns des autres et ceux qui se mettent à l'opposite, lesquels d'entre eux passent les uns devant les autres et peuvent être ainsi cachés et en quels temps, puis nous apparaître de nouveau, épouvanter de la sorte ou instruire des événements à venir les hommes incapables de raisonner, ce serait se donner une peine inutile que d'entreprendre de l'exposer, si on ne faisait voir en même temps quelques modèles construits à l'imitation de ces phénomènes. En voilà assez sur ce sujet et mettons fin ici à notre exposé sur la nature des dieux visibles et engendrés.

Quant aux autres divinités, raconter et connaître leur origine est une tâche qui nous dépasse, et il faut faire confiance à ceux qui ont parlé avant nous. Descendants de ces dieux, à ce qu'ils disaient, ils connaissaient sans doute exactement leurs aïeux. Et il est impossible de ne pas accorder créance à des enfants des dieux, même quand ils parlent sans démonstrations vraisemblables, ni rigoureuses. Mais il faut les croire, comme le veut l'usage, quand ils assurent qu'ils débitent là leurs histoires de famille. Voici donc pour nous, d'après eux, la généalogie de ces dieux-là. Océan et Thétys ont été les enfants de Gaia et d'Ouranos et de ceux-là sont nés Phorkys, Cronos, Rhéa et ceux qui vont avec eux. De Cronos et de Rhéa sont nés Zeus, Héra, et tous ceux qu'on dit frères de ceux-là, et enfin les autres, descendants de ces derniers.

Timée, 40a-41a

HOMÈRE
VIIIe s. av. J.-C.

VIRGILE
Ier s. av. J.-C.

CLAUDIEN
Ve s. ap. J.-C.

Lucrèce

Plus loin encore du divin, le poète latin Lucrèce, chantre du matérialisme, imagine les premiers moments du monde.

FORMATION DES DIVERSES PARTIES DU MONDE

Il n'y avait à l'origine qu'une masse orageuse d'éléments de tout genre, en proie à la discorde qui confondait leurs distances, leurs directions, leurs combinaisons, leurs densités, leurs chocs, leurs rencontres, leurs mouvements, et les heurtait dans une mêlée générale, à cause même de la diversité de leurs formes et de la variété de leurs figures : car dans ce chaos, s'ils se joignaient, tous ne pouvaient rester également unis, ni se communiquer entre eux des mouvements capables de se correspondre. Puis des parties différentes commencèrent à se dessiner hors de cette masse ; les éléments semblables s'unirent avec leurs semblables et renfermèrent notre monde dans ses limites ; ils en distribuèrent les membres, disposèrent en ordre ses vastes parties ; je veux dire qu'ils distinguèrent de la terre les hauteurs du ciel, mirent à part la mer, pour permettre à ses eaux de s'étaler dans un lit distinct, et séparèrent de même les feux purs et sans mélange de l'éther.

En effet tout d'abord, tous les éléments de la terre, en vertu de leur poids et de leur enchevêtrement, tendaient à se rassembler au centre, et à occuper en masse les régions les plus basses ; et à mesure qu'ils resserraient davantage leur union et leur enchevêtrement, ils exprimèrent avec plus de force hors de leur matière les atomes qui devaient former la mer, les astres, le soleil, la lune, et les murailles du vaste monde. Tous ces corps en effet se composent de principes plus lisses et plus ronds, d'éléments bien plus petits que ceux de la terre. Aussi, traversant les vides et les pores de la terre encore peu dense, et se dégageant de ses

9

parties, le premier s'éleva l'éther, siège du feu; et avec lui, il entraîna, léger, un grand nombre de feux: c'est, à peu près, ce que nous voyons souvent à l'heure matinale où, parmi les herbes toutes perlées de rosée, la lumière dorée du soleil levant jette le rouge de ses rayons: une vapeur s'élève des lacs et des fleuves intarissables, et parfois même la terre aussi apparaît fumante à nos yeux. Toutes ces émanations qui s'élèvent et vont se réunir dans les hauteurs de l'air forment en se condensant le tissu des nuages qui nous dérobent le ciel. C'est donc de cette façon qu'à cette époque l'éther léger et volatil, après s'être condensé, forma la voûte qui entoure notre monde, et se répandant au loin, partout, dans toutes les directions, embrassant tout dans une étreinte avide, servit d'enceinte au reste des choses. À sa suite on vit naître le soleil et la lune, dont les globes roulent dans les airs entre le ciel et la terre, et que ni la terre ne put incorporer à sa substance, ni non plus l'immense éther: car ils n'étaient ni assez pesants pour se déposer au fond de l'univers, ni assez légers pour glisser à travers les régions les plus hautes du ciel; suspendus néanmoins dans l'espace intermédiaire, ces corps tournent pleins de vie et forment des parties de l'ensemble du monde: de même que dans notre corps certains membres peuvent demeurer en repos alors que d'autres sont en mouvement.

Après le retrait des éléments, soudain, à l'endroit où dans son immensité s'étend la plaine azurée de la mer, la terre s'affaissa, et recouvrit des flots salés les abîmes qu'elle avait creusés. Et de jour en jour, à mesure qu'à l'entour les feux de l'éther et les rayons du soleil, multipliant de toutes parts leurs attaques, réduisaient davantage ses contours extérieurs et l'obligeaient par leurs assauts à se condenser et à se concentrer, plus la liqueur salée qu'elle exsudait de son corps allait augmenter de ses flots la mer et ses plaines flottantes, plus aussi il s'en échappait et s'en envolait d'atomes de feu et d'air qui, gagnant les hauteurs du ciel, allaient loin de la terre peupler de leur masse les espaces lumineux. En bas se formaient les plaines ; les montagnes gagnaient en hauteur ; car les roches ne pouvaient s'affaisser comme la terre, ni toutes les parties du sol s'aplanir également.

De la Nature, 436-494

HOMÈRE
VIII° s. av. J.-C.

VIRGILE
I° s. av. J.-C.

CLAUDIEN
V° s. ap. J.-C.

Aristophane

Si la naissance du monde est un sujet sérieux, il n'est pas interdit d'en rire. Le poète grec Aristophane parodie les théogonies de ses prédécesseurs, notamment leur anthropomorphisme. Dans la bouche des oiseaux, les dieux de la pièce qui tentent de supplanter les Olympiens, le commencement du monde est un œuf !

UNE COSMOGONIE COMIQUE

Au commencement était le Vide et la Nuit et le noir Érèbe et le vaste Tartare, mais ni la terre, ni l'air, ni le ciel n'existaient. Dans le sein infini de l'Érèbe tout d'abord la Nuit aux ailes noires produit un œuf sans germe, d'où dans le cours des saisons, naquit Éros le désiré au dos étincelant d'ailes d'or, Éros semblable aux rapides tourbillons du Vent. C'est lui, qui, s'étant uni la nuit au Vide ailé dans le vaste Tartare, fit éclore notre race et la fit paraître la première au jour. Jusqu'alors n'existait point la race des immortels, avant qu'Éros eût uni tous les éléments : à mesure qu'ils se mêlaient les uns aux autres, naquit le Ciel et l'Océan et la Terre et toute la race impérissable des dieux bienheureux. Ainsi nous sommes de beaucoup les plus anciens de tous les bienheureux. Et nous descendons d'Éros, mille preuves l'attestent : nous avons des ailes et nous vivons avec les amoureux. Que de beaux garçons qui avaient abjuré l'amour ont été, au terme de leur jeune âge, grâce à notre puissance, possédés par des amants, pour avoir reçu qui une caille, qui un porphyrion[1], qui une oie, qui un coq.

Nous rendons toute sorte de services aux mortels, nous les oiseaux, et les plus grands. D'abord c'est nous qui leur signalons les saisons, printemps, hiver, fin de l'été ; nous leur disons de semer, lorsque la grue en criant émigre vers la Libye ; alors aussi elle avertit le nautonnier de suspendre son gouvernail et de dormir, puis Oreste de tisser un manteau de laine pour qu'il n'aille pas, ayant froid, trousser les gens. Le milan à son tour, paraissant ensuite, annonce une autre saison, celle où l'on tond la toison printanière des moutons ; puis l'hirondelle dit quand il faut vendre le manteau de laine et acheter un vêtement léger. Nous sommes pour vous Ammon, Delphes, Dodone, Phoibos Apollon[2].

Les Oiseaux, 690-718

1. Sorte de poule.
2. Ammon, assimilé à Zeus, a pour sanctuaire Dodone. Apollon délivre ses oracles à Delphes.

APHRODITE ≈ VÉNUS

Déesse de l'amour, Aphrodite serait née de l'écume, à Cythère, non loin de Chypre. La belle est donc une déesse très ancienne, la grand-mère des Olympiens, même si Homère lui donne une autre ascendance, plus récente (elle serait alors la fille de Zeus et de Dioné). Aphrodite est douce, rieuse, précieuse et facétieuse, mais aussi jalouse et impérieuse comme le sentiment qu'elle incarne : malheur à qui résiste à son fameux sourire, à qui prétend l'égaler ! L'incarnation de la Beauté est mariée au plus vilain des dieux, Héphaïstos le boiteux, qu'elle trompe sans remord. Sa progéniture divine n'est guère nombreuse : d'Arès cependant, Aphrodite enfante Harmonie, car lorsque la Guerre est occupée par l'Amour, les hommes vivent en paix. Ses amours mortelles sont plus fécondes : Énée, héros troyen et fondateur de Rome, est son fils le plus célèbre. Le myrte, la colombe, le cygne et le moineau lui sont consacrés.

HOMÈRE
VIIIe s. av. J.-C.

VIRGILE
Ier s. av. J.-C.

CLAUDIEN
Ve s. ap. J.-C.

Hésiode

Selon Hésiode, la déesse de l'amour est née d'un acte brutal, la castration par le titan Cronos de son père Ouranos. Au fondement de l'amour il y a la violence, le sang et le sperme.

LA NAISSANCE D'APHRODITE

Et le grand Ciel vint, amenant la nuit ; et, enveloppant Terre, tout avide d'amour, le voilà qui s'approche et s'épand en tout sens. Mais le fils[2], de son poste, étendit la main gauche, tandis que, de la droite, il saisissait l'énorme, la longue serpe aux dents aiguës ; et, brusquement, il faucha les bourses de son père, pour les jeter ensuite, au hasard, derrière lui. Ce ne fut pas pourtant un vain débris qui lors s'enfuit de sa main. Des éclaboussures sanglantes en avaient jailli ; Terre les reçut toutes, et, avec le cours des années, elle en fit naître les puissantes Érinyes, et les grands Géants aux armes étincelantes, qui tiennent en leurs mains de longues javelines, et les Nymphes aussi qu'on nomme Méliennes, sur la terre infinie. Quant aux bourses, à peine les eut-il tranchées avec l'acier et jetées de la terre dans la mer au flux sans repos, qu'elles furent emportées au large, longtemps ; et, tout autour, une blanche écume sortait du membre divin. De cette écume une fille se forma, qui toucha d'abord à Cythère la divine, d'où elle fut ensuite à Chypre qu'entourent les flots ; et c'est là que prit terre la belle et vénérée déesse qui faisait autour d'elle, sous ses pieds légers, croître le gazon et que les dieux aussi bien que les hommes appellent Aphrodite[2], pour s'être formée d'une écume, ou encore Cythérée, pour avoir abordé à

---

1. Cronos.
2. *Aphros* en grec signifie l'écume.

Cythère. Amour et le beau Désir, sans tarder, lui firent cortège, dès qu'elle fut née et se fut mise en route vers les
dieux. Et, du premier jour, son privilège à elle, le lot qui est
le sien, aussi bien parmi les hommes que parmi les
Immortels, ce sont les babils de fillettes, les sourires, les
piperies ; c'est le plaisir suave, la tendresse et la douceur.

Théogonie, 176-206

HOMÈRE
VIIIᵉ s. av. J.-C.

VIRGILE
Iᵉʳ s. av. J.-C.

CLAUDIEN
Vᵉ s. ap. J.-C.

Hymnes homériques

Parmi la cohorte des dieux et déesses, tous beaux et parfaits,
Aphrodite est la toute belle, l'incarnation même de la Beauté, qua-
lité si rare aux yeux des Grecs que la déesse est souvent comparée
au métal précieux par excellence, l'or.

APHRODITE D'OR

Je chanterai la belle Aphrodite à la couronne d'or, la
Déesse vénérée qui a pour apanage tous les hauts lieux de
Chypre, l'île marine où le souffle puissant de l'humide
Zéphire la porta, sur les vagues de la mer mugissante, dans
la molle écume : les Heures au diadème d'or l'accueillirent
avec joie, et lui donnèrent des vêtements immortels. Sur sa
tête divine elles placèrent une belle couronne d'or fine-
ment ciselée ; elles mirent à ses oreilles, dans les trous de
leurs lobes, des fleurs d'orichalque[1] et d'or précieux ; elles
ornèrent son tendre col et sa gorge éclatante de ces colliers
d'or dont se paraient elles-mêmes les Heures au diadème
d'or, quand elles allaient se joindre au chœur charmant des
dieux, dans la demeure de leur père. Après avoir revêtu son
corps de toutes ces parures, elles la menèrent chez les
Immortels. Ils l'accueillirent avec joie et tendirent les mains
vers elle : chacun d'eux désirait faire d'elle sa légitime
épouse et l'emmener en sa maison, tant ils admiraient la
beauté de Cythérée couronnée de violettes.

Salut, Déesse aux vifs regards, au doux sourire !
Accorde-moi de remporter la victoire en ce concours, et
donne tes faveurs à mon chant ; pour moi, je penserai
encore à toi dans un autre chant.

À Aphrodite (II)

1. On ne sait ce qu'était cet orichalque ; peut-être un métal pur, encore
que ce nom ait été donné plus tard à un alliage de cuivre et de zinc.

HOMÈRE
VIIIe s. av. J.-C.

VIRGILE
Ier s. av. J.-C.

CLAUDIEN
Ve s. ap. J.-C.

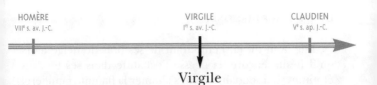

Virgile

La déesse de la beauté est loin d'être dépourvue d'intelligence : si elle néglige les combats et la force, elle sait user de ses charmes pour obtenir ce qu'elle veut. Voici Vénus venue tout exprès à la forge de Vulcain son époux lui réclamer des armes pour son fils Énée, fruit de ses amours... non avec Vulcain mais avec un humain, Anchise !

SÉDUCTION

Mais Vénus n'a pas en vain tremblé dans son âme de mère, elle s'est émue des menaces des Laurentes, de leur tumulte guerrier : elle s'adresse à Vulcain ; dans leur chambre nuptiale toute d'or elle commence en ces termes et fait passer dans sa parole le divin souffle de l'amour : « Tout le temps que les rois argiens désolaient par la guerre une Pergame qui leur était due ou ses forts destinés à crouler dans les flammes ennemies, jamais je n'ai pour ces malheureux sollicité aucun secours ni aucune arme de ton art ou de ton pouvoir, rien de toi, époux bien aimé, et je n'ai pas voulu te voir déployer sans fruit tes efforts ; pourtant je devais beaucoup aux fils de Priam et j'ai pleuré souvent des dures épreuves imposées à Énée. Maintenant, obéissant aux ordres de Jupiter, il s'est établi au pays des Rutules : cette fois je viens donc en suppliante devant toi ; de ta puissance qui m'est sainte, je sollicite des armes, mère pour mon fils. La fille de Nérée a bien pu te fléchir par ses larmes et elle aussi l'épouse de Tithon[1]. Vois ces peuples qui se liguent, ces villes qui ont fermé leurs portes, qui aiguisent le fer contre moi pour la perte des miens. »

---

1. Thétis obtint de Vulcain les armes de son fils Achille, l'Aurore eut le même privilège pour son fils Memnon.

Elle avait dit et, l'entourant de ses bras de neige alors qu'il hésite encore, la déesse l'échauffe dans ses tendres étreintes. Lui soudain a senti s'allumer la flamme familière, une chaleur qu'il reconnaît a pénétré ses moelles, couru dans ses os ébranlés. Ainsi parfois, arraché par le choc du tonnerre, un sillon de feu fait courir dans la nuée les éclats de sa lumière. L'épouse s'en aperçut, heureuse de son adresse et assurée de sa beauté. Alors le dieu parle, il est dans les liens d'une éternelle amour : « Pourquoi chercher des raisons si loin ? Qu'est devenue, déesse, ta confiance en moi ? Si tu avais eu jadis semblable sollicitude, nous aurions même alors pu armer les Troyens ; ni le Père tout-puissant ni les destins ne défendaient que dix années encore Troie résistât, Priam survécût. Et maintenant, si tu te prépares à faire la guerre et que tel soit ton vouloir, tout le soin que je peux assurer dans mon art, tout ce qu'on peut ouvrer en travaillant le fer ou l'électrum liquides, tout ce dont ma forge et ses vents sont capables… laisse-là ces prières, cesse de douter de ton empire. » Ayant ainsi parlé, il lui donna les caresses qu'il désirait et, s'étant abandonné aux bras de son épouse, trouva pour tout son être un paisible repos.

Énéide, VII, 370-407

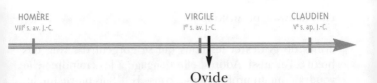

HOMÈRE
VIIIe s. av. J.-C.

VIRGILE
Ier s. av. J.-C.

CLAUDIEN
Ve s. ap. J.-C.

Ovide

Pour le bel Adonis, la déesse éprouve un amour coupable qu'Ovide décrit avec tendresse et humour.

ADONIS

Le temps coule insensiblement, il s'envole sans qu'on s'en doute ; rien de plus rapide que les années ; celui qui était fils de sa sœur et de son grand-père, qui naguère avait été enfermé dans un arbre, qui naguère avait vu le jour, qui hier encore était un bel enfant nouveau-né, le voilà maintenant un jeune homme, le voilà un homme et voilà que par sa beauté il se surpasse lui-même ; voilà qu'il charme jusqu'à Vénus et qu'il se venge sur elle de la passion inspirée à sa mère. Car, en donnant un baiser à Vénus, le petit dieu armé du carquois a effleuré, sans le savoir, avec le roseau d'une flèche qui dépassait le bord, la poitrine maternelle ; la déesse, se sentant blessée, a repoussé son fils ; mais le coup avait porté plus loin qu'il ne semblait et elle-même s'y était trompée tout d'abord. Séduite par la beauté du jeune homme, elle oublie les rivages de Cythère ; elle cesse de fréquenter Paphos, qu'environne une mer profonde, Gnide la poissonneuse, ou Amathonte féconde en métaux. Elle ne se montre même plus dans le ciel : au ciel elle préfère Adonis. Elle s'attache à ses pas ; elle l'accompagne partout ; elle qui avait toujours été habituée à goûter un doux repos sous les ombrages et à rehausser sa beauté par la parure, elle erre çà et là à travers les montagnes, les forêts et les roches buissonneuses, sa robe retroussée jusqu'au genou à la façon de Diane ; elle excite les chiens et poursuit les animaux que l'on peut capturer sans danger, les lièvres prompts à fuir, tête basse, les cerfs à la haute ramure, ou bien les daims ; elle se tient à distance des sangliers redoutables par leur force ; elle évite les loups ravisseurs, les ours

21

armés de griffes et les lions qui se gorgent du sang des bœufs. Toi aussi, Adonis, elle t'engage à les craindre ; elle voudrait que tu profites de ses conseils : « Sois brave, lui dit-elle, contre ceux qui fuient devant toi ; contre les audacieux l'audace n'est pas sûre. Garde-toi, ô mon jeune amant, de te montrer téméraire au péril de mon bonheur ; n'attaque point les animaux à qui la nature a donné des armes ; ta gloire me coûterait trop cher. Ton âge et ta beauté, qui ont charmé Vénus, ne sauraient charmer les lions, les sangliers hérissés de soies, frapper les yeux et les cœurs des bêtes sauvages. Dans leurs défenses recourbées les sangliers intrépides portent la foudre ; les lions fauves ont pour eux leur impétuosité et leurs colères que rien n'arrête ; c'est une race qui m'est odieuse. » Comme lui en demandait la cause. « Je vais te l'apprendre, répond-elle ; écoute le récit d'un crime déjà ancien, suivi d'un prodige qui te remplira d'étonnement. Mais je me sens déjà fatiguée par une occupation contraire à mes habitudes ; voici fort à propos un peuplier, dont l'ombrage nous invite ; le gazon nous offre une couche ; je veux m'étendre ici, à terre, avec toi. » Elle s'étend aussitôt, pressant à la fois de son corps l'herbe et son amant ; la tête posée sur le sein du jeune homme, se renversant en arrière, elle commence ce récit souvent entrecoupé par ses baisers.

Les Métamorphoses, X, 520-560

HOMÈRE
VIIIᵉ s. av. J.-C.

VIRGILE
Iᵉʳ s. av. J.-C.

CLAUDIEN
Vᵉ s. ap. J.-C.

Virgile

Capricieuse et versatile, la déesse n'est guère fidèle à ses conquêtes. En revanche elle est toujours bien disposée envers ses enfants. La voici prévenant Énée, le fils qu'elle a eu d'Anchise, de l'attaque imminente de sa cité.

UNE MÈRE BIENVEILLANTE

Telles étaient les pensées qui m'agitaient, je[1] m'élançais, l'esprit en délire, lorsque, dans une clarté devenue à mes yeux plus vive, s'offrit à ma vue, rayonnante à travers la nuit au sein d'une lumière pure, ma mère bénie, s'avouant déesse, telle, aussi majestueuse, que la voient les habitants du ciel ; elle me saisit le bras, me contint et ajouta ces mots de ses lèvres de rose : « Mon enfant, quel ressentiment si grand excite donc cette colère sauvage ? Quel est ce délire ? Qu'est devenu le soin que tu nous dois ? N'iras-tu pas d'abord reconnaître où, sous le poids de l'âge, tu as laissé ton père Anchise, si Créuse ta femme, si l'enfant Ascagne vivent encore ? Autour d'eux, venues de partout, les bandes grecques errent et si mes soins ne leur faisaient un rempart, déjà les flammes les auraient tous emportés, l'épée de l'ennemi transpercés. Ce n'est pas, hélas ! la beauté détestée d'une Laconienne[2], fille de Tyndare, ni Pâris toujours accusé, c'est la rigueur des dieux, oui des dieux, qui détruit cet empire et renverse Troie du faîte de sa grandeur. Regarde : car toute cette brume qui maintenant tendue devant tes yeux émousse ton regard de mortel et à l'entour épaissit ses vapeurs, je vais la dissiper ; toi, quand ta mère commande, ne crains pas ; ne va pas refuser d'obéir à ses

---

1. Énée.
2. Hélène.

ordres. Ici, où tu vois des blocs ruinés, des pierres arrachées à des pierres, les rouleaux d'une fumée mêlée de poussière. Neptune secoue les murs et leurs fondements qu'il déracine de son énorme trident, il arrache toute la ville de ses assises. Ici Junon, l'implacable, tient les portes Scées[3], en avant de tous, ceinte de fer, transportée de haine, elle appelle de leurs vaisseaux la troupe de ses alliés. Déjà la Tritonienne Pallas, regarde, s'est assise au sommet de la citadelle, autour d'elle la nuée, l'implacable Gorgone lancent des éclairs. Le Père lui-même soutient le courage et les forces triomphantes des Danaens[4], lui-même anime les dieux contre les armes de Dardanus. Sauve-toi, mon fils, fuis, mets un terme à tes efforts. Nulle part je ne te manquerai et je t'établirai en sûreté sur le seuil de tes pères. » Elle avait dit et disparut dans les ombres épaisses de la nuit. Des formes terribles apparaissent et, acharnées contre Troie, les puissances souveraines, les dieux.

Énéide, II, 588-633

3. Les portes de Troie.
4. Les Grecs.

HOMÈRE
VIIIᵉ s. av. J.-C.

VIRGILE
Iᵉʳ s. av. J.-C.

CLAUDIEN
Vᵉ s. ap. J.-C.

Apulée

Cette mère dévouée est aussi possessive, jalouse, voire odieuse. Au cours de son roman, Les Métamorphoses, *Apulée, relate l'histoire d'Amour, le fils de Vénus, et de la jolie Psyché. La déesse ne voit pas d'un bon œil les premiers émois de son garçon.*

UNE MÈRE POSSESSIVE

Cependant, tandis que Psyché parcourait la terre, toute à la recherche de Cupidon[1], lui, souffrant de la blessure de la lampe[2], était couché et gémissait dans la chambre même de sa mère. Alors, l'oiseau au blanc plumage, qui rase, porté par ses ailes, la surface des flots marins, la mouette plonge, rapide, dans le sein profond de l'Océan. Justement, Vénus était là, qui se baignait et qui nageait. L'oiseau se pose auprès d'elle ; il lui rapporte que son fils s'est brûlé ; que sa blessure, qui est grave, le fait beaucoup souffrir ; qu'il est au lit dans un état alarmant ; que, par le monde entier, il court, sur toute la famille de Vénus, des rumeurs et des médisances compromettantes pour sa réputation : « Car on se plaint », lui dit-elle, « que vous ayez disparu, lui pour suivre une créature dans les montagnes, toi pour t'ébattre dans la mer. Et dès lors, adieu la volupté, la grâce, l'enjouement ; partout la négligence, la grossièreté inculte ; plus d'unions conjugales, plus de liens d'amitié, plus d'affections filiales, mais un dérèglement abject et sans mesure, un sordide dégoût de tous rapports sociaux. »

C'est ainsi que l'oiseau bavard et indiscret caquetait à l'oreille de Vénus et lui déchirait l'honneur de son fils. Mais Vénus, transportée de colère : « Ainsi », s'écria-t-elle

---

1. Autre nom d'Amour.
2. Le dieu a été « brûlé » par Psyché elle-même.

soudain, « mon digne fils a déjà une liaison ? Apprends-moi donc, toi qui seule me sers par affection, le nom de celle qui a débauché ce garçon naïf et encore innocent. Est-elle ou du peuple des Nymphes, ou du nombre des Heures ? Est-elle du chœur des Muses, ou de la troupe des Grâces, mes servantes ? »

L'oiseau jaseur ne resta pas muet : « Je ne sais », dit-il, « ma dame ; c'est d'une jeune fille, je crois – si j'ai bonne mémoire, on la nomme Psyché – qu'il est éperdument amoureux. »

Vénus, outrée, s'exclama de plus belle : « Psyché ! Ma rivale en beauté, l'usurpatrice de mon nom ? En vérité, il l'aime ? Le gamin m'aura prise pour une maquerelle, et s'est imaginé que je lui montrais cette fille pour qu'il la connût. »

En tempêtant de la sorte, elle se hâte de remonter à la surface, va droit à sa chambre d'or et, trouvant son fils malade, comme on le lui avait annoncé, encore sur le pas de la porte, elle crie à tue-tête : « Voilà, une honnête conduite, digne de notre race et de ta vertu ! Tu foules aux pieds, pour commencer, les ordres de ta mère, de ta souveraine, qui plus est ! Et, loin d'infliger à mon ennemie les tourments d'un amour ignoble, c'est toi-même, un enfant de ton âge, qui, sans rien respecter, t'unis à elle par des liens trop précoces, apparemment pour m'imposer comme bru mon ennemie. Sans doute te figures-tu, polisson, séducteur, personnage répugnant, que toi seul peux faire souche, et que je ne suis plus en âge de concevoir ? Eh bien ! sache-le, je mettrai au monde un autre fils, bien meilleur que toi ; et même, pour te rendre l'affront plus sensible, j'adopterai l'un de mes petits esclaves domestiques et je lui donnerai ces ailes et cette torche et l'arc avec les flèches, tout cet attirail qui m'appartient et que je ne t'avais pas confié pour cet usage ; car ce n'est pas sur tes biens paternels qu'il t'a rien été octroyé pour cet équipement. Mais tu fus mal appris dès ta première enfance ; tu as les ongles pointus ; que de fois tu as malmené tes aînés sans le moindre respect! Ta mère elle-même, oui, moi, dis-je, ta mère, tu me déshabilles chaque jour, parricide; tu m'as souvent battue, tu me méprises, dirait-on, comme une femme délaissée, sans crainte de ton beau-père, ce grand et vaillant guerrier. Et pourquoi non, en effet? N'as-tu pas l'habitude, pour tourmenter mon cœur d'amante, de lui fournir des filles? Mais je te ferai repentir de ces jeux et éprouver de ce mariage une cuisante amertume. – Oui, mais bafouée comme je le suis, que faire? »

Sur ces mots elle s'élance au dehors, la bile échauffée de colère – une colère de Vénus.

Les Métamorphoses, V, 28-31

HOMÈRE
VIIIe s. av. J.-C.

VIRGILE
Ier s. av. J.-C.

CLAUDIEN
Ve s. ap. J.-C.

Euripide

Les colères de la déesse peuvent être bien plus terribles que ne le montre Apulée. Malheur à qui offense Aphrodite, homme ou femme!

« VÉNUS TOUT ENTIÈRE À SA PROIE ATTACHÉE »

Le palais royal à Trézène. À droite et à gauche de la porte centrale, les statues d'Artémis et d'Aphrodite; devant chaque statue, un autel. Au-dessus du palais apparaît Aphrodite.

APHRODITE. – Grand et fameux, mon nom l'est parmi les mortels comme au ciel: je suis la déesse Cypris. Ceux qui entre le Pont et les bornes d'Atlas[1] ont leur séjour et voient la clarté du soleil, s'ils révèrent ma puissance, je les mets en honneur; mais je les abats quand ils nous traitent avec superbe. Car c'est un sentiment que connaît aussi la race des dieux: ils prennent plaisir aux hommages des hommes.

Je ferai voir la vérité de mes paroles, et bientôt. Le fils de Thésée, l'enfant de l'Amazone. Hippolyte, le nourrisson du chaste Pitthée[2], seul entre les citoyens de cette terre de Trézène, m'appelle la plus détestable des divinités: il se refuse à l'amour et s'abstient du mariage. C'est la sœur de Phoibos, Artémis, la fille de Zeus, qu'il honore; nulle divinité n'est pour lui aussi grande. Par la verte forêt, toujours aux côtés de la vierge, avec sa meute rapide, il extermine les bêtes sauvages, ayant trouvé là société plus haute qu'il ne sied à un mortel. De ces égards je ne suis point jalouse: que m'importe en effet? Mais les torts qu'il a eus envers moi, j'en châtierai Hippolyte aujourd'hui même. La plus grande part

1. Le Pont (c'est-à-dire le Pont-Euxin) et Atlas, qui porte le ciel (les colonnes d'Hercule), sont les limites extrêmes du monde habité.
2. Père d'Æthra, mère de Thésée.

de mon plan est depuis longtemps prête ; il ne me faut plus grand effort. Un jour que, de la demeure de Pitthée, il était venu contempler la célébration des augustes mystères sur la terre de Pandion[3], la noble épouse de son père, Phèdre, le vit, et son cœur fut saisi d'un violent amour, ainsi le voulaient mes desseins. Et, avant de venir ici, à Trézène, juste auprès du roc de Pallas, en vue de cette terre, elle fonda un temple de Cypris, sous l'empire d'un amour pour un absent. Une fois édifié, on l'appellera désormais le temple « de la déesse auprès d'Hippolyte ». Or, depuis que Thésée a quitté la terre de Cécrops, d'où le bannissait la souillure du sang des Pallantides[4], et qu'avec son épouse il a fait voile vers cette contrée, résigné à un an d'exil hors de son pays, depuis lors, gémissante, éperdue sous l'aiguillon de l'amour, l'infortunée se meurt en silence, et nul parmi ses gens ne connaît son mal. Mais ce n'est pas ainsi que cet amour doit finir : je révélerai l'affaire à Thésée[5], et elle éclatera au grand jour. Quant au jouvenceau qui nous fait la guerre, il périra victime des imprécations paternelles ; car du seigneur de la mer, Poséidon, Thésée a reçu le privilège d'adresser à sa divinité trois vœux qui ne resteraient pas vains. Pour Phèdre, sa mort ne sera pas sans honneur : elle mourra pourtant, car je ne renoncerai point, par égard par son malheur, à tirer de mes ennemis une justice capable de me satisfaire.

Mais je vois s'avancer le fils de Thésée, qui revient des travaux de la chasse. C'est Hippolyte. Je vais donc m'éloigner de ces lieux. Un nombreux cortège de serviteurs suit ses pas et fait retentir des hymnes en l'honneur de la déesse Artémis. Car il ne sait pas qu'elles sont ouvertes, les portes d'Hadès, et qu'il voit la lumière pour la dernière fois.

Hippolyte, 1-57

3. Roi mythique d'Athènes, successeur d'Érichthonios et père d'Égée.
4. Cousins de Thésée, ils complotèrent pour lui enlever le pouvoir, et une partie d'entre eux fut massacrée par le héros.
5. L'amour de Phèdre sera découvert à Thésée par Artémis.

HOMÈRE
VIIIᵉ s. av. J.-C.

VIRGILE
Iᵉʳ s. av. J.-C.

CLAUDIEN
Vᵉ s. ap. J.-C.

Lucrèce

La déesse cependant ne manque pas d'admirateurs, à commencer par Lucrèce, qui, tout en mettant en garde contre l'amour, place son poème sous le signe de Vénus.

INVOCATION À VÉNUS

Mère des Énéades, plaisir des hommes et des dieux, Vénus nourricière, toi par qui sous les signes errants du ciel, la mer porteuse de vaisseaux, les terres fertiles en moissons se peuplent de créatures, puisque c'est à toi que toute espèce vivante doit d'être conçue et de voir, une fois sortie des ténèbres, la lumière du soleil, devant toi, ô Déesse, à ton approche s'enfuient les vents, se dissipent les nuages ; sous tes pas la terre industrieuse parsème les plus douces fleurs, les plaines des mers te sourient, et le ciel apaisé resplendit tout inondé de lumière.

Car sitôt qu'a reparu l'aspect printanier des jours et que brisant ses chaînes reprend vigueur le souffle fécondant du Favonius, tout d'abord les oiseaux des airs te célèbrent, ô Déesse, et ta venue, le cœur bouleversé par ta puissance. À leur suite bêtes sauvages, troupeaux bondissent à travers les gras pâturages, et passent à la nage les rapides cours d'eau : tant épris de ton charme, chacun brûle de te suivre où tu veux l'entraîner.

Enfin par les mers et les monts et les fleuves impétueux, parmi les demeures feuillues des oiseaux et les plaines verdoyantes, enfonçant dans tous les cœurs les blandices de l'amour, tu inspires à tous les êtres le désir de propager leur espèce.

Puisque tu suffis seule à gouverner la nature, et, que sans toi rien n'aborde aux rivages divins de la lumière, rien ne se fait de joyeux ni d'aimable, c'est ton aide que je sollicite dans le poème que je m'efforce de composer sur la nature. Il est destiné à notre cher Memmius que toi-même, ô Déesse, tu as voulu en tout temps voir paré des plus excellentes vertus. Veuille donc davantage, ô Divine, donner à mes vers une éternelle beauté.

De la Nature, I, 1-28

HOMÈRE
VIIIᵉ s. av. J.-C.

VIRGILE
Iᵉʳ s. av. J.-C.

CLAUDIEN
Vᵉ s. ap. J.-C.

La Veillée de Vénus

Les Romains se disaient héritiers d'Énée, et, partant, descendants de la déesse : Roma *n'est-il pas l'anagramme d'Amor[1] ? Omniprésente dans la poésie latine, la déesse connaissait un culte très répandu qui nous donne l'occasion de découvrir un petit texte délicieux et peu connu,* La Veillée de Vénus[2]. *Dans la plaine de Catane se déroulent les cérémonies en l'honneur de la déesse.*

Aimez demain, vous qui n'avez jamais aimé ;
Vous qui avez aimé, aimez encor demain !

Voici le jeune printemps, le printemps mélodieux ; c'est au printemps que le monde est né ; au printemps, s'accordent les amours ; au printemps, s'unissent les oiseaux et la forêt dénoue sa chevelure sous la caresse amoureuse des pluies. C'est demain que la Mère des amours, à l'ombre des arbres, tresse les huttes verdoyantes des ramilles du myrte ; c'est demain qu'énonce ses lois Dioné[3], trônant avec grâce et majesté.

Aimez demain, vous qui n'avez jamais aimé ;
Vous qui avez aimé, aimez encor demain !
À pareil jour l'océan, du sang du ciel mêlé à un flocon d'écume, parmi les troupeaux azurés et les chevaux de mer, a fait surgir Dioné sur l'onde des eaux marines.

Aimez demain, vous qui n'avez jamais aimé ;
Vous qui avez aimé, aimez encor demain !

---

1. Amour en latin.
2. Ni l'auteur, ni la date de ce poème n'ont été clairement établis.
3. Chez Homère, Dioné est la mère de Vénus. Dans ces vers c'est une des appellations de la déesse.

C'est Vénus qui colore l'année de la pourpre de ses perles en fleur ; c'est elle qui presse les boutons, naissant au souffle du zéphyr, de se gonfler en nœuds ; c'est elle qui répand en gouttelettes la rosée brillante, laissée par la brise nocturne. Comme elles scintillent, ces larmes, qui frémissent sous leur poids fléchissant ! La goutte chancelante resserre son orbe pour suspendre sa chute. Voyez, la pourpre des fleurs révèle leur pudeur. La rosée distillée par les astres, au cours des nuits sereines, dégage, au matin, des plis de leur robe humide, leur sein virginal. Tel est l'ordre de la déesse : c'est dans la moiteur matinale que se marient les roses vierges. Filles du sang de Cypris et des baisers de l'Amour, filles de la perle, de la flamme, de la pourpre solaire, demain, répondant au vœu d'un amour unique, elles ne craindront pas de déclore leur pudeur rougissante, qui se dérobait sous le voile de feu.

Aimez demain, vous qui n'avez jamais aimé ;
Vous qui avez aimé, aimez encor demain !

C'est Vénus qui changea en Latins ses descendants Troyens ; c'est elle qui donna pour épouse, à son fils, la jeune Laurentine et, plus tard, enleva pour Mars, une vierge pudique au sanctuaire ; c'est elle qui conclut les noces des Romains avec les Sabines : ainsi elle devait créer les Ramnes et les Quirites et les héritiers de Romulus, les Césars, père et neveu.

Aimez demain, vous qui n'avez jamais aimé ;
Vous qui avez aimé, aimez encor demain !

La volupté féconde les campagnes, les campagnes ressentent l'action de Vénus. L'Amour lui-même, l'enfant de Dioné, naquit, dit-on, à la campagne. Vénus le reçut sur son sein quand les champs étaient en travail. Elle le nourrit des tendres baisers des fleurs.

Aimez demain, vous qui n'avez jamais aimé ;
Vous qui avez aimé, aimez encor demain !

Voyez les taureaux étendre leurs flancs sous les genêts :
chacun vit en paix, dans les liens d'un amour conjugal.
Voyez, à l'ombre, les bêlantes brebis avec leurs béliers. C'est
encore sur l'ordre de la déesse que les oiseaux se gardent
d'interrompre leur mélodie. Voici que la voix rauque des
cygnes ne cesse de retentir sur les étangs. Un chant lui
répond à l'ombre du peuplier : c'est l'épouse de Térée ; elle
semble dire ses émois d'amour de sa voix harmonieuse ; on
ne dirait pas qu'elle plaint une sœur, victime de son barbare époux.

Elle chante, moi, je me tais. Quand va-t-il venir, pour
moi, le printemps ? Quand ferai-je comme l'hirondelle et
cesserai-je de me taire ? J'ai perdu ma Muse, à force de me
taire et Phébus ne me regarde plus. Ainsi Amyclée, la taci-
turne, se perdit par son silence.

Aimez demain, vous qui n'avez jamais aimé ;
Vous qui avez aimé, aimez encor demain !

La Veillée de Vénus, 1-28 et 69-95

ÉROS ≈ CUPIDON

La mythologie a deux amours. Éros est d'abord la force originelle venue à la suite du chaos qui permet à toute chose de s'unir, mais il est aussi le jeune compagnon d'Aphrodite, son serviteur, avant de devenir, sous la plume des poètes, son fils. Il est décrit comme un jeune homme ailé, doté d'un corps grave et beau mais d'un caractère farceur. Il porte toujours avec lui un arc et un carquois pour décocher les flèches qui embrasent les cœurs les plus résistants : celles-ci ne manquent jamais leur cible.

Stace

Dans ce petit texte des Silves, *le poète Stace, délaissant la Muse guerrière, décrit l'ordinaire charmant de Vénus et Cupidon.*

L'AMOUR AU QUOTIDIEN

Un jour, dans la sérénité céleste de la zone lactée, la bienfaisante Vénus était –la nuit venait de prendre fin– étendue sur sa couche, libérée des rudes étreintes de son Gète d'amant. Autour des pieds et des coussins du lit se presse la tendre troupe des Amours, la priant de leur donner un signal, ses ordres : quelles torches porter, quels cœurs transpercer ? devraient-ils exercer leur cruauté sur la terre ou sur la mer, mettre la discorde parmi les dieux ou tourmenter encore le Maître du tonnerre[1] ? Elle n'avait point d'idée alors, point de volonté ferme dans son cœur. Lasse, elle est étendue sur sa couche où jadis, sachant sa faute, les réseaux forgés à Lemnos se glissèrent au-dessus de ses amours surprises[2]. Alors du milieu de la troupe ailée un enfant qui avait dans les yeux la flamme la plus ardente, et dont jamais flèche n'avait déçu la main agile, lui parle doucement ainsi de sa voix tendre, et les porte-carquois, ses frères, firent silence : « Tu sais, ô ma mère, comme mon bras n'est jamais paresseux au service ; dès que tu m'as livré un homme ou un dieu quel qu'il soit, le voici qui brûle. Mais laisse pour une fois les larmes, les mains suppliantes, les vœux et les prières des hommes nous toucher, ô mère : car nous n'avons pas été créés d'un acier insensible, nous sommes tes enfants. Il y a un jeune homme issu d'une

---

1. Zeus.
2. Allusion aux amours de Mars et Vénus : surpris par Vulcain, les adultères sont emprisonnés dans un filet.

illustre famille du Latium; il descend d'ancêtres patriciens; la Noblesse s'est réjouie de le reconnaître, et, pour le lui donner, elle a emprunté immédiatement à notre ciel un nom, présage de sa beauté. C'est sur lui qu'un jour j'ai moi-même – tel était ton bon plaisir – déversé tout mon carquois; lui qu'impitoyablement, à son grand effroi, j'ai transpercé d'une grêle de dards. Bien qu'il fût grandement souhaité pour gendre par les matrones de l'Ausonie, je l'ai vaincu, dompté et contraint à subir le joug d'une noble dame aux attraits irrésistibles et je lui ai ordonné de passer de longues années à espérer. Pour elle, je l'ai épargnée; d'une main légère – j'obéissais à tes ordres – je l'ai effleurée du bout de ma torche et ne l'ai blessée que d'un arc mal tendu. Depuis ce jour, quels feux couve dans l'angoisse ce jeune homme, j'en suis le témoin émerveillé; je sais le tourment dont nuit et jour je l'accable. Je n'ai jamais, ô mère, pressé personne avec plus de violence, je n'ai jamais pareillement redoublé mes coups. J'ai vu aussi l'ardent Hippomène[3] courir dans une lice sans pitié, et, au moment même d'atteindre le but, il n'était pas aussi pâle; j'ai vu encore le jeune homme d'Abydos[4] dont les bras rivalisaient avec les rames; j'ai loué sa vigueur, et j'ai souvent brillé devant lui tandis qu'il nageait moindre était cette chaleur qui pourtant attiédissait la mer farouche : tu as surpassé, ô jeune homme, les amours antiques. J'ai été stupéfait de te voir endurer de pareils transports; j'ai fortifié ta résolution et, d'une aile caressante, j'ai essuyé tes yeux mouillés de pleurs. Combien de fois Apollon s'est plaint à moi que son poète fût plongé dans un tel chagrin! Accorde-lui enfin, ô mère, l'hymen qu'il convoite! Il est notre compagnon et notre loyal porte-étendard; il pouvait chanter les travaux

---

3. Épris d'Atalante, Hippomène la vainc à la course grâce aux pommes d'or. Il obtient ainsi sa main.

4. Il s'agit de Léandre. Pour rejoindre Hâro, prêtresse d'Aphrodite, Léandre traverse tous les soirs l'Hellespont.

guerriers, les prouesses des héros et les plaines ruisselantes de sang ; pourtant c'est à toi qu'il a consacré son plectre ; il a préféré se faire le poète de la tendresse et entrelacer au laurier notre myrte. Les folies de la jeunesse, les blessures de son propre cœur ou de celui des autres, tel a été le sujet de ses chants ; ah ! quel est son respect, ô mère, pour la divinité de Paphos ! il a pleuré le triste sort de notre colombe. »

Silves, I, 51-103

HOMÈRE
VIIIe s. av. J.-C.

VIRGILE
Ier s. av. J.-C.

CLAUDIEN
Ve s. ap. J.-C.

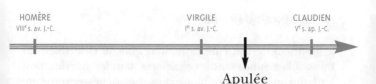

Apulée

*Psyché est admise dans la demeure de Cupidon, qui, une fois
n'est pas coutume, s'est laissé toucher par ses propres flèches. Pour
séduire la belle, Amour l'introduit dans un lieu magique, promesse
des plaisirs qu'il entend lui dévoiler. Psyché découvre la demeure de
l'amour et ses délices.*

AU PALAIS D'AMOUR

Psyché, dans ces prés d'herbe tendre, mollement étendue sur son lit de gazon humide de rosée, s'est remise de
son grand émoi et, doucement, s'est endormie. Après un
sommeil suffisant pour réparer ses forces, elle se relève,
l'âme apaisée. Elle voit un bois planté d'arbres élancés et
touffus, elle voit une source dont l'onde a la transparence
du cristal. Au milieu même du bois, près de l'endroit où
tombe la source, est une demeure royale, bâtie non de
main d'homme, mais par un art divin. Dès l'entrée, vous
n'en saurez douter : c'est de quelque dieu que vous avez
devant vous la luxueuse et plaisante résidence. Les pla-
fonds, aux lambris de thuya et d'ivoire sculptés avec art,
sont soutenus par des colonnes en or ; les parois, revêtues
toutes d'argent ciselé, offrent aux regards, défi qu'on
entre, des bêtes sauvages et d'autres animaux. En vérité,
c'est un homme merveilleux, que dis-je ? un demi-dieu, un
dieu, celui dont l'art subtil a de la vie de cette faune animé
tout cet argent. Quant aux pavements, des pierres pré-
cieuses taillées menu y opposent leurs couleurs en formant
des dessins variés. Heureux, certes, deux et trois fois heureux ceux dont les pieds se posent sur des gemmes et sur
des perles. Les autres parties de la maison, si loin qu'elles
s'étendent en largeur comme en profondeur, sont d'un
prix inestimable, et tous les murs, faits de blocs d'or massif,
resplendissent de leur propre éclat, au point que la maison

se donnerait elle-même sa lumière, même si le soleil lui refusait la sienne : tant les chambres, tant les galeries, tant les bains mêmes sont éblouissants. Les richesses qui remplissent la maison répondent pareillement à sa magnificence : on dirait non sans raison que, pour séjourner parmi les hommes, le grand Jupiter s'est construit là un céleste palais.

Attirée par l'agrément de ces lieux, Psyché s'est approchée ; elle s'enhardit à franchir le seuil et, séduite bientôt par l'intérêt d'un si beau spectacle, elle examine tout en détail. De l'autre côté du palais, elle aperçoit des magasins d'une architecture grandiose, où s'entassent des trésors royaux. Rien n'existe, qui ne se trouve pas là. Mais plus que ces immenses richesses, si étonnantes soient-elles, ce qui surtout tient du prodige, c'est que ni chaîne, ni fermeture, ni gardien ne défend ce trésor venu du monde entier. Psyché contemple tout, au comble du plaisir, quand vient à elle une voix dépouillée de son corps : « Pourquoi, ma dame », lui dit-elle, « pourquoi cette stupeur à la vue de tant d'opulence ? Tout ceci t'appartient. Entre donc dans la chambre, repose sur le lit tes membres fatigués et, quand il te plaira, commande un bain. Nous, dont tu entends la voix, nous sommes tes servantes, qui nous empresserons d'exécuter tes ordres, et le soin de ta personne achevé, un festin royal t'est destiné, qui ne se fera pas attendre. »

Psyché a reconnu dans cette félicité l'effet d'une providence divine. Docile aux avis de la voix incorporelle, elle dissipe sa fatigue par un somme suivi d'un bain ; puis soudain elle découvre près d'elle un lit surélevé en forme de demi-cercle ; les apprêts d'un repas lui donnent à penser qu'il est mis là pour elle, afin qu'elle se restaure, et, de bon cœur, elle prend place. Aussitôt des vins semblables à du nectar et des plateaux chargés d'une abondance de mets variés sont placés devant elle, sans personne pour faire le service, et poussés seulement par un souffle. Elle ne distinguait cependant aucun être, elle ne faisait qu'entendre des paroles tombant de quelque part et n'avait que les voix pour servantes. Après un copieux festin, il entra quelqu'un qui chanta, sans se laisser voir ; un autre joua d'une cithare qui, de même que lui, resta invisible. Puis un morceau d'ensemble, exécuté par un grand nombre de voix, parvint à ses oreilles, en révélant, bien qu'aucun humain ne parût, la présence d'un chœur.

Ces plaisirs terminés, Psyché, à l'invite du soir, s'alla coucher. La nuit était déjà avancée, quand un léger bruit vint frapper son oreille. Tremblante alors, si seule, pour sa virginité, elle a peur, elle frissonne, et plus qu'aucun malheur, elle redoute ce qu'elle ignore…

Les Métamorphoses, V, 1-4

HOMÈRE
VIIIe s. av. J.-C.

VIRGILE
Ier s. av. J.-C.

CLAUDIEN
Ve s. ap. J.-C.

Platon

Le Banquet de Platon est tout entier consacré à l'amour. Quand vient son tour de parler, Socrate relate l'entretien qu'il eut avec une prêtresse, Diotime. Pour une fois, le maître devient disciple et cède la place à une femme.

NAISSANCE DE L'AMOUR

– De quel père, dis-je, est-il né, et de quelle mère? – C'est un peu long à raconter, me dit-elle. Je te le dirai pourtant. Le jour où naquit Aphrodite, les dieux étaient au festin. Avec eux tous il y avait le fils de Mètis, Poros[1]. Après le dîner, Pénia était venue mendier, ce qui est naturel un jour de bombance, et elle se tenait près de la porte. Poros qui s'était enivré de nectar (car le vin n'existait pas encore) entra dans le jardin de Zeus, et tout alourdi s'endormit. Pénia, dans sa pénurie[2], eut l'idée d'avoir un enfant de Poros: elle se coucha près de lui, et fut enceinte de l'Amour. Voilà pourquoi l'Amour est devenu le compagnon d'Aphrodite et son serviteur; engendré lors des fêtes de la naissance de celle-ci, il est naturellement amoureux du beau – et Aphrodite est belle.

Étant donc fils de Poros et de Pénia, l'Amour se trouve dans la condition que voici: d'abord, il est toujours pauvre, et loin d'être délicat et beau comme le croient la plupart, il est rude au contraire, il est dur, il va pieds nus, il est sans gîte, il couche toujours par terre, sur la dure, il dort à la

1. *Poros*, c'est d'abord le « passage », toujours voie maritime ou fluviale, jamais terrestre. Mais le sens figuré (« ressource », « moyen efficace ») est fréquent. *Métis*, « Prudence », ou « Sagesse », personnifie souvent l'intelligence pratique, la maîtrise artisanale.
2. Jeu de mots sur *Poros* et *Pénia* (« embarras », par l'effet d'un « manque de moyens », « pénurie »).

42

belle étoile près des portes et sur les chemins, car il tient de sa mère, et le besoin l'accompagne toujours. D'autre part, à l'exemple de son père, il est à l'affût de ce qui est beau et de ce qui est bon, il est viril, résolu, ardent, c'est un chasseur de premier ordre, il ne cesse d'inventer des ruses ; il est désireux du savoir et sait trouver les passages qui y mènent, il emploie à philosopher tout le temps de sa vie, il est merveilleux sorcier, et magicien, et sophiste. Ajoutons qu'il n'est, par nature, ni immortel ni mortel. Dans la même journée tantôt il fleurit et il vit, tantôt il meurt ; puis il revit quand passent en lui les ressources qu'il doit à la nature de son père, mais ce qui passe en lui sans cesse lui échappe ; aussi l'Amour n'est-il jamais ni dans l'indigence ni dans l'opulence.

D'autre part il se tient entre le savoir et l'ignorance, et voici ce qu'il en est : aucun dieu ne s'occupe à philosopher et ne désire devenir savant, car il l'est. Et d'une manière générale si l'on est savant on ne philosophe pas ; mais les ignorants eux non plus ne philosophent pas, et ne désirent pas devenir savants. C'est là justement ce qu'il y a de fâcheux dans l'ignorance : on n'est ni beau, ni bon, ni intelligent, et pourtant on croit l'être assez. On ne désire pas une chose quand on ne croit pas qu'elle vous manque. – Qui sont donc, Diotime, demandai-je, ceux qui philosophent, s'ils ne sont ni les savants ni les ignorants ? – C'est très clair, dit-elle ; même un enfant le verrait dès maintenant : ceux qui se trouvent, entre les deux, et l'Amour doit en faire partie. La science, en effet, compte parmi les choses les plus belles ; or l'Amour est amour du beau ; il est donc nécessaire que l'Amour soit philosophe et, comme il est philosophe, qu'il tienne le milieu entre le savant et l'ignorant. La cause de cela même est dans son origine, car il est né d'un père savant et plein de ressources, et d'une mère dépourvue de science comme de ressources.

Le Banquet, 203b-e

HOMÈRE
VIIIᵉ s. av. J.-C.

VIRGILE
Iᵉʳ s. av. J.-C.

CLAUDIEN
Vᵉ s. ap. J.-C.

Apollonios de Rhodes

Bien que charmant et facétieux, Éros n'en est pas moins un dieu puissant, capable de blessures cuisantes quand elles ne sont pas mortelles. Apollonios de Rhodes raconte comment Médée, la magicienne experte en philtres et en poisons, en fut la victime.

LES FLÈCHES D'ÉROS

Cependant Amour, à travers une brume blafarde, arriva, invisible, excité, comme, sur de jeunes génisses au pacage, surgit le taon que les bouviers appellent *myops*. Vite, au pied du montant de la porte, dans le vestibule, il banda son arc et tira de son carquois une flèche neuve, source de bien des larmes. De là, sans être vu, à pas rapides, il franchit le seuil, le regard pétillant ; tout petit, blotti aux pieds mêmes de l'Aisonide, il posa les encoches de la flèche au milieu de la corde et, tendant l'arc des deux mains, tira droit sur Médée. Une muette stupeur saisit l'âme de la jeune fille. Lui, s'envolant de la grand-salle au plafond élevé, prit son essor en riant aux éclats ; mais le trait brûlait au fond du cœur de Médée, pareil à une flamme. Elle ne cessait de jeter sur l'Aisonide, bien en face, des regards étincelants et sa lucide raison était emportée hors de sa poitrine par la tempête qui la travaillait. Elle n'avait plus d'autre pensée et son âme était inondée d'une douleur délicieuse. Telle une pauvre ouvrière qui vit du travail de la laine a jeté des brindilles sur un tison ardent pour avoir de la lumière la nuit sous son toit, parce qu'elle vient à peine de se lever ; une flamme s'élève, prodigieuse, du petit tison et réduit en cendres toutes les brindilles ; tel, blotti au fond du cœur de Médée, brûlait en secret le funeste amour. Les tendres joues de la jeune fille changeaient de couleur, tour à tour pâles et rouges, tandis que sa raison défaillait.

Argonautiques, III, 276-299

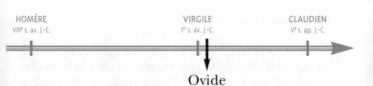

HOMÈRE
VIIIe s. av. J.-C.

VIRGILE
Ier s. av. J.-C.

CLAUDIEN
Ve s. ap. J.-C.

Ovide

De ces blessures, peut-on guérir ? Les Enfers sont remplis des victimes de Cupidon. Au poète Ovide de demander grâce avant de proposer des Remèdes à l'amour.

EN GUERRE CONTRE CUPIDON

L'Amour avait lu le titre et le nom de ce petit livre : « C'est la guerre, je le vois, la guerre qu'on prépare contre moi », dit-il. Garde-toi, Cupidon, de condamner comme criminel ton poète, moi qui, tant de fois, sous tes ordres, ai porté l'étendard que tu m'avais confié. Je ne suis pas le fils de Tydée[1], par qui fut blessée ta mère[2], que les chevaux de Mars ramenèrent aux fluides demeures éthérées. Souvent d'autres hommes s'attiédissent ; moi j'ai toujours aimé, et si tu me demandes ce que je fais maintenant encore, j'aime. Ni toi, enfant caressant, ni notre art n'est trahi par nous, et une nouvelle Muse ne prend pas le contre-pied de mon œuvre passé. Si un amant brûle pour un objet qu'il lui plaît d'aimer et qui le paie de retour, qu'il jouisse de son bonheur et livre sa barque aux vents favorables. Mais s'il en est qui supportent pour leur malheur l'empire d'une maîtresse indigne de leur amour, pour se sauver, qu'ils éprouvent le secours de mon art. Pourquoi, s'attachant la corde au cou, cet amant s'est-il, fardeau funeste, pendu à une poutre élevée ? Pourquoi cet autre a-t-il d'un fer cruel fouillé sa poitrine ? Ami de la paix, tu portes l'odieux du meurtre. Celui qui, s'il n'y renonce, va périr d'un amour malheureux, n'a qu'à y renoncer, et tu ne seras cause d'aucune mort.

1. Diomède.
2. Vénus.

Tu es un enfant et seuls les jeux te conviennent. Joue. À ton âge sied un pouvoir sans cruauté. Laisse ton beau-père combattre avec le glaive et la lance aiguë, et tout sanglant sortir vainqueur d'un abondant carnage. Toi, cultive les arts de ta mère, que nous pratiquons sans courir de danger, et qui jamais n'ont cruellement privé une mère de son fils. Que, dans une querelle nocturne, une porte soit brisée, et que de nombreuses couronnes en couvrent les battants et les ornent, voilà ton rôle. Grâce à toi, que les jeunes gens et les timides jeunes filles se retrouvent furtivement, et, par une ruse quelconque, en donnent à garder à un amant soupçonneux ; amène un amoureux à dire tantôt des mots doux, tantôt des injures à un seuil inflexible, et, repoussé, à chanter sur un ton plaintif. Contente-toi de ces larmes, et l'on ne te reprochera pas une mort. Non, ton flambeau ne mérite pas de mettre le feu sous les bûchers dévorants.

Telles furent mes paroles. L'Amour doré agita ses ailes brillantes et me dit : « Mène à bonne fin le nouvel ouvrage que tu veux écrire. »

Les Remèdes à l'amour, 1-40

LES ÉRINYES ≈ LES FURIES

Des gouttes du sang coulant du sexe d'Ouranos, le Ciel, naquirent trois terribles sœurs, les Érinyes. D'un aspect repoussant, ces sœurs d'Aphrodite ont pour mission de pourchasser les meurtriers. Tisiphone, Allectô et Mégère sont aussi intraitables que justes. Si tous les monstres primordiaux sont chassés de la terre, les Érinyes, dont la demeure est située par les poètes latins aux Enfers, ne peuvent en être bannies tant que le crime demeure présent.

HOMÈRE
VIIIe s. av. J.-C.

VIRGILE
Ier s. av. J.-C.

CLAUDIEN
Ve s. ap. J.-C.

Eschyle

Les Érinyes sont si terrifiantes que même la Pythie, la prêtresse d'Apollon, les redoute lorsqu'elle les voit entourant le corps du meurtrier Oreste. Premier tragédien grec de la période classique, Eschyle ose mettre en scène les terribles déesses.

TROIS SŒURS REPOUSSANTES

Ah! horrible à dire, horrible à voir de ses yeux le spectacle qui me rejette hors du temple de Loxias[1] – si horrible que me[2] voici là impuissante, incapable de me tenir droite, et que mes mains courent seules, pour mes jambes alourdies. Une vieille qui prend peur est sans force; ou, plutôt, ce n'est qu'une enfant. J'allais vers le lieu saint, encombré d'offrandes, quand je vois près de l'Ombilic[3], un homme chargé d'une souillure, accroupi en suppliant, les mains dégouttantes de sang, avec une épée frais sortie d'une blessure, et un long rameau d'olivier, dévotement entouré d'un épais réseau de bandelettes, une vraie toison blanche, le mot sera plus clair. En face de l'homme, une troupe étrange de femmes dort, assise sur les sièges. Mais que dis-je, des femmes? Des Gorgones[4] plutôt… Et encore, non! ce n'est pas l'aspect des Gorgones que je rapprocherai du leur… J'ai bien vu naguère, en peinture, les Harpyes ravissant le repas de Phinée[5]; mais celles-ci sont sans ailes; leur

---

1. Apollon.

2. La Pythie.

3. Pierre conique recouverte de bandelettes, l'Ombilic est la pierre avalée par Cronos à la place de son fils, Zeus. Elle était pour les Grecs le centre du monde.

4. Monstres d'apparence féminine. Leurs cheveux sont des serpents et leurs regards ont le pouvoir de pétrifier.

5. Monstres ailés, mi-femmes, mi-rapaces. Dans la geste des Argonautes, elles persécutent Phinée, vieux devin aveugle, en fondant sur sa nourriture.

aspect de tout point est sombre et repoussant ; leurs ronfle-
ments exhalent un souffle qui fait fuir ; leurs yeux pleurent
d'horribles pleurs ; leur parure enfin est de celles qui ne
sont pas plus à leur place devant les statues des dieux que
dans les maisons des hommes. Non, je n'ai jamais vu la race
à laquelle appartient telle compagnie, et ne sais quelle terre
peut bien se vanter de l'avoir nourrie sans en être punie et
regretter sa peine. Qu'en doit-il advenir ? je m'en remets au
maître de cette demeure, à Loxias tout puissant.

Les Euménides, 34-62

HOMÈRE
VIIIe s. av. J.-C.

VIRGILE
Ier s. av. J.-C.

CLAUDIEN
Ve s. ap. J.-C.

Ovide

Le plus jeune des poètes augustéens [1] *décrit une des Érinyes, Tisiphone, aussi appétissante que ses sœurs.*

TISIPHONE

Quand Junon eut fini de parler, Tisiphone agita ses cheveux blancs, toujours en désordre ; elle rejeta en arrière les couleuvres qui pendaient devant sa bouche et alors : « Il n'est pas besoin, répond-elle, de longs détours ; regarde tous tes ordres comme accomplis. Quitte cet odieux royaume et remonte dans l'air plus pur du ciel. » Junon s'en retourne, pleine de joie ; avant qu'elle rentre au ciel, Iris, fille de Thaumas, répand sur elle la rosée d'une eau lustrale.

Sans plus tarder, l'implacable Tisiphone saisit une torche trempée dans le sang, revêt un manteau qu'un flot de sang a rougi, entoure sa taille d'un serpent, qui s'y enlace, et sort de sa demeure. À ses côtés marchent le Deuil, l'Effroi, la Terreur et la Folie au visage grimaçant. Elle s'était arrêtée devant le seuil du fils d'Éole [2], les portes tremblèrent, dit-on, leurs battants d'érable perdirent leurs couleurs ; le soleil refusa sa lumière au pays. Ces prodiges remplirent de terreur l'épouse d'Athamas [3] ; il en fut terrifié lui-même ; ils se préparaient à fuir de leur demeure ; devant eux se dresse la funeste Érinys, qui leur barre le chemin et, qui, étendant ses bras, où des vipères ont enroulé leurs nœuds, secoue sa chevelure ; des couleuvres s'agitent sur elle bruyamment ; les unes sont couchées sur ses épaules,

1. Auguste règne de 27 avant J.-C. à 14 après J.-C.
2. Dieu des vents.
3. Ino.

les autres, qui rampent autour de sa poitrine, sifflent, rejettent leur bave et dardent leur langue au dehors. Alors du milieu de sa chevelure elle arrache deux serpents, qu'elle lance brusquement de sa main néfaste; ils errent sur le sein d'Ino et d'Athamas et y soufflent leur haleine empestée; ils ne font subir aucune blessure au corps des deux époux; jamais leur âme reçoit de terribles atteintes. L'Érinys avait apporté aussi avec elle des poisons fluides et merveilleux: l'écume de la gueule de Cerbère, le venin d'Échidna[4], la folie, qui fait divaguer, l'oubli, qui aveugle la raison, le crime, les larmes, la rage, la passion du meurtre, le tout broyé en un seul mélange; après l'avoir détrempé avec du sang frais, elle l'avait fait bouillir dans les flancs d'un vase de bronze, en le tournant avec une tige de ciguë encore verte; tandis que ses deux victimes sont saisies d'épouvante, elle verse dans leur poitrine ce poison qui met l'âme en fureur et elle trouble leur cœur jusqu'au fond. Puis, faisant tournoyer sa torche à plusieurs reprises, elle décrit rapidement un cercle où la flamme suit la flamme. Alors triomphante, certaine d'avoir rempli sa mission, elle retourne au séjour des ombres, royaume du grand Dis[5], et dépose le serpent dont elle avait entouré sa ceinture.

Les Métamorphoses, IV, 474-514

---

4. Monstre apparenté à la vipère.
5. Hadès, souverain du royaume des morts.

HOMÈRE
VIIIe s. av. J.-C.

VIRGILE
Ier s. av. J.-C.

CLAUDIEN
Ve s. ap. J.-C.

Eschyle

Quand le pardon est accordé au meurtrier, les cruelles déesses changent de nom et deviennent les Euménides (en grec les « Bienveillantes ») qui accompagnent le coupable dans sa rédemption. Tel est le cas pour Oreste pardonné par les hommes et par les dieux. Guidées par Athéna, les Euménides regagnent leurs demeures en promettant des bienfaits.

LES BIENVEILLANTES

Le Chœur. – Adieu, vivez heureux au milieu des dons bénis de la richesse, vivez heureux, habitants de cette cité assis aux côtés de la Vierge de Zeus, lui rendant son amour et apprenant chaque jour la sagesse ! Ceux que Pallas[1] abrite sous son aile sont respectés de son père.

Athéna. – Adieu, vivez heureuses aussi ! Je dois marcher devant vous et vous montrer votre demeure, aux pieuses clartés du cortège qui s'avance. Allez, avec ces victimes saintes, descendez donc sous la terre ; retenez loin de nous le malheur, et envoyez-nous le bonheur, pour le triomphe de ma ville.

Et vous, maîtres de cette cité, enfants de Cranaos[2], montrez la route à celles qui reçoivent ici le droit de séjour ; et que mes citoyens, pour leur propre bonheur, ne forment que d'heureux desseins !

Le Chœur. – Adieu, vivez heureux, je répète mon vœu, vous tous qui résidez en cette ville, mortels ou divinités. Déjà votre cité est celle de Pallas : qu'elle honore celles à qui elle octroie le droit de séjour, et vous n'aurez pas à vous plaindre du sort que vous fera la vie.

1. Autre nom d'Athéna.
2. Roi mythique d'Athènes.

ATHÉNA. – J'applaudis au langage de vos vœux et je vais vous conduire, à la clarté des torches éclatantes, jusqu'aux lieux qui s'ouvrent en bas, sous la terre. Avec moi viendront mes servantes, gardiennes de mon image. Leur place est là : c'est l'œil même de tout le pays de Thésée[3] que j'invite à sortir ici, noble troupe de femmes, d'enfants, pieux cortège de vieilles femmes… *(Aux prêtresses qui sortent du temple).* Allons, venez, suivez mes pas, honorez ces déesses en vous enveloppant dans des robes de pourpre, et faites jaillir la clarté du feu, afin que leur présence propice parmi nous se manifeste en riches floraisons humaines.

(Assez large)

LE CORTÈGE. – Mettez-vous en marche, puissantes déesses avides d'hommages, enfants infécondes de la féconde Nuit, sur les pas d'un cortège ami – et que tous dans la cité se recueillent ! –

Pour gagner l'antre souterrain où vous trouverez, parmi les offrandes et les rites antiques, un culte sans pareil. – Et que tous dans la cité se recueillent !

Propices, loyales à l'égard de ce pays, allez donc, ô Redoutables, et laissez-vous réjouir par l'éclat des torches dévorées du feu qui vous montrent le chemin. – Et maintenant lancez le cri rituel en réponse à notre chant !

(Cri prolongé.)

La paix, pour le bonheur de ses foyers, est aujourd'hui acquise au peuple de Pallas, et ainsi s'achève l'accord de la Parque avec Zeus dont l'œil voit tout. – Et maintenant lancez le cri rituel en réponse à notre chant !

Les Euménides, 996-1047

3. Roi mythique d'Athènes.

IRIS

Fille de Thaumas et de l'Océanide Électre, Iris est l'envoyée des dieux. Déesse ancienne, elle est décrite comme une jeune fille svelte et gracieuse. Rapides, ses pieds ailés dessinent sur leur passage la courbe de l'arc-en-ciel. Iris est surtout présente dans l'*Iliade*, car elle est par la suite remplacée dans son rôle de messager par Hermès.

HOMÈRE
VIIIᵉ s. av. J.-C.

VIRGILE
Iᵉʳ s. av. J.-C.

CLAUDIEN
Vᵉ s. ap. J.-C.

Homère

*Dans l'*Iliade, Iris *est l'envoyée de Zeus : le père des dieux la charge ici de faire entendre raison à Poséidon.*

LA MESSAGÈRE ENTRE LES DIEUX

« Pars, Iris rapide, et à sire Poséidon, en fidèle messagère, rapporte bien tout ceci. Enjoins-lui de cesser la lutte et la bataille et de s'en aller chez les dieux, ou bien dans la mer divine. S'il n'entend pas cet ordre, s'il n'en tient aucun compte, qu'alors il se garde en son âme et son cœur d'oser, si fort qu'il soit, me tenir tête à l'heure où je marcherai contre lui. Je prétends, pour la force, l'emporter de beaucoup sur lui, tout aussi bien que je suis son aîné pour la naissance. Mais il n'a, lui, nul scrupule en son cœur à me parler comme on parle à un pair, à moi, moi qui fais peur à tous les autres. »

Il dit, et Iris rapide, aux pieds vites comme les vents, n'a garde de dire non. Des cimes de l'Ida elle descend vers la sainte Ilion. Comme tombe la neige ou la grêle glacée, sous l'élan de Borée issu de l'éther, aussi prompte en son ardeur, la rapide Iris franchit l'espace en volant. Elle s'approche de l'illustre Ébranleur du sol et dit :

« Je viens ici, Maître de la terre, dieu aux crins d'azur, te porter un message au nom de Zeus qui tient l'égide. Il t'enjoint de cesser la lutte et la bataille et de t'en aller chez les dieux, ou bien dans la mer divine. Si tu n'entends pas cet ordre, si tu n'en tiens aucun compte, il menace de venir lui-même ici lutter avec toi face à face, et il t'engage alors à te dérober à son bras ; car il prétend, pour la force, l'emporter de beaucoup sur toi, tout aussi bien qu'il est ton aîné pour la naissance. Mais tu n'as, toi, nul scrupule en ton cœur à lui parler comme on parle à un pair, à lui, lui qui fait peur à tous les autres. »

Iliade, XV, 157-183

HOMÈRE
VIIIᵉ s. av. J.-C.

VIRGILE
Iᵉʳ s. av. J.-C.

CLAUDIEN
Vᵉ s. ap. J.-C.

Aristophane

Ce rôle d'intermédiaire est plaisamment parodié par Aristophane. Las de la vie athénienne, Pisthétairos et Évelpidès quittent la cité pour vivre parmi d'étranges oiseaux, anciens maîtres d'un monde idéal, avant l'ordre instauré par Zeus. Celui-ci, inquiet pour son pouvoir, envoie Iris espionner la nouvelle cité.

IRIS PRISE AU VOL

Iris paraît dans les airs, sur la méchanè[1]*, sous la forme d'une jeune fille à la tête auréolée d'un arc-en-ciel et planant avec des ailes. Elle semble vouloir traverser. Avant que la* méchanè *l'ait descendue tout à fait, on l'arrête.*

Pisthétairos. – Hé, toi! où, où, où voles-tu? Tiens-toi tranquille, ne bouge point d'ici, arrête, suspends ta course. Qui es-tu? D'où es-tu? Il faudrait dire d'où tu arrives en volant.

Iris. – Je viens de chez les dieux olympiens.

Pisthétairos. – Quel est ton nom? navire ou bonnet[2]?

Iris. – La rapide Iris[3].

Pisthétairos. – Paralienne ou Salaminienne[4]?

Iris. – Que veux-tu dire?

Pisthétairos. – N'y aura-t-il pas un « tricouillard[5] » pour fondre sur elle et la saisir?

---

1. Machine permettant les « effets spéciaux » antiques, sans doute assez similaire à une grue.

2. « Navire » à cause de ses ailes ressemblant à des voiles, « bonnet » à cause de l'arc-en-ciel qui entoure sa tête.

3. Expression empruntée à l'*Iliade* VIII, 399.

4. Pisthétairos prend Iris pour un nom de navire à cause de l'épithète « rapide ».

5. L'équivoque obscène est voulue.

IRIS. – Me saisir, moi ? Que peut bien être ce mal-là ?

PISTHÉTAIROS. – Tu vas gémir, et combien.

IRIS. – Absurde, en vérité, cette affaire-là.

PISTHÉTAIROS. – Par quelle porte es-tu entrée dans nos murs, triple scélérate ?

IRIS. – Je ne sais pas, moi, par Zeus, par quelle porte.

PISTHÉTAIROS. – Tu entends comme elle fait l'ignorante ? T'es-tu présentée aux chefs des choucas ? Tu ne répond pas ? As-tu un passeport des cigognes[6] ?

IRIS. – Qu'est-ce que cette folie ?

PISTHÉTAIROS. – Tu n'en as pas ?

IRIS. – Es-tu bien sain d'esprit ?

PISTHÉTAIROS. – Et il n'y avait là aucun chef des oiseaux pour t'apposer son sceau ?

IRIS. – Non, par Zeus, personne ne m'a rien apposé, mon pauvre.

PISTHÉTAIROS. – Et alors, c'est ainsi que sans bruit tu voles à travers la cité d'autrui et l'espace ?

IRIS. – Par quelle autre voie, en effet, faut-il que volent les dieux ?

PISTHÉTAIROS. – Je n'en sais rien, par Zeus ; mais par ici, non. Tu es coupable, dès lors. Au moins sais-tu ceci : c'est qu'on aurait pu te prendre le plus justement de toutes les Iris et te faire périr, si l'on t'avait traitée comme tu le mérites ?

IRIS. – Mais je suis immortelle.

PISTHÉTAIROS. – N'empêche que tu aurais péri. Car ce serait pour nous la dernière indignité, m'est avis, si, alors que nous, commandant à tout le reste, vous les dieux vous alliez faire des vôtres et ne point reconnaître que vous devez à votre tour obéir aux plus forts. – Mais, dis-moi donc, où te diriges-tu en voguant des ailes ?

6. Les cigognes semblent être nommées ici parce qu'elles sont gardiennes du mur qui porte leur nom.

IRIS. – Moi? Je vole vers les hommes de la part de mon père[7], pour leur dire de sacrifier aux dieux olympiens, d'immoler sur les autels bœufs et brebis, et d'emplir les rues de la fumée des viandes.

PISTHÉTAIROS. – Que dis-tu? À quels dieux?

IRIS. – Auxquels? À nous, les dieux du ciel.

PISTHÉTAIROS. – Vous êtes donc dieux, vous autres?

IRIS. – Et quel autre dieu existe-t-il?

PISTHÉTAIROS. – Les oiseaux à présent sont dieux pour les hommes; c'est à eux qu'ils ont à sacrifier, et non, par Zeus, à Zeus.

Les Oiseaux, 1199-1237

7. Zeus.

HÉCATE

La fille du Titan Persès et d'Astérie, Hécate, est la déesse de l'ombre, des nuits inquiétantes où la Lune est l'unique lumière. La « déesse des carrefours[1] » habite les lieux hantés et peu sûrs. Obscure et mystérieuse, elle est une divinité des forces occultes, de la magie et du pouvoir féminin : on la retrouve autant du côté des magiciennes que des femmes enceintes auxquelles elle vient en aide lors de l'accouchement.

1. La tradition veut qu'elle se manifeste là où les chemins bifurquent.

HOMÈRE
VIIIᵉ s. av. J.-C.

VIRGILE
Iᵉʳ s. av. J.-C.

CLAUDIEN
Vᵉ s. ap. J.-C.

Hésiode

Dans la Théogonie, *si Hécate n'est pas encore la déesse de la magie, elle jouit déjà d'une influence et d'un pouvoir particuliers.*

UNE DÉESSE PRIVILÉGIÉE

Astérie conçut et enfanta Hécate, que Zeus, fils de Cronos, a voulu honorer au-dessus de tous autres, en lui accordant des dons éclatants. Son lot est à la fois sur la terre et la mer inféconde ; mais, en même temps, elle a part aux privilèges qu'offre le ciel étoilé, et elle est respectée entre toutes par les dieux immortels. Aujourd'hui encore, tout mortel d'ici-bas qui veut, par un beau sacrifice offert suivant les rites, implorer une grâce invoque le nom d'Hécate ; et celui-là, sans peine, se voit suivi d'une immense faveur, dont la déesse a avec bienveillance écouté les prières. Elle lui octroie la prospérité, ainsi qu'elle en a le pouvoir ; car tous les enfants de Terre et de Ciel lui abandonnent une part des privilèges qu'ils ont reçus. Le fils de Cronos même s'est envers elle abstenu de violence ; il ne lui a pas arraché ce qu'elle avait obtenu parmi les premiers dieux Titans : elle conserve ce que lui avait au début donné le premier partage. Pour être fille unique, elle ne jouit point, en tant que déesse, de moins de privilèges ; elle en a plus, au contraire, car d'elle Zeus a respect. À qui lui plaît, largement elle accorde son assistance et son secours. Sur la place, elle fait briller qui lui plaît dans rassemblée. Quand, pour la lutte meurtrière s'équipent les guerriers, sa divine assistance va à qui lui plaît, et c'est sa bienveillance qui donne le succès et qui octroie la gloire. Au tribunal, elle siège à côté des rois révérés. Elle sait, quand les hommes joutent dans un tournoi, leur prêter l'assistance et le secours de sa divinité, et celui qui triomphe alors par sa force et par sa vigueur, sans peine et allègrement obtient pour lui le beau prix, en même temps qu'il octroie grande gloire à ses parents. Elle sait aussi, parmi les cavaliers, assister qui lui plaît. À ceux qui exploitent la vaste mer aux chemins périlleux, s'ils invoquent Hécate et le retentissant Ébranleur de la terre, la noble déesse octroie sans peine une abondante proie, comme sans peine aussi elle la leur ravit, au moment même où elle apparaissait, selon qu'il plaît à son cœur. Elle sait, avec Hermès, dans les étables faire croître le bétail : les troupeaux de bœufs, les vastes parcs de chèvres, les longues colonnes de brebis laineuses, s'il plaît à son cœur, elle en fait de peu beaucoup et en réduit beaucoup à peu. Ainsi elle a beau être fille unique de sa mère, elle est parmi les Immortels honorée à la fois de tous les apanages. Et le fils de Cronos a fait d'elle la nourricière de la jeunesse pour tous ceux qui, après elle, ont vu la clarté d'Aurore, qui luit à d'innombrables yeux. Ainsi fut-elle depuis les premiers temps nourricière de la jeunesse et en possession de ses privilèges.

Théogonie, 411-453

HOMÈRE
VIIIe s. av. J.-C.

VIRGILE
Ier s. av. J.-C.

CLAUDIEN
Ve s. ap. J.-C.

Apollonios de Rhodes

Les Argonautiques *relatent les aventures de Jason et notamment sa rencontre avec Médée la magicienne. Celle-ci est prêtresse de l'inquiétante Hécate. Amoureuse du héros, Médée lui confie un philtre d'invulnérabilité et lui recommande de s'allier Hécate. De nuit, Jason s'exécute.*

UNE APPARITION

Le Soleil s'enfonçait au loin sous la terre obscure, par-delà les dernières cimes des Éthiopiens occidentaux. La Nuit attelait au joug ses chevaux et les héros préparaient leurs couches à même le sol près des amarres. Mais, dès que les étoiles de l'Ourse, la brillante Héliké, se furent penchées vers l'horizon et que, sous le ciel, un calme absolu eut envahi l'éther, Jason s'en alla dans la solitude, comme un voleur furtif, avec les ingrédients nécessaires. Il les avait tous préparés d'avance pendant le jour : Argos était venu lui apporter d'un troupeau la brebis et le lait ; le reste, il l'avait pris à bord même du navire. Quand il eut découvert un endroit situé à l'écart du passage des hommes, en plein air, dans des prairies humides dégagées d'arbres, il commença par baigner pieusement son tendre corps dans le fleuve divin et s'enveloppa du manteau noir que lui avait jadis donné la Lemnienne Hypsipylé, en souvenir de leur douce union. Alors, après avoir creusé dans le sol une fosse d'une coudée, il fit un tas de bois fendu, égorgea sur lui le mouton et en étendit le corps par-dessus le bûcher selon le rite. Puis il allumait les bûches en y mettant le feu par-dessous et il versait sur elles des libations mêlées, en invoquant Brimô Hécate pour qu'elle l'assistât dans ses travaux. Après cet appel, il revint sur ses pas. Elle l'entendit, la déesse redoutable, et sortit du fond de sa retraite pour recevoir les offrandes de l'Aisonide. Elle était ceinte d'une couronne de terribles serpents entrelacés de rameaux de chêne ; ses torches fulguraient d'une immense lueur ; autour d'elle, ses chiens infernaux hurlaient avec des aboiements aigus. Toutes les prairies tremblaient sur son passage et elles poussèrent une sainte clameur, les Nymphes du marais du fleuve qui menaient leur ronde autour de ce pré humide du Phase Amarantien. L'Aisonide fut saisi de crainte ; néanmoins il ne se retourna point et ses pas l'emmenaient jusqu'à ce qu'il eût rejoint ses compagnons. Déjà, au-dessus du Caucase neigeux, l'Aurore du matin, s'était levée et répandait sa clarté.

Argonautiques, III, 1191-1224

LES ENFANTS DU CIEL

Les enfants du Ciel (Ouranos) sont le plus souvent repoussants, et toujours nuisibles. Les Cyclopes n'ont qu'un seul œil au milieu du front et les Cent-Bras tiennent leur nom de leur monstruosité. Aussi forts que violents, ils sont de toutes les guerres et de toutes les rébellions. Zeus enferment les Cent-Bras sous la Terre, dans des « lieux affreux et moisis, qui font horreur aux dieux[1] ». Seuls les cyclopes ont le droit de rester sur terre, en souvenir du don qu'ils firent à Zeus de la foudre. Les Titans, s'ils ne sont pas monstrueux, n'en sont pas moins haïs de leur père Ouranos. Présents avant les Olympiens, ils représentent un ordre ancien, précédant l'ordre de Zeus. Plus profondément, ils sont les dieux qui s'opposent aux dieux, et partant... les alliés des hommes. Cronos est le plus jeune et le plus important d'entre eux. Parmi les autres Titans célèbres, citons Océan, le fleuve qui entoure le monde, Hypérion, le père du soleil, de la lune et de l'aurore, Thémis, la justice, Japet, le père d'Atlas et de Prométhée, et bien sûr Mnémosyne, la mémoire, mère des muses. Voici quelques épisodes qui leur sont attachés.

1. Hésiode, *Théogonie*, 738-739.

HOMÈRE
VIIIᵉ s. av. J.-C.

VIRGILE
Iᵉʳ s. av. J.-C.

CLAUDIEN
Vᵉ s. ap. J.-C.

Hésiode

De tous les Titans, Cronos est le dernier et le plus important. Fils d'Ouranos (Ciel) et de Gaia (Terre), c'est lui qui, bien que cadet, accepte de prendre les armes contre son père, pour soulager sa mère des multiples grossesses non abouties que lui inflige Ouranos. Face à ce père omnipotent et omniscient (il occupe toute la voûte céleste), Cronos « aux pensers fourbes », comme le surnomme Hésiode, ne dispose que d'une serpe, courbe et dangereuse comme son intelligence.

CRONOS « AUX PENSERS FOURBES »

Car c'étaient de terribles fils que ceux qui étaient nés de Terre et de Ciel, et leur père les avait en haine depuis le premier jour. À peine étaient-ils nés qu'au lieu de les laisser monter à la lumière, il les cachait tous dans le sein de Terre, et, tandis que Ciel se complaisait à cette œuvre mauvaise, l'énorme Terre en ses profondeurs gémissait, étouffant. Elle imagine alors une ruse perfide et cruelle. Vite, elle crée le blanc métal acier ; elle en fait une grande serpe, puis s'adresse à ses enfants, et, pour exciter leur courage, leur dit, le cœur indigné : « Fils issus de moi et d'un furieux, si vous voulez m'en croire, nous châtierons l'outrage criminel d'un père, tout votre père qu'il soit, puisqu'il a le premier conçu œuvres infâmes ».

Elle dit ; la terreur les prit tous, et nul d'eux ne dit mot. Seul, sans trembler, le grand Cronos aux pensers fourbes réplique en ces termes à sa noble mère : « C'est moi, mère, je t'en donne ma foi, qui ferai la besogne. D'un père abominable je n'ai point de souci, tout notre père qu'il soit puisqu'il a le premier conçu œuvres infâmes ».

Il dit, et l'énorme Terre en son cœur sentit grande joie. Elle le cacha, le plaça en embuscade, puis lui mit dans les mains la grande serpe aux dents aiguës et lui enseigna tout le piège. Et le grand Ciel vint, amenant la nuit ; et, enveloppant Terre, tout avide d'amour, le voilà qui s'approche et s'épand en tout sens. Mais le fils, de son poste, étend la main gauche, tandis que, de la droite, il saisissait l'énorme, la longue serpe aux dents aiguës et, brusquement, il faucha les bourses de son père, pour les jeter ensuite, au hasard, derrière lui. Ce ne fut pas pourtant un vain débris qui lors s'enfuit de sa main. Des éclaboussures sanglantes en avaient jailli ; Terre les reçut toutes, et, avec le cours des années, elle en fit naître les puissantes Érinyes, et les grands Géants aux armes étincelantes, qui tiennent en leurs mains de longues javelines, et les Nymphes aussi qu'on nomme Méliennes, sur la terre infinie.

Théogonie, 154-187

Prométhée, le « prévoyant », est le bienfaiteur des hommes. Selon bon nombre de traditions, il en est le créateur. Dès son apparition, il s'oppose à Zeus, donne le feu aux hommes et s'attire pour toujours la colère du père des dieux.

PROMÉTHÉE

Japet[1] épousa la jeune Océanine aux jolies chevilles, Clymène ; avec elle il montait dans le lit nuptial, et elle lui donna pour fils Atlas à l'âme violente. Elle enfantait ensuite Ménoitios, trop plein d'orgueil, Prométhée, souple et subtil, Épiméthée enfin, le maladroit, qui fut dès l'origine le malheur des hommes qui mangent le pain, en recevant le premier sous son toit la vierge formée par Zeus[2]. Pour l'insolent Ménoitios, Zeus au large regard l'envoya au fond de l'Érèbe, en le frappant de la foudre fumante, à raison de sa

1. Un Titan.
2. Pandore, la première femme.

folie et de sa force sans pareille. Atlas, lui, sous une puissante contrainte, aux limites mêmes du monde, en face des Hespérides au chant sonore, soutient le vaste Ciel, debout, de sa tête et de ses bras infatigables : c'est le sort que lui a départi le prudent Zeus. Quant à Prométhée aux subtils desseins, Zeus le chargea de liens inextricables, entraves douloureuses qu'il enroula à mi-hauteur d'une colonne. Puis il lâcha sur lui un aigle aux ailes éployées ; et l'aigle mangeait son foie immortel, et le foie se reformait la nuit, en tout point égal à celui qu'avait, le jour durant, dévoré l'oiseau aux ailes éployées. Mais le vaillant fils d'Alcmène aux jolies chevilles, Héraclès, abattit l'aigle et, du fils de Japet écartant ce cruel fléau, l'arracha à ses tourments – cela, de l'aveu même de Zeus Olympien au trône sublime, qui voulait que la gloire d'Héraclès Thébain s'étendît encore sur la terre nourricière : dans ce souci, il protégeait son noble fils, et, en dépit de sa colère, il renonça à la rancune qu'il gardait à Prométhée, pour être entré en lutte contre les desseins du bouillant fils de Cronos.

C'était aux temps où se réglait la querelle des dieux et des hommes mortels, à Mécôné. En ce jour-là Prométhée avait, d'un cœur empressé, partagé un bœuf énorme, qu'il avait ensuite placé devant tous. Il cherchait à tromper la pensée de Zeus : pour l'un des deux partis, il avait mis sous la peau chairs et entrailles lourdes de graisse, puis recouvert le tout du ventre du bœuf ; pour l'autre, il avait, par une ruse perfide, disposé en un tas les os nus de la bête, puis recouvert le tout de graisse blanche. Sur quoi, le père des dieux et des hommes lui dit : « Ô fils de Japet, noble sire entre tous, tu as, bel ami, été bien partial en faisant les lots ».

Ainsi, railleur, parlait Zeus aux conseils éternels. Et Prométhée aux pensers fourbes lui répondit avec un léger sourire, soucieux de sa ruse perfide : « Zeus très grand, le plus glorieux des dieux toujours vivants, choisis donc de ces parts celle que ton cœur t'indique en ta poitrine ».

Il dit, le cœur plein de fourbe, et Zeus aux conseils éternels comprit la ruse et sut la reconnaître. Mais déjà, en son cœur, il méditait la ruine des mortels, tout comme en fait il devait l'achever. De ses deux mains il souleva la graisse blanche, et la colère emplit son âme, tandis que la bile montait à son cœur, à la vue des os nus de la bête, trahissant la ruse perfide. – Et aussi bien est-ce pourquoi, sur la terre, les fils des hommes brûlent aux Immortels les os nus des victimes sur les autels odorants. – Et, indigné, l'assembleur de nuées, Zeus, dit : « Ah ! fils de Japet, qui en sais plus que nul au monde, je le vois, bel ami, tu n'as pas encore oublié la ruse perfide ».

Ainsi, irrité, parlait Zeus aux conseils éternels ; et, dès lors, de cette ruse gardant toujours le souvenir, il se refusait à diriger sur les frênes l'élan du feu infatigable pour le profit des mortels, habitants de cette terre. Mais le brave fils de Japet sut le tromper et déroba, au creux d'une férule, l'éclatante lueur du feu infatigable ; et Zeus, qui gronde dans les nues, fut mordu profondément au cœur et s'irrita en son âme, quand il vit briller au milieu des hommes l'éclatante lueur du feu.

Théogonie, 507-569

HOMÈRE
VIIIᵉ s. av. J.-C.

VIRGILE
Iᵉʳ s. av. J.-C.

CLAUDIEN
Vᵉ s. ap. J.-C.

Lucien

Au fil du temps, le vol du feu est devenu un lieu commun de la littérature antique, si bien qu'au IIᵉ siècle après J.-C., Lucien relate le procès fictif et plein d'humour du Titan. Voici sa défense.

Y a-t-il une parcelle du feu que nous ayons perdue depuis que les hommes le détiennent aussi ? Tu ne peux répondre oui. Car telle est, je pense, la nature de cette possession qu'elle n'est aucunement amoindrie même si quelqu'un d'autre en prend une part. Le feu ne s'éteint point si on s'en sert pour allumer. Mais c'était pure et simple jalousie que ce comportement : quoiqu'il n'y eût aucun dommage pour vos biens, empêcher d'en donner leur part à ceux qui en avaient besoin. Or il faut que les dieux, étant bons, soient « donneurs de biens » et se tiennent éloignés de toute jalousie. En l'occurrence, même si j'avais dérobé le feu en totalité pour le transporter sur terre, sans en rien laisser, je ne vous faisais pas grand tort, car vous n'en avez nul besoin : vous n'avez pas froid, vous ne faites pas cuire l'ambroisie, vous n'avez pas besoin de lumière artificielle.

Les hommes, eux, ont un besoin impérieux de feu pour toutes choses, et en particulier pour les sacrifices, afin de pouvoir répandre leur odeur par les rues, faire brûler de l'encens et consumer les cuissots des victimes sur les autels. Et je vois que vous prenez grand plaisir à la fumée et que vous jugez très délectable ce festin quand l'odeur en vient jusqu'au ciel « dans les volutes de fumée ». Ici la critique serait en contradiction complète avec vos désirs. Je m'étonne que vous n'ayez pu empêcher aussi le soleil de briller sur les hommes ; pourtant c'est encore du feu, bien plus divin et bien plus ardent ! Ou alors, le mettez-vous en accusation pour gaspillage de notre bien ?

J'ai dit. Vous deux, Hermès et Héphaïstos, si vous jugez erroné l'un de mes propos, rectifiez, réfutez, et moi je présenterai derechef ma défense.

Prométhée, 18-19

HOMÈRE
VIIIᵉ s. av. J.-C.

VIRGILE
Iᵉʳ s. av. J.-C.

CLAUDIEN
Vᵉ s. ap. J.-C.

Platon

Prométhée est aussi traditionnellement le créateur des hommes.
Platon raconte le mythe en le plaçant dans la bouche de Protagoras,
le sophiste.

LE MYTHE DE PROTAGORAS

_ « Je ne te la refuserai pas, Socrate ; mais voulez-vous
que je vous la[1] présente, vieillard parlant à des jeunes
gens, sous la forme d'un mythe, ou sous celle d'un discours explicatif ? »

Beaucoup des auditeurs lui répondirent de faire
comme il voudrait. « Eh bien, dit-il, il me semble qu'un
mythe sera plus agréable. »

« C'était le temps où les dieux existaient déjà, mais où
les races mortelles n'existaient pas encore. Quand vint le
moment marqué par le destin pour la naissance de celles-
ci, voici que les dieux les façonnent à l'intérieur de la terre
avec un mélange de terre et de feu et de toutes les sub-
stances qui se peuvent combiner avec le feu et la terre. Au
moment de les produire à la lumière, les dieux ordonnèrent à Prométhée et à Épiméthée de distribuer convenable-
ment entre elles toutes les qualités dont elles avaient été
pourvues. Épiméthée demanda à Prométhée de lui laisser
le soin de faire lui-même la distribution : « Quand elle sera
faite, dit-il, tu inspecteras mon œuvre. » La permission
accordée, il se met au travail.

Dans cette distribution, il donne aux uns la force sans la
vitesse ; aux plus faibles, il attribue le privilège de la rapidité ; à certains, il accorde les armes ; pour ceux dont la
nature est désarmée, il invente quelque autre qualité qui

1. La démonstration par laquelle est prouvé que la vertu s'enseigne.

74

puisse assurer leur salut. À ceux qu'il revêt de petitesse, il attribue la fuite ailée ou l'habitation souterraine. Ceux qu'il grandit en taille, il les sauve par là même. Bref, entre toutes les qualités, il maintient un équilibre. En ces diverses inventions, il se préoccupait d'empêcher aucune race de disparaître.

Après qu'il les eut prémunis suffisamment contre les destructions réciproques, il s'occupa de les défendre contre les intempéries qui viennent de Zeus, les revêtant de poils touffus et de peaux épaisses, abris contre le froid, abris aussi contre la chaleur, et, en outre, quand ils iraient dormir, couvertures naturelles et propres à chacun. Il chaussa les uns de sabots, les autres de cuirs massifs et vides de sang. Ensuite, il s'occupa de procurer à chacun une nourriture distincte, aux uns les herbes de la terre, aux autres les fruits des arbres, aux autres leurs racines; à quelques-uns il attribua pour aliment la chair des autres. À ceux-là, il donna une postérité peu nombreuse; leurs victimes eurent en partage la fécondité, salut de leur espèce.

Or Épiméthée[2], dont la sagesse était imparfaite, avait déjà dépensé, sans y prendre garde, toutes les facultés en faveur des animaux, et il lui restait encore à pourvoir l'espèce humaine, pour laquelle, faute d'équipement, il ne savait que faire. Dans cet embarras, survient Prométhée pour inspecter le travail. Celui-ci voit toutes les autres races harmonieusement équipées et l'homme nu, sans chaussures, sans couvertures, sans armes. Et le jour marqué par le destin était venu, où il fallait que l'homme sortît de la terre pour paraître à la lumière.

Prométhée, devant cette difficulté, ne sachant quel moyen de salut trouver pour l'homme, se décide à dérober l'habileté artiste d'Héphaïstos et d'Athéna et, en même temps, le feu – car, sans le feu, il était impossible que cette

---

2. En grec « Épiméthée » signifie « celui qui réfléchit après » et Prométhée « celui qui réfléchit à l'avance ».

habileté fût acquise par personne ou rendit aucun service –, puis, cela fait, il en fit présent à l'homme.

C'est ainsi que l'homme fut mis en possession des arts utiles à la vie, mais la politique lui échappa : celle-ci en effet était auprès de Zeus ; or Prométhée n'avait plus le temps de pénétrer dans l'acropole qui est la demeure de Zeus : en outre il y avait aux portes de Zeus des sentinelles redoutables. Mais il put pénétrer sans être vu dans l'atelier où Héphaïstos et Athéna pratiquaient ensemble les arts qu'ils aiment, si bien qu'ayant volé à la fois les arts du feu qui appartiennent à Héphaïstos et les autres qui appartiennent à Athéna, il put les donner à l'homme. C'est ainsi que l'homme se trouve avoir en sa possession toutes les ressources nécessaires à la vie et que Prométhée, par la suite, fut, dit-on, accusé de vol. »

Protagoras, 320a-322a

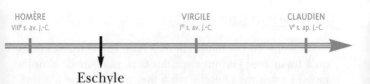

HOMÈRE
VIIIᵉ s. av. J.-C.

VIRGILE
Iᵉʳ s. av. J.-C.

CLAUDIEN
Vᵉ s. ap. J.-C.

Eschyle

*Le fleuve qui entoure le monde reste extérieur aux querelles,
notamment à celle qui oppose Zeus à Prométhée : pacifique et modé-
rateur, Océan vient conseiller le Titan.*

OCÉAN

Océan. – Je vois, Prométhée, et je veux même te donner
le seul conseil qui convienne ici, si avisé que tu sois déjà :
connais-toi toi-même, et, t'adaptant aux faits, prends des
façons nouvelles, puisque qu'un maître nouveau commande chez les dieux. Si tu te mots à lancer de la sorte des
mots rudes et acérés, Zeus pourrait bien t'entendre, si loin
et si haut qu'il trône, et le courroux dont tu souffres à cette
heure ne plus te paraître un jour qu'un simple jeu d'enfant. Allons, infortuné, laisse là ta colère, et cherche à t'af-
franchir de ces tourments. Je te semble peut-être ne dire là
que des vieilleries. Il n'en reste pas moins qu'ici tu reçois,
Prométhée, le salaire d'un langage trop hautain. Et pourtant tu n'es pas humble, encore, tu ne cèdes pas à la souffrance, et à tes maux présents tu entends en ajouter
d'autres. Si tu acceptes mes leçons, tu cesseras de regimber
contre l'aiguillon. Considère qu'il s'agit d'un dur
monarque, dont le pouvoir n'a pas de comptes à rendre.
Aussi, tandis que j'irai tenter, si je puis, de te dégager de
ces peines, reste en repos, ne t'emporte pas en propos violents. Ne sais-tu donc pas, toi dont l'esprit est si subtile-
ment sage, qu'un châtiment s'inflige aux langues
étourdies.

Prométhée. – Je t'envie de te trouver hors de cause après
avoir eu part à tout et osé autant que moi. Aussi laisse ce
projet, va, n'y songe plus. Quoi que tu fasses, tu ne le per-
suaderas pas : il est fermé à la persuasion. Veille plutôt à ne
pas te nuire par telle démarche.

OCÉAN – Tu t'entends mieux à faire la leçon aux autres qu'à toi-même ; j'en juge sur des faits, non sur de simples mots ! J'y vais : ne cherche pas à me retenir. Je me fais fort, je me fais fort d'obtenir de Zeus la grâce de te dégager de ces peines. [...] Ne comprends-tu pas, Prométhée, que, pour traiter la maladie colère, il existe des mots médecins ?

PROMÉTHÉE. – Pourvu qu'on trouve le moment où l'on peut amollir le cœur – au lieu de prétendre réduire par la force une passion qui forme abcès.

OCÉAN – Mais, à un zèle téméraire, vois-tu donc un châtiment attaché ? instruis-moi.

PROMÉTHÉE. – La honte d'une peine inutile et d'une candeur étourdie.

OCÉAN – Laisse-moi alors être malade de ce mal : rien de mieux que de paraître fou par excès de bonté.

PROMÉTHÉE. – Cette faute-là paraîtra plutôt mienne.

OCÉAN – Ton langage me donne nettement congé.

PROMÉTHÉE. – De peur qu'à pleurer sur moi tu ne te fasses un ennemi.

OCÉAN – De celui qui vient de monter sur le trône tout puissant ?

PROMÉTHÉE. – De lui-même : garde-toi d'irriter son cœur.

OCÉAN – Ton malheur, Prométhée, est un enseignement.

Prométhée enchaîné, 306-392

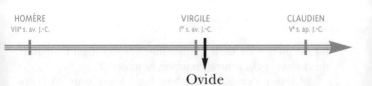

HOMÈRE
VIIIe s. av. J.-C.

VIRGILE
Ier s. av. J.-C.

CLAUDIEN
Ve s. ap. J.-C.

Ovide

Les Titans symbolisent l'hybris[1] de ceux qui n'acceptent pas l'ordre établi par Zeus. Peut-être est-ce la raison pour laquelle ils sont du côté des hommes. Ovide relate la triste audace de Phaéton désireux de conduire le char du Soleil, son père.

PHAÉTON

Rebelle à ce discours, le jeune homme persiste dans son projet et brûle du désir de monter sur le char. Alors son père, après avoir tardé autant qu'il le pouvait, le conduit vers le char élevé, présent de Vulcain. L'essieu était d'or, d'or aussi le timon, d'or les cercles qui entouraient les roues et d'argent toute la série des rayons ; sur le joug, des chrysolithes[2] et des pierreries régulièrement disposées renvoyaient à Phébus[3] le reflet de sa lumière. Tandis que l'ambitieux Phaéton admire tous les détails de cet ouvrage, voici que du côté de l'Orient qui s'éclaire la vigilante Aurore a ouvert sa porte empourprée et son atrium tout plein de la couleur des roses ; les étoiles fuient ; Lucifer rassemble leur troupe et descend le dernier de la garde du ciel[4]. Quand le Titan a vu cet astre gagner la terre, le ciel rougir et les extrémités du croissant de la lune s'évanouir, il ordonne aux Heures rapides d'atteler ses chevaux. Les déesses exécutent promptement ses ordres ; des crèches célestes elles amènent les coursiers vomissant du feu, repus du suc de l'ambroisie, et elles ajustent les freins sonores. Alors le dieu répand sur le visage de son fils une essence divine qui doit

1. En grec, la démesure.
2. Cette pierre précieuse, la « pierre dorée », est généralement identifiée aujourd'hui avec la topaze.
3. Le Soleil, souvent assimilé à Apollon.
4. Ce scorpion, envoyé par Diane, avait piqué le chasseur Orion.

lui permettre de défier la flamme dévorante ; il couronne de rayons la chevelure du jeune homme.

Phaéton s'empare du char, bien léger sous ce corps juvénile ; il s'y place debout tout joyeux de toucher de ses mains les rênes qui lui sont confiées, et de là il rend grâce à son père, qui lui cède à regret.

Quand le malheureux Phaéton, du haut de l'éther, jeta ses regards sur la terre qui s'étendait si bas, si bas au-dessous de lui, il pâlit ; une terreur subite fit trembler ses genoux et les ténèbres, au milieu d'une si grande lumière, couvrirent ses yeux ; maintenant il aimerait mieux n'avoir jamais touché aux chevaux de son père ; maintenant il regrette de connaître son origine et d'avoir vaincu par ses prières ; maintenant il voudrait bien être appelé le fils de Mérops ; il est emporté comme un vaisseau poussé par le souffle impétueux de Borée, à qui son pilote a lâché la bride impuissante, l'abandonnant aux dieux et aux prières. Que pourrait-il faire ? Derrière lui il a déjà laissé un vaste espace du ciel ; devant ses yeux un autre s'étend, plus vaste encore ; sa pensée les mesure tous les deux ; tantôt il regarde au loin le couchant, que le destin lui interdit d'atteindre, tantôt il regarde en arrière du côté du levant ; ne sachant à quoi se résoudre, il demeure stupide ; il ne peut ni relâcher, ni serrer les rênes ; il ne connaît pas les noms des chevaux. Mille prodiges épars çà et là, dans les diverses régions du ciel et des figures d'animaux monstrueux qui s'offrent à sa vue le font trembler d'effroi. Il est un lieu où le Scorpion creuse ses pinces en deux ares ; fléchissant sa queue et ses bras arrondis de chaque côté, il couvre de ses membres l'espace de deux signes. Quand le jeune homme l'aperçut, tout dégouttant d'un noir venin, prêt à frapper de son dard recourbé, il perdit l'esprit et, glacé de crainte, il lâcha les rênes. À peine sont-elles tombées, flottantes, sur la croupe des chevaux qu'ils sortent de la carrière ; libres du frein, ils se jettent dans les airs d'une région inconnue : partout où leur fougue les pousse, ils se ruent au hasard ; ils s'élancent jusqu'aux étoiles fixées dans les hauteurs de l'éther et ils entraînent le char à travers les abîmes ; tantôt ils montent vers les sommets, tantôt par des descentes et des précipices ils tombent dans des espaces voisins de la terre. La Lune s'étonne de voir les chevaux de son frère[5] courir plus bas que les siens[6] ; les nuages consumés s'évaporent ; les flammes dévorent les lieux les plus élevés de la terre ; elle se fend, s'entr'ouvre et, privée de sucs, se dessèche. Les pâturages blanchissent ; l'arbre brûle avec ses feuilles ; la moisson déjà sèche fournit un aliment, à son propre désastre. Ce sont là les moindres sujets de mes plaintes ; mais de grandes villes périssent avec leurs remparts ; des territoires entiers avec leur population sont réduits en cendre par l'incendie. Des forêts brûlent avec les montagnes ; on voit brûler l'Athos, le Taurus de Cilicie, le Tmolus, l'Œta, l'Ida aride ce jour là, mais jusqu'alors arrosé par de nombreuses sources, l'Hélicon, séjour des vierges divines, l'Hémus, qui n'était pas encore la montagne d'Œagre[7] ; on voit brûler l'Etna, dont les feux, doublés de ceux du ciel, forment un brasier démesuré, le Parnasse aux deux têtes, l'Éryx, le Cynthe, l'Othrys, le Rhodope près d'être dépouillé de ses neiges, le Mimas, le Dindyme, le Mycale et le Cithéron, destiné au culte d'un dieu. La Scythie n'est pas défendue par ses frimas ; on voit brûler le Caucase et aussi l'Ossa avec le Pinde, l'Olympe, plus élevé que l'un et l'autre, les Alpes aux cimes aériennes et l'Apennin couronné de nuages.

Alors Phaéton voit l'univers tout entier en flammes ; il ne peut supporter une chaleur si violente ; il respire un air embrasé comme par une fournaise profonde ; il sent son char s'échauffer jusqu'à blanchir ; les cendres et les étin-

---

5. Phébé-Diane est identifiée avec la Lune, comme son frère, Phébus-Apollon avec le Soleil.

6. En temps normal, elle semble au contraire décrire autour de la terre un circuit plus étroit que le soleil.

7. L'Hémus, montagne de la Thrace, ne pouvait pas encore appartenir à Œagre, roi de ce pays, qui ne vint au monde que plus tard.

celles lancées autour de lui deviennent intolérables et il est enveloppé de tous les côtés par une fumée ardente. Où va-t-il? Où est-il? Au milieu des ténèbres de poix qui obscurcissent ses regards, il n'en sait plus rien et il se laisse emporter par ses coursiers ailés.

Les Métamorphoses, II, 103-234

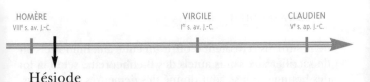

HOMÈRE
VIIIe s. av. J.-C.

VIRGILE
Ier s. av. J.-C.

CLAUDIEN
Ve s. ap. J.-C.

Hésiode

Comment le temps des dieux rejoint-il celui des hommes ?
Hésiode imagine cinq étapes, donnant ainsi naissance au mythe de
l'âge d'or.

LE MYTHE DES RACES

Si tu le veux, je couronnerai mon récit par un autre,
comme il convient et doctement. Et toi, mets-le en ton
esprit.

D'or fut la première race d'hommes périssables que
créèrent les Immortels, habitants de l'Olympe. C'était aux
temps de Cronos, quand il régnait encore au ciel. Ils
vivaient comme des dieux, le cœur libre de soucis, à l'écart
et à l'abri des peines et des misères : la vieillesse misérable
sur eux ne pesait pas ; mais, bras et jarret toujours jeunes,
ils s'égayaient dans les festins, loin de tous les maux.
Mourant, ils semblaient succomber au sommeil. Tous les
biens étaient à eux : le sol fécond produisait de lui-même
une abondante et généreuse récolte, et eux, dans la joie et
la paix, vivaient de leurs champs, au milieu de biens sans
nombre. Depuis que le sol a recouvert ceux de cette race,
ils sont, par le vouloir de Zeus puissant, les bons génies de
la terre, gardiens des mortels, dispensateurs de la richesse :
c'est le royal honneur qui leur fut départi.

Puis une race bien inférieure, une race d'argent, plus
tard fut créée encore par les habitants de l'Olympe. Ceux-
là ne ressemblaient ni pour la taille ni pour l'esprit à ceux
de la race d'or. L'enfant, pendant cent ans, grandissait en
jouant aux côtés de sa digne mère, l'âme toute puérile,
dans sa maison. Et quand, croissant avec l'âge, ils attei-
gnaient le terme qui marque l'entrée de l'adolescence, ils
vivaient peu de temps, et, par leur folie, souffraient mille
peines. Ils ne savaient pas s'abstenir entre eux d'une folle

démesure. Ils refusaient d'offrir un culte aux Immortels ou de sacrifier aux saints autels des Bienheureux, selon la loi des hommes qui se sont donné des demeures. Alors Zeus, fils de Cronos, les ensevelit, courroucé, parce qu'ils ne rendaient pas hommage aux dieux bienheureux qui possèdent l'Olympe. Et, quand le sol les eut recouverts à leur tour, ils devinrent ceux que les mortels appellent les Bienheureux des Enfers, génies inférieurs, mais que quelque honneur accompagne encore.

Et Zeus, père des dieux, créa une troisième race d'hommes périssables, race de bronze, bien différente de la race d'argent, fille des frênes, terrible et puissante. Ceux-là ne songeaient qu'aux travaux gémissants d'Arès et aux œuvres de démesure. Ils ne mangeaient pas le pain ; leur cœur était comme l'acier rigide ; ils terrifiaient. Puissante était leur force, invincibles les bras qui s'attachaient contre l'épaule à leur corps vigoureux. Leurs armes étaient de bronze, de bronze leurs maisons, avec le bronze ils labouraient, car le fer noir n'existait pas. Ils succombèrent, eux, sous leurs propres bras et partirent pour le séjour moisi de l'Hadès frissonnant, sans laisser de nom sur la terre. Le noir trépas les prit, pour effrayants qu'ils fussent, et ils quittèrent l'éclatante lumière du soleil.

Et, quand le sol eut de nouveau recouvert cette race, Zeus, fils de Cronos, en créa encore une quatrième sur la glèbe nourricière, plus juste et plus brave, race divine des héros que l'on nomme demi-dieux et dont la génération nous a précédés sur la terre sans limites. Ceux-là périrent dans la dure guerre et dans la mêlée douloureuse, les uns devant les murs de Thèbes aux sept portes, sur le sol cadméen, en combattant pour les troupeaux d'Œdipe ; les autres au delà de l'abîme marin, à Troie, où la guerre les avait conduits sur des vaisseaux, pour Hélène aux beaux cheveux, et où la mort, qui tout achève, les enveloppa. À d'autres enfin, Zeus, fils de Cronos et père des dieux, a donné une existence et une demeure éloignées des hommes, en les établissant aux confins de la terre. C'est là qu'ils habitent, le cœur libre de soucis, dans les Îles des Bienheureux, aux bords des tourbillons profonds de l'Océan, héros fortunés, pour qui le sol fécond porte trois fois l'an une florissante et douce récolte.

Et plût au ciel que je n'eusse pas à mon tour à vivre au milieu de ceux de la cinquième race, et que je fusse ou mort plus tôt ou né plus tard. Car c'est maintenant la race du fer. Ils ne cesseront ni le jour de souffrir fatigues et misères, ni la nuit d'être consumés par les dures angoisses que leur enverront les dieux. Du moins trouveront-ils encore quelques biens mêlés à leurs maux. Mais l'heure viendra où Zeus anéantira à son tour cette race d'hommes périssables : ce sera le moment où ils naîtront avec des tempes blanches. Le père alors ne ressemblera plus à ses fils ni les fils à leur père ; l'hôte ne sera plus cher à son hôte, l'ami à son ami, le frère à son frère, ainsi qu'aux jours passés. À leurs parents, sitôt qu'ils vieilliront, ils ne montreront que mépris ; pour se plaindre d'eux, ils s'exprimeront en paroles rudes, les méchants ! et ne connaîtront même pas la crainte du Ciel. Aux vieillards qui les ont nourris ils refuseront les aliments. Nul prix ne s'attachera plus au serment tenu, au juste, au bien : c'est à l'artisan de crimes, à l'homme tout démesure qu'iront leurs respects ; le seul droit sera la force, la conscience n'existera plus. Le lâche attaquera le brave avec des mots tortueux, qu'il appuiera d'un faux serment. Aux pas de tous les misérables humaine s'attachera la jalousie, au langage amer, au front haineux, qui se plaît au mal. Alors, quittant pour l'Olympe la terre aux larges routes, cachant leurs beaux corps sous des voiles blancs, Conscience et Vergogne, délaissant les hommes, monteront vers les Éternels. De tristes souffrances resteront seules aux mortels : contre le mal il ne sera point de recours.

Les Travaux et les Jours, 109-202

L'ORDRE DE ZEUS

La conquête du pouvoir par Zeus met un terme aux temps chaotiques et monstrueux des commencements. Il y a une rupture entre le gouvernement de Zeus et celui de ses prédécesseurs, Ouranos d'abord, puis Cronos : avec le règne de Zeus, débute le temps des hommes, dans lequel les Anciens croyaient vivre. L'avènement de cette nouvelle ère se fait en deux étapes, l'éviction de Cronos et la victoire sur les Titans rebellés.

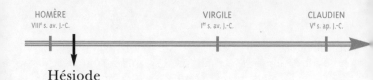

HOMÈRE
VIII⁵ s. av. J.-C.

VIRGILE
I⁰ s. av. J.-C.

CLAUDIEN
V⁵ s. ap. J.-C.

Hésiode

Par un atavisme funeste, Cronos, redoutant que l'un de ses enfants ne prenne sa place, leur empêche de voir le jour en les dévorant.

CRONOS DÉVORANT SES ENFANTS

Rhéia subit la loi de Cronos et lui donna de glorieux enfants, Hestia, Déméter, Héra aux brodequins d'or ; et le puissant Hadès, qui a établi sa demeure sous la terre, dieu au cœur impitoyable ; et le retentissant Ébranleur du sol [1] ; et le prudent Zeus, le père des dieux et des hommes, dont le tonnerre fait vaciller la vaste terre. Mais, ses premiers enfants, le grand Cronos les dévorait, dès l'instant où chacun d'eux du ventre sacré de sa mère descendait à ses genoux. Son cœur craignait qu'un autre des altiers petits-fils de Ciel n'obtînt l'honneur royal parmi les Immortels. Il savait, grâce à Terre et à Ciel Étoilé, que son destin était de succomber un jour sous son propre fils, si puissant qu'il fût lui-même – par le vouloir du grand Zeus. Aussi, l'œil en éveil, montait-il la garde ; sans cesse aux aguets, il dévorait tous ses enfants ; et une douleur sans répit possédait Rhéia. Mais vint le jour où elle allait mettre au monde Zeus, père des dieux et des hommes ; elle suppliait alors ses parents, Terre et Ciel Étoilé, de former avec elle un plan qui lui permît d'enfanter son fils en cachette et de faire payer la dette due aux Érinyes de son père et de tous ses enfants dévorés par le grand Cronos aux pensers fourbes. Eux, écoutant et exauçant leur fille, l'avisèrent de tout ce qu'avait arrêté le destin au sujet du roi Cronos et de son fils au cœur violent ; puis, ils la menèrent à Lyctos, au gras pays de Crète, le jour

---

1. Poséidon.

où elle devait enfanter le dernier de ses fils, le grand Zeus ; et ce fut l'énorme Terre qui lui reçut son enfant, pour le nourrir et le soigner dans la vaste Crète. L'emportant donc à la faveur des ombres de la nuit rapide, elle atteignit les premières hauteurs du Dictos, et, de ses mains, le cacha au creux d'un antre inaccessible, dans les profondeurs secrètes de la terre divine, aux flancs du mont Egéon, que recouvrent des bois épais. Puis, entourant de langes une grosse pierre, elle la remit au puissant seigneur, fils de Ciel, premier roi des dieux, qui la saisit de ses mains et l'engloutit dans son ventre, le malheureux ! sans que son cœur se doutât que, pour plus tard, à la place de cette pierre, c'était son fils, invincible et impassible, qui conservait la vie et qui devait bientôt, par sa force et ses bras, triompher de lui, le chasser de son trône et régner à son tour parmi les Immortels.

Puis rapidement croissaient ensemble la fougue et les membres glorieux du jeune prince, et, avec le cours des années, le grand Cronos aux pensers fourbes recracha tous ses enfants, vaincu par l'adresse et la force de son fils, et il vomit d'abord la pierre par lui dévorée la dernière. Et Zeus la fixa sur la terre aux larges routes dans Pythô la divine, au bas des flancs du Parnasse, monument durable à jamais, émerveillement des hommes mortels. Ensuite de leurs liens maudits il délivra les frères de son père, les fils de Ciel, qu'avait liés leur père en son égarement. Ceux-là n'oublièrent pas de reconnaître ses bienfaits : ils lui donnèrent le tonnerre, la foudre fumante et l'éclair, qu'auparavant tenait cachés l'énorme Terre et sur lesquels Zeus désormais s'assure pour commander à la fois aux mortels et aux Immortels.

Théogonie, 453-507

Furieux d'avoir été ainsi trompé, Cronos rallie à ses côtés les autres Titans pour combattre ses propres enfants, menés par Zeus. Ce dernier fait appel aux Cent-Bras qu'Ouranos avait enfermés sous la terre.

LA GUERRE CONTRE LES TITANS

Pour Briarée, Cottos, Gyès, du jour où d'eux leur père eut pris ombrage, il les lia d'un lien puissant, jaloux de leur force sans pareille, de leur stature, de leur taille, et il les relégua sous la terre aux larges routes. C'est là qu'en proie à la douleur dans leur demeure souterraine, ils gîtaient au bout du monde, aux limites de la vaste terre, depuis long-temps affligés, portant un deuil terrible au cœur. Mais le fils de Cronos et les autres dieux immortels qu'avait enfantés de l'amour de Cronos Rhéia aux beaux cheveux, sur les conseils de Terre, les ramenèrent au jour. Car Terre leur avait tout dit expressément : c'étaient là ceux par qui ils obtiendraient le succès et un renom éclatant. Depuis de longs jours déjà, peinant douloureusement, ils combat-taient les uns contre les autres au cours des mêlées puis-santes, les dieux Titans et les fils de Cronos, établis, les uns – les Titans altiers – sur le haut de l'Othrys, les autres, sur l'Olympe – les dieux auteurs de tous bienfaits, qu'avait enfantés Rhéia aux beaux cheveux unie à Cronos. Les uns contre les autres, un courroux douloureux au cœur, sans répit, ils combattaient depuis dix années pleines, et nul dénoûment, nul terme à la rude lutte n'apparaissait à aucun des deux partis ; pour tous également la fin de la guerre restait en suspens. Mais quand à ceux-là les dieux eurent offert ce qui était séant, le nectar et l'ambroisie, dont ils sont seuls à goûter, dans leur poitrine à tous se gon-fla leur cœur valeureux. Le père des dieux et des hommes leur tint alors ce langage : « Prêtez-moi l'oreille, radieux enfants de Terre et de Ciel, pour qu'ici je vous dise ce qu'en ma poitrine me dicte mon cœur. Il y a de longs jours déjà que, les uns contre les autres, pour le succès et la victoire, nous combattons chaque jour, les dieux Titans et nous, les enfants de Cronos. À vous de révéler ici, face aux Titans, votre force terrible et vos bras invincibles dans l'atroce bataille. Songez à faire preuve de loyale amitié, vous qui devez à notre seul vouloir le bienfait de revoir le jour, libres d'un lien cruel au fond des brumes ténébreuses. »

Ainsi parlait-il, et Cottos, le héros accompli, à son tour répliquait : « Las ! seigneur, tu ne nous révèles rien dont nous ne soyons instruits. Nous savons bien que tu l'emportes par le sens et par l'esprit : tu as des Immortels écarté le mal frissonnant. Grâce à la sagesse, du fond des brumes ténébreuses, libres de liens incléments, nous sommes revenus ici, seigneur fils de Cronos, par un bienfait inespéré. C'est pourquoi, d'un cœur inflexible, de tout notre sage vouloir, nous lutterons pour votre victoire, dans la redoutable rencontre, en combattant les Titans au cours des mêlées puissantes. »

Ils applaudirent à ses paroles. Leur cœur plus que jamais avait soif de guerre ; et tous, dieux et déesses, en ce jour éveillèrent un horrible combat – tous, et les dieux Titans, et les fils de Cronos, et ceux qu'avait ramenés Zeus de l'Érèbe souterrain au jour, terribles et puissants, doués de force sans pareille. Ils avaient chacun cent bras, qui jaillissaient, terribles, de leurs épaules, ainsi que cinquante têtes, attachées près de l'épaule à leurs corps vigoureux. Et lors ils se dressèrent en face des Titans dans l'atroce bataille, tenant des rocs abrupts dans leurs mains vigoureuses. Les Titans, à leur tour, avec entrain raffermissaient leurs rangs, et des deux côtés on montrait ce que peuvent la force et les bras. Terriblement, à l'entour, grondait la mer infinie. La terre soudain mugit à grande voix, et le vaste ciel, ébranlé, lui répondait en gémissant. Le haut Olympe chancelait sur sa base à l'élan des Immortels. Un lourd tremblement parvenait jusqu'au Tartare brumeux, mêlé à l'immense fracas de pas lancés dans une ruée indicible, ainsi que de puissants jets d'armes. Ils allaient ainsi se lançant des traits chargés de sanglots, et, des deux côtés, les voix en s'appelant montaient jusqu'au ciel étoilé, tandis que tous se heurtaient en un tumulte effrayant.

Et Zeus lui-même cessait alors de retenir sa fougue ; et, la fougue aussitôt emplissant son âme, il déployait sa force tout entière. À son tour, il venait du ciel et de l'Olympe, lançant l'éclair sans répit, et, de sa main vigoureuse, les carreaux de la foudre volaient accompagnés de tonnerre et d'éclairs, faisant tournoyer la flamme divine, précipitant leurs coups. Et, tout autour, le sol, source de vie, crépitait, en feu ; et, en proie à la flamme, les bois immenses criaient à grande voix. La terre bouillait toute, et les flots d'Océan, et la mer inféconde. Un souffle brûlant enveloppait les Titans, fils du sol, tandis que la flamme montait, immense, vers la nue divine, et qu'en dépit de leur force, ils sentaient leurs yeux aveuglés, quand flamboyait l'éclat de la foudre et de l'éclair. Une prodigieuse ardeur pénétrait l'abîme. Le spectacle aux yeux, le son aux oreilles étaient pareils à ceux que feraient, en se rencontrant, la terre et le ciel sur elle épandu. Le bruit ne serait pas plus fort, si, l'une s'écroulant, l'autre s'écroulait sur elle : tant était terrible celui des dieux se heurtant au combat ! Et les vents, se mettant de la partie, faisaient vibrer le sol ébranlé, la poussière soulevée, le tonnerre, l'éclair, la foudre flamboyante, armes du grand Zeus, et allaient porter les cris et les défis entre les fronts opposés. Un fracas effrayant sortait de l'épouvantable lutte, où se révélaient de puissants exploits. Alors, le combat déclina ; jusque-là, les uns contre les autres, tous obstinément, sans faiblir, luttaient dans des mêlées puissantes.

Mais au premier rang Cottos, Briarée, Gyès, insatiables de guerre, éveillèrent un âpre combat ; et c'étaient trois cents pierres que leurs bras vigoureux envoyaient coup sur coup. Sous des masses sombres de traits ils écrasèrent les Titans ; puis ils les dépêchèrent sous la terre aux larges routes, et là, ils lièrent de liens douloureux les orgueilleux qu'avaient vaincus leurs bras, aussi loin désormais au-dessous de la terre que le ciel l'est au dessus : une enclume d'airain tomberait du ciel durant neuf jours et neuf nuits, avant d'atteindre le dixième jour à la terre ; et, de même, une enclume d'airain tomberait de la terre durant neuf jours et neuf nuits, avant d'atteindre le dixième jour au Tartare. Autour de ce lieu court un mur d'airain. Un triple rang d'ombre en ceint la bouche étroite. Au-dessus ont poussé les racines de la terre et de la mer inféconde. C'est là que les Titans sont cachés dans l'ombre brumeuse, par le vouloir de Zeus, assembleur de nuées. Ils n'en peuvent sortir : Poséidon a sur eux clos des portes d'airain, le rempart s'étend de tous les côtés ; là enfin habitent Gyès, Cottos, Briarée au grand cœur, gardiens fidèles, au nom de Zeus qui tient l'égide.

Théogonie, 617-735

II

LE DOMAINE
DES DIEUX

L'OLYMPE

Une fois la guerre contre les Titans terminée, les vainqueurs se partagent le monde : Zeus, qui a conduit à la victoire, s'attribue le ciel, tandis qu'à Poséidon est donné le monde des eaux et à Hadès le monde souterrain des Enfers.

L'Olympe est le lieu où les dieux se réunissent : ils lui doivent leur nom d'Olympiens. Cette zone n'est guère définie : s'agit-il de la montagne, le mont Olympe, située au nord-est de la Grèce, en Thessalie ? Le domaine semble au-dessus de toutes les montagnes, sorte de hauteur surplombant le monde et d'où les dieux peuvent observer à loisir les humains. Par comparaison aux mondes marins et souterrains, les descriptions de l'Olympe sont rares. Elles interviennent à l'occasion des grandes cérémonies, des conseils, des banquets, des assemblées ou des mariages, où Zeus réunit les siens.

HOMÈRE
VIIIe s. av. J.-C.

VIRGILE
Ier s. av. J.-C.

CLAUDIEN
Ve s. ap. J.-C.

Homère

Scène typique de la littérature ancienne, l'assemblée des dieux se tient pour la première fois au tout début de l'Iliade : reproches, cris, la réunion n'a rien de solennelle et montre que l'épopée homérique ne manque ni d'humour ni de légèreté.

UNE ASSEMBLÉE HOULEUSE

Les cheveux divins du Seigneur voltigent un instant sur son front éternel, et le vaste Olympe en frémit.

S'étant concertés, ils[1] se quittent. Elle, du haut de l'Olympe éclatant, saute dans la mer profonde ; Zeus s'en va vers sa demeure. Tous les dieux de leurs sièges se lèvent ensemble, afin d'aller au-devant de leur père : aucun n'ose attendre sa venue sur place : il les trouve tous debout devant lui. Sur son trône il s'assied ; mais Héra ne s'y méprend pas : elle voit le plan qu'avec lui a comploté Thétis aux pieds d'argent, la fille du Vieux de la mer ; et, aussitôt, à Zeus, fils de Cronos, elle adresse ces mots mordants :

« Avec quel dieu encore viens-tu de comploter, perfide ? Tu te plais toujours, loin de moi, à décider d'un cœur secret ; et jamais encore tu n'as daigné me dire de toi-même à quoi tu songeais. »

Le Père des dieux et des hommes lors lui répond ainsi :

« Héra, n'espère pas connaître tous mes desseins. Même toi, mon épouse, tu auras fort à faire pour y parvenir. S'il en est qu'il sied que tu saches, nul dieu, nul homme ne les connaîtra avant toi. Sur ceux, en revanche, à qui je veux songer à l'écart des dieux, ne fais jamais de question ni d'enquête. »

---

1. Thétis et Zeus. Celle-ci vient réclamer la protection de Zeus pour son fils Achille.

L'auguste Héra aux grands yeux lui répond :

« Terrible Cronide, quels mots as-tu dits là ? Certes, jusqu'à ce jour, tu n'as de moi subi ni question ni enquête, et je te laisse en paix méditer tout ce qu'il te plaît. Mais aujourd'hui j'ai terriblement peur dans le fond de mon âme que la fille du Vieux de la mer, Thétis aux pieds d'argent, ne t'ait su séduire. Elle est venue, à l'aube, s'accroupir à tes pieds ; elle a pris tes genoux, et j'imagine que, d'un signe de tête, tu lui auras donné l'infaillible promesse d'honorer Achille et d'immoler près de leurs nefs les Achéens par milliers. »

L'assembleur de nuées, Zeus, ainsi lui réplique :

« Ah ! pauvre folle, toujours prête à imaginer ! De moi rien ne t'échappe. Mais tu auras beau faire : tu n'obtiendras rien, si ce n'est d'être de plus en plus loin de mon cœur, et il t'en coûtera plus cher. S'il en est comme tu le dis, c'est sans doute que tel est mon bon plaisir. Assieds-toi donc en silence, et obéis à ma voix. Tous les dieux de l'Olympe ne te serviront guère, si je m'approche et si sur toi j'étends mes mains redoutables. »

Il dit, et l'auguste Héra aux grands yeux prend peur et s'assied, muette, faisant violence à son cœur.

Iliade, I, 529-569

La scène de ménage est apaisée par l'intervention d'Héphaïstos et se clôt par les rires et les chansons d'un banquet.

LE BANQUET DES DIEUX

Il[1] dit et fait sourire Héra, la déesse aux bras blancs ; et, souriante, elle reçoit la coupe que lui offre son fils. Lui, cependant, à tous les autres dieux, va sur sa droite versant

1. Héphaïstos.

le doux nectar, qu'il puise dans le cratère. Et, brusquement, un rire inextinguible jaillit parmi les Bienheureux, à la vue d'Héphaïstos s'affairant par la salle !

Ainsi donc, toute la journée et jusqu'au coucher du soleil, ils demeurent au festin ; et leur cœur n'a pas à se plaindre du repas où tous ont leur part, ni de la cithare superbe, que tiennent les mains d'Apollon, ni des Muses, dont les belles voix résonnent en chants alternés.

Et, quand enfin est couché le brillant éclat du soleil, désireux de dormir, chacun rentre chez soi, au logis que lui a construit l'illustre Boiteux, Héphaïstos aux savants pensers. Et Zeus Olympien qui lance l'éclair prend le chemin du lit où sa coutume est de dormir, à l'heure où vient le doux sommeil. Il y monte et il y repose, ayant à ses côtés Héra au trône d'or.

Iliade, I, 596-611

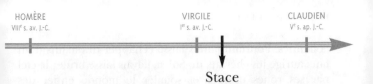

HOMÈRE
VIIIe s. av. J.-C.

VIRGILE
Ier s. av. J.-C.

CLAUDIEN
Ve s. ap. J.-C.

Stace

Paradoxalement, c'est beaucoup plus tard qu'il faut chercher des descriptions solennelles de l'Olympe. Voici celle que propose le poète latin Stace au début de la Thébaïde, *sans doute inspiré par la cour de l'empereur Domitien (51-96 ap. J.-C.).*

LE CONSEIL DES DIEUX

Mais au-dessus des demeures de la sphère mouvante du ciel, à l'invitation de Jupiter, la Haute Assemblée des dieux s'était réunie pour tenir conseil au cœur même de la voûte céleste. À cette distance, toutes choses se côtoient: les régions du Levant et celles du Couchant, les terres et les flots entièrement inondés par la lumière du ciel. Sa Majesté, immense, s'avance au milieu d'eux, ébranle l'univers tout en gardant un visage serein et se place sur un trône semé d'étoiles. Mais les habitants du ciel n'osèrent pas s'asseoir aussitôt, attendant que leur père en eût donné la permission, d'un geste calme de la main. Bientôt une foule errante de demi-dieux, les Eaux, sœurs des nuées célestes, et les Vents gardant leurs murmures étouffés sous la peur, remplissent les salles dorées. La voûte du ciel tremble à la venue de ces dieux pleins de majesté, les hauteurs rayonnent d'un éclat plus pur et les portes resplendissent d'une lumière mystérieuse. Jupiter demanda le silence et l'univers saisi d'effroi se tut; puis, du haut de son trône, il commence à parler – ses paroles sacrées ont un retentissement énorme, un poids immuable et les destins attendent ce qu'il va dire – : «Les fautes commises sur terre et les mortels dont l'esprit ne se rassasie pas des Furies, voilà le sujet de mes plaintes. Jusqu'à quand vais-je m'employer à châtier des coupables? Je suis las de brandir ma foudre pour sévir; depuis longtemps déjà les bras laborieux des Cyclopes se fatiguent et les feux manquent aux enclumes

101

éoliennes. Pourtant j'avais laissé échapper des mains d'un faux aurige les chevaux du Soleil, j'avais laissé brûler le ciel par ses roues égarées et souiller le monde entier des cendres chaudes de Phaéton. Mais rien n'y a fait, pas même le coup de ton puissant trident, mon frère, qui permit à la mer de s'étendre au loin sur des terres défendues. »

Thébaïde, I, 197-223

LE MONDE MARIN

Les civilisations grecque puis romaine étaient coutumières de la mer, la Méditerranée, le *mare nostrum* des Latins. Ce monde familier est peuplé de créatures étranges, dont une des particularités est de pouvoir, comme le flot dont elles sont issues, changer d'apparence en un instant. Voici une petite visite des fonds marins.

HOMÈRE
VIIIᵉ s. av. J.-C.

VIRGILE
Iᵉʳ s. av. J.-C.

CLAUDIEN
Vᵉ s. ap. J.-C.

Hésiode

Le fond des mers est d'abord habité par Nérée, le « Vieux de la mer », et par ses filles les Néréides. Celles-ci, au nombre de cinquante, donnent l'occasion de découvrir un genre particulièrement apprécié dans l'Antiquité, le catalogue.

NÉRÉE ET SES FILLES

Flot engendra Nérée, sincère et franc, l'aîné de ses enfants. On l'appelle le Vieux, parce qu'il est loyal et bénin à la fois, que jamais il n'oublie l'équité, qu'il ne connaît qu'honnêtes et bénignes pensées. Puis, uni à Terre, il engendra encore le grand Thaumas, le valeureux Phorkys, Kétô aux belles joues, Eurybié enfin, dont la poitrine enferme un cœur d'acier.

Et, à Nérée, des filles enviées entre les déesses, au milieu de la mer inféconde, naquirent de Doris, Doris aux beaux cheveux, la fille d'Océan, le fleuve sans rival : Plôtô et Eucranté, Saô et Amphitrite, – Eudôré et Thétis, Galéné et Glauké, – Cymothoé, Speiô, Thoé, et la gente Halié – Pasithée, Ératô, Eunice aux bras de rose, – la gracieuse Mélite, Eulimène, Agavé, – Dôtô, Prôtô, Phéruse et Dynamène, – et Nisée, et Actée, et Prôtomédéia, – Dôris et Panopée, la jolie Galatée, – la gente Hippothoé, Hipponoé aux bras de rose, – Cymodocée, qui, sur la mer brumeuse, sans peine apaise la houle et le souffle des vents furieux, avec Cymatolège et avec Amphitrite aux jolies chevilles, – et Cymô, Éioné, Alimède au front couronné, – Glauconomé, qui se plaît au sourire, et Pontoporéia, – Léagoré, Évagoré, Laomédéia, – Polynoé, Autonoé, Lysianassa, – Psamathée au corps gracieux et Ménippé la divine, – Nésô et Eupompé, Thémistô, Pronoé, – Loyale enfin, dont l'âme est l'âme même de son père immortel. Telles furent les cinquante filles de Nérée, accompli, qui ne savent qu'œuvres accomplies.

Théogonie, 232-264

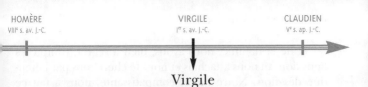

HOMÈRE
VIIIe s. av. J.-C.

VIRGILE
Ier s. av. J.-C.

CLAUDIEN
Ve s. ap. J.-C.

Virgile

*Dans l'*Énéide, *Virgile relate les heurs et malheurs de la naviga-
tion d'Énée, de Troie jusqu'à son arrivée en Italie. Les vaisseaux de la
flotte ont été transformés en nymphes (la jeune fille, en grec). Elles n'en
restent pas moins fidèles au chef troyen et tentent de lui porter secours.*

LES NYMPHES MARINES

Si nombreux allaient-ils, chefs valeureux, sur trois fois
dix vaisseaux, portant secours à Troie : leurs proues de
bronze coupaient les plaines salées.

Déjà le jour avait quitté le ciel, la douce Phébé de son
char qui vague dans les nuits, faisait sonner le milieu de
l'Olympe ; Énée – car les soucis dénient le repos à ses
membres – s'est assis, il tient lui-même le gouvernail et fait
le service des voiles. Et voici qu'au milieu de sa course un
chœur vient à sa rencontre, ses compagnes : les nymphes
dont la bienfaisante Cybèle avait voulu qu'elles eussent
pouvoir sur la mer, nymphes devenues, de navires qu'elles
étaient ; elles nageaient de front, tendant vers lui, et fen-
daient les flots, aussi nombreuses que naguère près des
rivages elles s'étaient dressées, proues de bronze. De loin
elles reconnaissent leur roi et l'entourent de leurs rondes.
La plus savante en l'art de parole, Cymodocée, le suit dans
le sillage, prend la poupe de sa main droite, soulève son
buste à demi et rame de son bras gauche sous les eaux silen-
cieuses. Alors, comme il ne sait rien, elle le surprend d'une
parole : « Veilles-tu, fils des dieux, Énée ? Veille et largue
l'écoute de tes voiles. C'est nous, pins de l'Ida, grandis aux
cimes sacrées, maintenant nymphes de la mer, tes vaisseaux. Comme le perfide Rutule[1] nous pressait à mort, du

---

1. Peuple ennemi d'Énée.

fer et de la flamme, nous avons, bien à regret, rompu les liens dont tu nous attachais et nous te cherchons par l'étendue des flots. Notre mère, compatissante, nous a fait ce nouveau visage, elle nous a donné d'être déesses et de vivre nos années sous les vagues. Mais l'enfant Ascagne[2] est serré dans ses murs et derrière ses fossés, au milieu des traits et des Latins que Mars a enragés. Déjà les positions convenues ont été occupées par les cavaliers arcadiens mêlés aux vaillants Étrusques ; Turnus a résolu d'y opposer ses escadrons pour empêcher qu'ils ne joignent le camp. Allons, lève-toi et quand l'Aurore va venir, commande aussitôt qu'on lance à tes alliés l'appel des armes ; prends le bouclier que le maître du feu en personne t'a donné, invincible, et qu'il a cerclé d'or. Demain, si tu te gardes de négliger mes avis, le jour verra des monceaux de cadavres, le massacre des Rutules. »

Elle avait dit et, s'écartant, poussa vivement de la main, en experte personne, la haute poupe ; celle-ci fuit par les ondes, plus rapide qu'un trait ou qu'une flèche, l'égale des vents. À la suite, les autres vaisseaux accélèrent leur course.

Énéide, X, 215-249

2. Le fils d'Énée.

HOMÈRE
VIIIe s. av. J.-C.

VIRGILE
Ier s. av. J.-C.

CLAUDIEN
Ve s. ap. J.-C.

Catulle

Parce que l'oracle avait prédit que son enfant serait plus puissant que son père, Thétis est mariée à un mortel, Pélée. Ces noces, à l'origine de la Guerre de Troie[1], sont les plus célèbres de la littérature antique.

LES NOCES DE PÉLÉE ET DE THÉTIS

Quand la jeunesse thessalienne eut rassasié de ce spectacle[2] ses yeux avides, elle céda la place aux divinités saintes. Comme le Zéphyr, hérissant la mer tranquille de son souffle matinal, excite les vagues houleuses, lorsque l'Aurore se lève devant le seuil du soleil prêt à partir ; d'abord, poussées par cette douce haleine, elles avancent lentement et leur rire ne produit encore qu'un bruit léger ; puis, à mesure que le vent augmente, elles s'enflent toujours davantage et en nageant resplendissent au loin d'une lumière de pourpre ainsi quittant les toits royaux du vestibule, ils retournaient, chacun chez soi, dispersés sur des chemins divers. Après leu départ, le premier, du sommet du Pélion, arriva Chiron[3], apportant des forêts ses présents ; toutes les fleurs qui couvrent les plaines, que produisent les hautes montagnes du pays thessalien ou que fait naître sur les rives de son fleuve le souffle fécondant du tiède Favonius se confondant, tressées dans les couronnes dont il s'est chargé lui-même et toute la maison rit sous la caresse de leur délicieuse odeur. Aussitôt après, le Pénée accourt de la verte Tempé, de Tempé que couronnent les forêts ; il a laissé les Naïades les animer de leurs danses doriennes ;

---

1. Voir « Le Jugement de Pâris », p. 310.
2. Le cortège de Dionysos.
3. Chiron est un centaure (créature mi-homme mi-cheval), réputé pour sa sagesse.

ses mains ne sont point vides: il a apporté, avec leurs racines, de grands hêtres, des lauriers au tronc droit et élancé, sans oublier le platane à la cime mobile et l'arbre flexible qui rappelle la sœur de Phaéton en flammes et le cyprès aérien. Il a entrelacé leurs rameaux tout autour de la demeure, pour que leur souple feuillage décore le vestibule d'un voile de verdure. Après lui vient l'ingénieux Prométhée, portant les traces à demi effacées du châtiment qu'il subit autrefois, lorsque son corps fut fixé à un rocher par une chaîne et suspendu au sommet d'un précipice. Ensuite le père des dieux arriva avec sa sainte épouse et ses enfants, te laissant seul au ciel, Phébus, et, dans ses montagnes, ta jumelle, habitante d'Idrus; car, aussi bien que toi, ta sœur a dédaigné Pélée et n'a pas voulu faire honneur par sa présence aux torches nuptiales de Thétis. Quand les dieux eurent fléchi leurs membres sur des sièges blancs comme la neige, une foule de mets de toutes sortes se dressèrent sur la table.

Poésies, 64, 267-304

HOMÈRE
VIIIᵉ s. av. J.-C.

VIRGILE
Iᵉ s. av. J.-C.

CLAUDIEN
Vᵉ s. ap. J.-C.

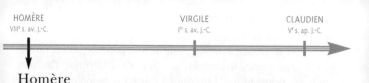

Homère

*Dans l'*Iliade *Thétis est une figure maternelle : soucieuse pour son fils, elle le protège de loin, plaide sa cause auprès de Zeus et ici vient le réconforter de la mort de son ami Patrocle.*

LA CONSOLATRICE

« Écoutez-moi, Néréides, mes sœurs ; vous saurez toutes, en m'écoutant, les soucis que j'ai dans le cœur. Ah ! misérable que je suis ! mère infortunée d'un preux ! j'ai donné la vie à un fils, un fils puissant et sans reproche, le plus grand des héros ; il a grandi pareil à une jeune pousse, et, après l'avoir nourri, comme un plant au flanc du vignoble, je l'ai envoyé, sur des nefs recourbées, au pays d'Ilion, se battre contre les Troyens. Et je ne dois plus le revoir ni l'accueillir rentrant chez lui, dans la demeure de Pélée ! Et, tant qu'il me reste vivant, les yeux ouverts à l'éclat du soleil, il souffre, sans qu'il me soit possible d'aller l'aider en rien. J'irai pourtant, je veux voir mon enfant et apprendre quelle douleur l'a pu atteindre, alors qu'il restait loin de la bataille. »

Elle dit et quitte la grotte. Les autres, pleurantes, partent avec elle. Autour d'elles se fond le flot de la mer. Arrivées à la Troade plantureuse, l'une après l'autre, elles montent sur la rive où les nefs des Myrmidons ont été halées, innombrables, autour du rapide Achille. Celui-ci lourdement sanglote. Mais voici sa digne mère à ses côtés. Elle pousse une plainte aiguë, prend la tête de son fils et, gémissante, lui dit ces mots ailés :

« Mon enfant, pourquoi pleures-tu ? quel deuil est venu à ton cœur ? Parle, ne me cache rien. Tout est arrivé, grâce à Zeus, ainsi que tu le voulais, quand tu demandais, mains tendues au ciel, que tous les fils des Achéens, en se repliant près des poupes, sentissent le besoin de toi et souffrissent un son outrageux. »

Avec un lourd sanglot, Achille aux pieds légers répond :

« Ma mère, tout cela, le dieu de l'Olympe l'a bien achevé pour moi. Mais quel plaisir en ai-je, maintenant qu'est mort mon ami Patrocle, celui de mes amis que je prisais le plus, mon autre moi-même ? Je l'ai perdu : Hector l'a immolé, puis l'a dépouillé de ses belles armes – armes prodigieuses, une merveille à voir ! splendides présents des dieux à Pélée, le jour qu'ils te faisaient entrer au lit d'un mortel. Ah ! que n'es-tu restée où tu étais, au milieu des déesses marines, tandis que Pélée eût conduit, chez lui une épouse mortelle ! Mais il fallait que tu eusses, en ton cœur, à subir un deuil immense, en voyant ton fils abattu. Tu ne dois plus désormais le revoir ni l'accueillir rentrant chez lui. Aussi bien mon cœur lui-même m'engage-t-il à ne plus vivre, à ne plus rester chez les hommes, si Hector, frappé par ma lance, n'a pas d'abord perdu la vie et payé ainsi le crime d'avoir fait sa proie de Patrocle, fils de Ménœtios.

Ne cherche pas, quelle que soit ta tendresse, à me tenir loin du combat ; aussi bien ne t'écouterai-je pas. »

La déesse aux pieds d'argent, Thétis, alors lui répond :

« Oui, mon fils, tu dis vrai : il n'y a pas de honte à écarter des siens, quand ils sont épuisés, le gouffre de la mort. Mais tes belles armes sont aux mains des Troyens, tes armes de bronze, éclatantes : Hector au casque étincelant les porte sur ses épaules avec orgueil. Et, sans doute, je te l'assure, il ne s'en glorifiera pas longtemps : la mort est tout près de lui. Pourtant, ne plonge pas encore dans la mêlée d'Arès : attends de m'avoir vue de tes yeux revenir ici. Je viendrai à l'aube, avec le soleil levant, t'apporter de belles armes fournies par sire Héphaïstos. »

Elle dit et, se détournant de son fils, elle fait face à ses sœurs marines et leur dit :

« Plongez maintenant, vous autres, au vaste sein de la mer ; allez voir le Vieux de la mer dans la demeure paternelle, et dites-lui tout. Moi, je vais dans le haut Olympe, chez Héphaïstos, l'illustre artisan : je verrai s'il consent à donner à mon fils des armes illustres et resplendissantes. »

Elle dit; et les Néréides aussitôt de plonger sous le flot marin, cependant que Thétis, déesse aux pieds d'argent, va, pour son fils, dans l'Olympe chercher des armes illustres.

Iliade, XVIII, 51-90 et 125-149

HOMÈRE
VIIIe s. av. J.-C.

VIRGILE
Ier s. av. J.-C.

CLAUDIEN
Ve s. ap. J.-C.

Pindare

Les îles aussi ont leurs mythes et leurs histoires. À l'occasion de la victoire au pugilat de l'athlète Diagoras de Rhodes, Pindare célèbre la naissance de l'île.

RHODES

Or donc les antiques traditions des hommes racontent que, lorsque Zeus et les Immortels se partagèrent la terre, Rhodes ne se montrait pas encore sur les flots de la mer ; l'île restait cachée dans les abîmes de l'onde salée.

Hélios était absent ; personne ne désigna son lot. On le laissa ainsi sans apanage, le Dieu pur. Il vint se plaindre, et Zeus allait faire recommencer le tirage. Mais lui ne le voulut pas ; car voici, disait-il, qu'il voyait, au fond de la mer écumante, surgir du sol et grandir une terre, nourricière pour les hommes et propice aux troupeaux, et il invita aussitôt Lachésis[1] au bandeau d'or à étendre les mains et à prononcer, sans réticence, le grand serment[2] des dieux, pour jurer, avec le fils de Cronos, qu'une fois apparue à la lumière du jour, cette terre serait désormais sa part privilégiée. – La condition s'accomplit ; le Destin donna leur effet à ses paroles. De l'onde marine germa l'île ; elle appartient au dieu générateur des rayons perçants, au maître des chevaux qui soufflent le feu. Là, un jour, il s'unit à Rhodes, et il engendra sept fils, auxquels il transmit, entre tous les hommes des premiers âges, l'esprit le plus inventif. L'un d'entre eux[3] engendra lui-même, avec Camiros

---

1. Lachésis, par son nom même, est celle des Parques à laquelle il convient d'intervenir à propos d'un partage qui a été fait par tirage au sort.

2. Le *grand serment* est le serment par l'eau du Styx.

3. Cercaphos ; il eut de Cydippé, fille d'Ochimos, les trois fils qui devinrent les héros éponymes des trois grandes villes rhodiennes.

leur aîné, Ialysos et Lindos. Ils partagèrent en trois la terre paternelle, et habitèrent chacun de son côté la ville qui lui était échue : ces villes portent leur nom.

Olympiques, VII, 54-77

LES ENFERS

Chez les Anciens, tout le monde va aux Enfers : le terme désigne le royaume des morts, et non celui des damnés. À quoi ressemble l'au-delà antique ? Les textes sont tellement nombreux que tout choix semble restrictif. Voici cependant quelques-uns parmi les plus frappants.

HOMÈRE
VIIIe s. av. J.-C.

VIRGILE
Ier s. av. J.-C.

CLAUDIEN
Ve s. ap. J.-C.

Homère

La descente aux Enfers est un topos[1] *de la littérature antique :
tous les auteurs s'y essaient. À l'origine de cette fortune littéraire, se
trouve un texte « matriciel », celui d'Homère. Dans l'*Odyssée,
*Ulysse, sur les conseils de la magicienne Circé, va aux Enfers
demander au devin Tirésias le chemin à suivre pour retourner chez
lui.*

LA DESCENTE AUX ENFERS

Circé. – « Fils de Laërte, écoute, ô rejeton des dieux,
Ulysse aux mille ruses ! Si, dans cette maison, ce n'est plus de
bon cœur que vous restez, partez ! Mais voici le premier des
voyages à faire : c'est chez Hadès et la terrible Perséphone,
pour demander conseil à l'ombre du devin Tirésias de
Thèbes, l'aveugle qui n'a rien perdu de sa sagesse, car,
jusque dans la mort, Perséphone a voulu que, seul, il conser-
vât le sens et la raison, parmi le vol des ombres. »

À ces mots de Circé, tout mon cœur éclata. Pour pleurer, je m'étais assis sur notre couche : je ne voulais plus
vivre, je ne voulais plus voir la clarté du soleil ; je pleurais,
me roulais ; enfin j'usai ma peine, et, retrouvant la voix, je
lui dis en réponse :

Ulysse. – « Mais qui nous guidera, Circé, en ce voyage ?
jamais un noir vaisseau put-il gagner l'Hadès ? »

Je dis ; elle répond, cette toute divine :

Circé. – « Fils de Laërte, écoute, ô rejeton des dieux,
Ulysse aux mille ruses ! À quoi bon ce souci d'un pilote à
bord ? Pars ! et, dressant le mât, déploie les blanches voiles !
puis, assis, laisse faire au souffle du Borée[2] qui vous empor-

1. Lieu commun.
2. Vent du nord.

116

tera. Ton vaisseau va d'abord traverser l'Océan[3]. Quand vous aurez atteint le Petit Promontoire, le bois de Perséphone, ses saules aux fruits morts et ses hauts peupliers, échouez le vaisseau sur le bord des courants profonds de l'Océan ; mais toi, prends ton chemin vers la maison d'Hadès ! À travers le marais, avance jusqu'aux lieux où l'Achéron[4] reçoit le Pyriphlégéthon[5] et les eaux qui, du Styx[6], tombent dans le Cocyte[7]. Les deux fleuves hurleurs confluent devant la Pierre : c'est là qu'il faut aller, – écoute bien mes ordres – et là, creuser, seigneur, une fosse carrée d'une coudée ou presque. Autour de cette fosse, fais à tous les défunts les trois libations, d'abord de lait miellé, ensuite de vin doux, et d'eau pure en troisième ; puis saupoudrant le trou d'une blanche farine, invoque longuement les morts, têtes sans force ; promets-leur qu'en Ithaque aussitôt revenu, tu prendras la meilleure de tes vaches stériles pour la sacrifier sur un bûcher rempli des plus belles offrandes ; mais, en outre, promets au seul Tirésias un noir bélier sans tache, la fleur de vos troupeaux. Quand ta prière aura invoqué les défunts, fais à ce noble peuple l'offrande d'un agneau et d'une brebis noire ; en tournant vers l'Érèbe[8] la tête des victimes ; mais détourne les yeux et ne regarde pas, toi, les courants du fleuve. Les ombres des défunts qui dorment dans la mort vont accourir en foule. Active alors tes gens : qu'ils écorchent les bêtes, dont l'airain sans pitié vient de trancher la gorge ; qu'ils fas-

3. Ce fils de la Terre et du Ciel est un fleuve qui entoure la terre.

4. Fleuve des Enfers.

5. C'est-à-dire le fleuve aux flammes ardentes.

6. Fille d'Océan et de Téthys, Styx s'unit à Pallas et donne naissance à Zèle et Victoire. Zeus, pour la remercier d'avoir combattu avec les Olympiens contre les Titans voulut qu'elle fît le grand serment des dieux. Ce fleuve infernal réside loin des Immortels et ses eaux sont redoutables pour quiconque commet un parjure.

7. Fleuve des enfers qui tire son nom de *kôkutos*, « lamentation ».

8. Fils du Chaos et frère de la Nuit, Érèbe est une région infernale où règnent les ténèbres.

sent l'holocauste en adjurant les dieux, Hadès le fort et la terrible Perséphone ; quant à toi, reste assis ; mais, du long de la cuisse, tire ton glaive à pointe, pour interdire aux morts, à ces têtes sans force, les approches du sang, tant que Tirésias n'aura pas répondu. Tu verras aussitôt arriver ce devin : c'est lui qui te dira, ô meneur des guerriers ! la route et les distances et comment revenir sur la mer aux poissons. »

Odyssée, X, 484-539

HOMÈRE
VIIIe s. av. J.-C.

VIRGILE
Ier s. av. J.-C.

CLAUDIEN
Ve s. ap. J.-C.

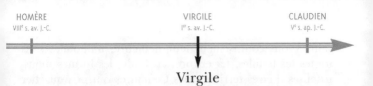

Virgile

Après le texte de Homère, celui de Virgile est le plus renommé. Il est si « canonique » que le poète Dante s'imaginait aux Enfers conduit par l'auteur de l'Énéide. Guidé par la prêtresse et prophé- tesse de Cumes, la Sibylle, Énée pénètre le souterrain qui mène aux demeures d'Hadès. Voici le spectacle qui s'offre aux regards du héros, et, avec lui, au lecteur de l'Énéide.

AVEC VIRGILE AUX ENFERS

Dieux souverains de l'empire des âmes, ombres silen- cieuses, Chaos, Phlégéthon, lieux illimités, sans voix dans la nuit, puissé-je avoir licence de dire ce que j'ai entendu, puissé-je, avec votre aveu, publier les choses abîmées aux brumeuses profondeurs de la terre.

Ils allaient obscurs sous la nuit solitaire parmi l'ombre, à travers les palais vides de Dis[1] et son royaume d'appa- rences ; ainsi par une lune incertaine, sous une clarté dou- teuse, on chemine dans les bois quand Jupiter a enfoui le ciel dans l'ombre et que la nuit noire a décoloré les choses. Avant la cour elle-même, dans les premiers passages de l'Orcus, les Deuils et les Soucis vengeurs ont installé leur lit ; les pâles Maladies y habitent et la triste Vieillesse, et la Peur, et la Faim, mauvaise conseillère, et l'affreuse Misère, larves terribles à voir, et le Trépas et la Peine ; puis le Sommeil frère du Trépas, et les Mauvaises Joies de l'âme, la Guerre qui tue l'homme, en face sur le seuil, et les loges de fer des Euménides, la Discorde en délire, sa chevelure de vipères nouée de bandeaux sanglants.

Au milieu, un orme impénétrable, démesuré, déploie ses branches, ses bras chargés d'ans ; on dit que les Songes

---

1. Autre nom du souverain des morts.

vains y ont confusément leur demeure, immobiles sous toutes les feuilles. Là encore, en foule, les formes monstrueuses d'êtres terribles, des Centaures ont pris quartier devant la porte, des Scylla à la double nature[2], le centuple Briarée, la bête de Lerne sifflant affreusement, la Chimère armée de flammes, des Gorgones, des Harpyes et l'apparence d'une ombre à trois corps. Ici, pressé d'une terreur soudaine, Énée saisit son épée, à ces êtres qui viennent il en présente la pointe dégainée et si sa docte compagne ne l'avertissait que ce sont là vies ténues, sans corps, voletant sous la creuse apparence d'une forme, il allait fondre sur eux et des coups de son fer fendre vainement des ombres.

Énéide, VI, 264-294

Aux portes des Enfers, Énée rencontre Charon, chargé de faire traverser aux âmes le fleuve marquant la frontière de l'au-delà, l'Achéron.

CHARON

De là une voie mène dans le Tartare vers les eaux de l'Achéron[3]. Gouffre mêlé de fange, en un immense tournoiement il bout et rejette en hoquetant tout son sable dans le Cocyte. Un passeur effrayant monte la garde près de ces flots mouvants, Charon, sale, hérissé, terrible ; des poils blancs foisonnent incultes sur son menton, ses yeux fixes sont de flamme ; un manteau sordide est noué sur ses épaules et pend. Il pousse lui-même la barque avec une perche, sert les voiles et dans sa gabare noircie transporte

2. Nymphe transformée en monstre marin.
3. L'Achéron est un fleuve qui de l'Averne où il reflue, s'enfonce jusqu'aux Enfers. Dans la pénombre, le Cocyte (mal distingué du Styx) semble une eau morte. En des régions mieux éclairées on retrouve de vrais fleuves, Phlégéthon, Éridan, Léthé.

les corps ; vieux, sans doute, mais c'est un dieu, une vieillesse verte et pleine de sang. Là, vers les rives toute une foule, en désordre, se ruait, des mères et des hommes, les corps désormais sans vie de héros magnanimes, des garçons, de jeunes vierges, des fils mis au bûcher sous les yeux de leurs parents. Aussi nombreux que dans les bois au premier froid de l'automne les feuilles se détachent et tombent, ou que, volant du large vers la terre, se serrent nombreux les oiseaux lorsque la saison froide les chasse au-delà de la mer et les pousse aux pays du soleil. Ils étaient debout, suppliant qu'on les fît passer les premiers, ils tendaient leurs mains, avides, dans leur désir de la rive ultérieure. Mais l'inflexible nocher tantôt prend ceux-ci, tantôt prend ceux-là ; les autres, il les déloge et les repousse loin de la grève.

Énéide, VI, 295-316

HOMÈRE
VIIIᵉ s. av. J.-C.

VIRGILE
Iᵉʳ s. av. J.-C.

CLAUDIEN
Vᵉ s. ap. J.-C.

Hésiode

Quelle est la géographie des Enfers ? Le monde souterrain est conçu sur le modèle de celui des vivants. Comme lui, il contient des fleuves, des régions et des frontières. Certaines descriptions sont si précises qu'une cartographie des Enfers est possible. Le Tartare, ainsi que l'Érèbe, désignent l'ensemble du monde souterrain. Même si initialement ils correspondent à deux zones déterminées – le Tartare est une prison où, selon Hésiode, sont enfermés les Titans, tandis que l'Érèbe est le seuil que franchissent les ombres à leur mort – ils deviennent les deux termes génériques pour désigner les Enfers.

LE TARTARE

Là sont, côte à côte, les sources, les extrémités de tout, de la terre noire et du Tartare brumeux, de la mer inféconde et du ciel étoilé, lieux affreux et moisis, qui font horreur aux dieux, abîme immense dont on n'atteindrait pas le fond, une année entière se fût-elle écoulée depuis qu'on en aurait passé les portes : bourrasque sur bourrasque vous emporterait, cruelle, tantôt ici, tantôt là, prodige effrayant, même pour les dieux immortels. Là se dresse l'effrayante demeure de l'infernale Nuit, qu'enveloppent de sombres nuées.

Devant cette demeure, le fils de Japet, debout, soutient le vaste ciel de sa tête et de ses bras infatigables, sans faiblir. C'est là que Nuit et Lumière du Jour se rencontrent et se saluent, en franchissant le vaste seuil d'airain. L'une va descendre et rentrer à l'heure même où l'autre sort, et jamais la demeure ne les enferme toutes deux à la fois ; mais toujours l'une est au dehors, parcourant la terre, tandis que, gardant la maison à son tour, l'autre attend que vienne pour elle l'heure du départ. L'une tient en mains pour les hommes la lumière qui luit à d'innombrables yeux ; l'autre

porte en ses bras Sommeil, frère de Trépas : c'est la perni-
cieuse Nuit, enveloppée d'un nuage de brume.

Là ont leur séjour les enfants de la Nuit obscure,
Sommeil et Trépas, dieux terribles. Jamais Soleil aux rayons
ardents n'a pour eux un regard, qu'il monte au ciel ou du
ciel redescende. L'un va parcourant la terre et le vaste dos
de la mer, tranquille et doux pour les hommes. L'autre a un
cœur de fer, une âme d'airain, implacable, dans sa poitrine ; il tient à jamais l'homme qu'il a pris ; il est en haine
même aux dieux immortels.

Théogonie, 720-765

*Monde sous le monde, les Enfers sont riches en fleuves.
L'Achéron est le fleuve de l'affliction, le Cocyte des gémissements, le
Phlégéthon du feu et le Léthé de l'oubli. Styx a un rôle plus important. Elle est une déesse à part entière dont la mission est de recevoir le serment des dieux. Hésiode explique l'origine de ce privilège
et le pouvoir qu'il confère.*

STYX

Styx, fille d'Océan, unie à Pallas, enfanta dans son palais
Zèle et Victoire aux jolies chevilles. Elle mit aussi au monde
Pouvoir et Force, nobles enfants. Zeus n'a demeure ni
séjour dont ils soient absents, il ne suit point de route où ils
ne marchent sur ses pas : leur place est toujours près de
Zeus aux lourds grondements. C'est le fruit de la conduite
que tint Styx, l'Océanine immortelle, le jour où l'Olympien
qui lance l'éclair appela tous les Immortels sur les hauteurs
de l'Olympe, en déclarant que pas un des dieux qui com-
battraient avec lui les Titans ne se verrait arracher son apanage, mais qu'ils conserveraient chacun le privilège dont ils
jouissaient déjà auprès des dieux immortels ; « et pour ceux
que Cronos avait laissés sans privilège ou apanage, il s'engageait, lui, à leur faire obtenir privilège et apanage, ainsi

qu'il était juste ». Or, la première arrivée sur l'Olympe, ce fut Styx, l'immortelle, avec ses enfants, docile aux conseils de son père. Et Zeus, pour l'honorer, lui donna des dons en surplus : il voulut qu'elle fût « le grand serment des dieux » et que ses enfants pour toujours vinssent habiter avec lui. Et, pour tous, strictement, il a tenu ses promesses ; et lui-même commande et règne, souverain.

Là[1] réside une déesse odieuse aux Immortels, la terrible Styx, fille aînée d'Océan, le fleuve qui va coulant vers sa source. Elle habite, loin des dieux, une illustre demeure que couronnent des rocs élevés et que de tous côtés des colonnes d'argent dressent vers le ciel. La fille de Thaumas, Iris aux pieds rapides, y vient rarement, sur le large dos de la mer, signifier un message : il faut qu'une querelle, un discord se soit élevé parmi les Immortels. Alors, pour savoir qui ment parmi les habitants du palais de l'Olympe, Zeus envoie Iris chercher en ce lointain séjour « le grand serment des dieux ». Dans une aiguière[2] d'or elle rapporte l'eau au vaste renom, qui tombe, glacée, d'un rocher abrupt et haut. C'est un bras d'Océan, qui, du fleuve sacré, sous la terre aux larges routes, ainsi coule, abondant, à travers la nuit noire. Il représente la dixième partie des eaux d'Océan. Avec les neuf autres, en tourbillons d'argent, Océan s'enroule autour de la terre et du large dos de la mer, avant d'aller se perdre dans l'onde salée. Celle-là vient seule déboucher ici du haut d'un rocher, fléau redouté des dieux. Quiconque, parmi les Immortels, maîtres des cimes de l'Olympe neigeux, répand cette eau pour appuyer un parjure, reste gisant sans souffle une année entière. Jamais plus il n'approche de ses lèvres, pour s'en nourrir, l'ambroisie ni le nectar. Il reste gisant sans haleine et sans voix sur un lit de tapis : une torpeur cruelle l'enveloppe. Quand le mal prend fin, au bout d'une grande année, une série

1. Aux Enfers.
2. Vase élégant, muni d'un bec et de anses.

d'épreuves plus dures encore l'attend. Pendant neuf ans il est tenu loin des dieux toujours vivants, il ne se mêle ni à leurs conseils ni à leurs banquets durant neuf années pleines; ce n'est qu'à la dixième qu'il revient prendre part aux propos des Immortels, maîtres du palais de l'Olympe: si grave est le serment dont les dieux ont pris pour garante l'eau éternelle et antique de Styx, qui court à travers un pays rocheux.

Théogonie, 383-403 et 775-807

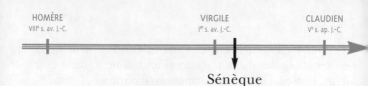

HOMÈRE
VIII⁰ s. av. J.-C.

VIRGILE
I⁰ʳ s. av. J.-C.

CLAUDIEN
V⁰ s. ap. J.-C.

Sénèque

Le sage Sénèque se délectait des monstres. Dans Hercule furieux, *décrivant la descente aux Enfers d'Hercule, il s'attarde à décrire Cerbère, le chien qui garde la demeure d'Hadès.*

CERBÈRE

Puis se montre la demeure de l'avide Dis: là terrifie les ombres le chien cruel du Styx, qui, secouant sa triple tête avec un bruit énorme, garde le royaume. Des couleuvres lèchent sa tête, éclaboussée de sanie, sa crinière est hérissée de vipères, sa queue tortueuse siffle, long dragon. Sa rage répond à son aspect: dès qu'il a perçu des mouvements de pieds, il dresse ses poils, hérissés de serpents qui s'agitent et il cherche à saisir, de son oreille dressée, le bruit émis, accoutumé qu'il est à entendre même les ombres. Lorsque le fils de Jupiter se fut posté tout près de l'antre, le chien s'assit indécis et tous deux furent saisis de frayeur. Voici que, d'un aboiement puissant, il terrifie ces lieux muets; les serpents sifflent, menaçants, partout sur ses flancs. Le fracas de ce cri redoutable, lancé par sa triple gueule, épouvante jusqu'aux ombres heureuses.

Hercule furieux, 782-797

HOMÈRE
VIIIᵉ s. av. J.-C.

VIRGILE
Iᵉʳ s. av. J.-C.

CLAUDIEN
Vᵉ s. ap. J.-C.

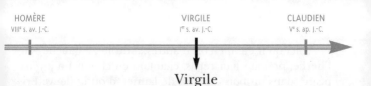

Virgile

Il n'y a ni Paradis ni Enfer dans la vision antique de l'au-delà. Cependant le traitement n'est pas le même pour les héros et les autres morts. Énée a l'honneur de visiter la demeure des Justes, les Champs Élysées, et le bonheur d'y retrouver son père.

LES CHAMPS ÉLYSÉES

Énée avance dans l'allée, asperge son corps d'eau fraîche et devant lui, sur l'entrée, fixe le rameau.

Tout ceci une fois accompli et leur hommage rendu à la déesse, ils parvinrent enfin aux espaces riants, aux aimables prairies des bois fortunés, les demeures bien heureuses. Là un éther plus large illumine les plaines et les revêt de pourpre ; ils ont leur soleil et leurs astres. Les uns s'exercent en des palestres gazonnées, ils se mesurent par jeu et luttent sur le sable fauve. D'autres frappent du pied le rythme d'un chœur et chantent des poèmes ; le prêtre de Thrace[1] avec sa longue robe répond à ces cadences en faisant parler les sept intervalles des notes, il les émeut aussi tantôt des doigts, tantôt de son plectre d'ivoire. Ici, l'antique descendance de Teucer, race bénie des dieux, héros magnanimes nés en des temps meilleurs, Ilus, Assaracus et Dardanus, l'auteur de Troie. À quelque distance il admire les armes des guerriers, leurs chars où ils ne montent plus ; leurs lances retournées sont fichées en terre, leurs chevaux dételés paissent çà et là par la plaine ; mais le goût qu'ils avaient en leur vie des chars, des armes, leur exactitude à soigner de beaux chevaux brillants, les suivent sans changer, une fois déposés dans la terre.

1. Orphée.

127

Voici qu'il en aperçoit d'autres, à droite, à gauche, sur l'herbe, prenant leur repas, chantant en chœur un joyeux péan[2], dans un bois odorant de laurier, d'où le fleuve Éridan, roulant vers l'aval, envoie ses eaux puissantes à travers la forêt. Ici, en une troupe réunis, ceux qui dans la bataille ont souffert pour leur patrie blessures mortelles ; ceux qui, leur vie durant, furent prêtres saints ou prophètes pieux et proférant paroles dignes de Phébus ; ceux qui, par leur intelligence, ont rendu la vie meilleure ou qui, faisant le bien, ont laissé un souvenir dans la mémoire de quelques-uns, tous ont les tempes ceintes d'un bandeau blanc comme neige. Comme ils faisaient cercle, la Sibylle s'adresse à eux, à Musée[3] en particulier car c'est auprès de lui que la foule est le plus dense ; il la dépasse des épaules et sa haute stature attire le regard : « Dites-nous, âmes bienheureuses, et toi le plus grand des prophètes, quel canton, quel domaine retiennent Anchise[4] ? Car c'est pour lui que nous sommes venus et que nous avons passé les grands fleuves de l'Érèbe. » Et le héros lui donna ainsi réponse en peu de mots : « Aucun de nous n'a demeure définie ; nous habitons dans les bois pleins d'ombre, nous hantons ces rives où nous reposons, ces prairies toujours fraîches auprès des ruisseaux. Mais vous, si tel est le désir de vos cœurs, franchissez ce sommet et je vous mettrai sur un chemin facile. » Il dit, marcha devant eux et leur montre d'en haut des plaines lumineuses ; de là ils laissent derrière eux la ligne des cimes.

Énéide, VI, 635-681

---

2. Chant en l'honneur d'Apollon.
3. Poète mythique.
4. Le père d'Énée.

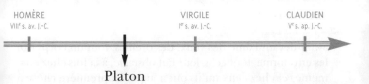

HOMÈRE
VIIIᵉ s. av. J.-C.

VIRGILE
Iᵉʳ s. av. J.-C.

CLAUDIEN
Vᵉ s. ap. J.-C.

Platon

Comment obtient-on d'aller aux Champs Élysées ? Qui juge les âmes ? C'est ce que raconte Socrate au jeune et impétueux Calliclès.

LE JUGEMENT DES ÂMES

SOCRATE. – Écoute donc, comme on dit, une belle histoire, que tu prendras peut-être pour un conte, mais que je tiens pour une histoire vraie ; et c'est comme véritables que je te donne les choses dont je vais te parler.

Ainsi que le rapporte Homère, Zeus, Poséidon et Pluton ayant reçu l'empire de leur père, le partagèrent entre eux. Or, c'était du temps de Cronos, et c'est encore aujourd'hui parmi les dieux une loi, à l'égard des hommes, que celui qui meurt après une vie tout entière juste et sainte aille après sa mort dans les îles des Bienheureux, où il séjourne à l'abri de tous maux, dans une félicité parfaite, tandis que l'âme injuste et impie s'en va au lieu de l'expiation et de la peine, qu'on appelle le Tartare.

Du temps de Cronos et au commencement du règne de Zeus, c'étaient des vivants qui jugeaient ainsi d'autres vivants, et ils rendaient leur sentence au jour où ceux-ci devaient mourir. Or les jugements étaient mal rendus. De sorte que et Pluton et les surveillants des Îles Fortunées rapportaient à Zeus que des deux côtés ils voyaient se presser des hommes qui ne devaient pas y être. « Je vais faire cesser ce mal, dit Zeus. Si les jugements jusqu'ici sont mal rendus, c'est qu'on juge les hommes encore vêtus, car on les juge de leur vivant. Or beaucoup d'hommes, ayant des âmes mauvaises, sont revêtus de beaux corps, de noblesse, de richesse, et le jour du jugement il leur vient en foule des témoins attestant qu'ils ont vécu selon la justice. Les juges alors sont frappés de stupeur devant cet appareil ; en outre, comme ils siègent eux-mêmes dans un appareil analogue, ayant devant l'âme des yeux, des oreilles, tout un corps qui les enveloppe, tout cela, leur fait obstacle, à la fois chez eux-mêmes et chez ceux qu'ils ont à juger. La première chose à faire est d'ôter aux hommes la connaissance de l'heure où ils vont mourir ; car maintenant ils la prévoient. J'ai donné des ordres à Prométhée pour qu'il fasse cesser cela. Ensuite il faut qu'on les juge dépouillés de tout cet appareil, et, pour cela, qu'on les juge après leur mort. Le juge aussi sera nu et mort, son âme voyant directement l'âme de chacun aussitôt après la mort, sans assistance de parents, sans toute cette pompe qui aura été laissée sur la terre ; autrement, point de justice exacte. J'avais reconnu ces choses avant vous, et j'ai constitué comme juges mes propres fils, deux de l'Asie, Minos et Rhadamante, un d'Europe, Éaque. Lorsqu'ils seront morts ils rendront leurs sentences dans la prairie, au carrefour d'où partent les deux routes qui mènent l'une aux Îles Fortunées, l'autre au Tartare. Rhadamante sera spécialement chargé de juger ceux d'Asie, Éaque ceux d'Europe ; à Minos, je donne mission de prononcer en dernier ressort au cas où les deux autres juges douteraient, afin d'assurer une parfaite justice à la décision qui envoie les hommes d'un côté ou de l'autre. »

Voilà, Calliclès, ce qu'on m'a raconté et que je tiens pour vrai.

Gorgias, 523a-524b

III

LES OLYMPIENS

ZEUS ≈ JUPITER

Avant de devenir le « père des dieux », Zeus s'est battu pour obtenir le pouvoir, d'abord contre les Titans puis contre Typhon. L'ordre qu'il a instauré est celui dans lequel les hommes vivent. Seigneur du ciel et de la pluie, il peut à son gré rassembler les nuages et frapper la foudre depuis son domaine, l'Olympe. Bien que plus puissant que tous les autres dieux réunis, il n'est ni omnipotent ni omniscient : il peut être trompé et les autres dieux s'opposent souvent à ses vues. Sa progéniture est innombrable, tant divine que mortelle, à la mesure de ses amours, qu'Héra, son épouse, lui dispute sans cesse. L'égide, un bouclier recouvert de la peau de la chèvre Amalthée[1] et de celle d'un serpent, lui sert à protéger ses favoris. L'aigle est l'oiseau qui l'accompagne, et son arbre est le chêne. À Dodone, le dieu rend ses oracles grâce aux bruissements des chênes.

1. Qui aurait nourri Zeus enfant.

HOMÈRE
VIIIᵉ s. av. J.-C.

VIRGILE
Iᵉʳ s. av. J.-C.

CLAUDIEN
Vᵉ s. ap. J.-C.

Homère

Même si son autorité est souvent remise en question, Zeus n'en demeure pas moins le plus puissant, ce qu'il rappelle aux dieux assemblés.

LE SOUVERAIN DES DIEUX

L'Aurore en robe de safran s'épand sur toute la terre, quand voici Zeus Tonnant qui assemble les dieux sur le plus haut sommet de l'Olympe aux cimes sans nombre. Il prend la parole en personne : les autres dieux écoutent.

« Entendez-moi, tous, et dieux et déesses : je veux dire ici ce qu'en ma poitrine me dicte mon cœur. Qu'aucun dieu, qu'aucune déesse ne tente d'enfreindre mon ordre : acceptez-le, tous, d'une voix, afin que j'achève l'affaire au plus tôt. Celui que je verrais s'éloigner délibérément des dieux, pour aller porter secours aux Troyens ou aux Danaens, sentira mes coups et s'en reviendra dans l'Olympe en piteux état – à moins que je ne le saisisse et ne le jette au Tartare brumeux, tout au fond de l'abîme qui plonge au plus bas sous terre, où sont les portes de fer et le seuil de bronze, aussi loin au-dessous de l'Hadès que le ciel l'est au-dessus de la terre. Alors vous comprendrez combien je l'emporte sur tous les dieux. Tenez, dieux, faites l'épreuve, et vous saurez, tous. Suspendez donc au ciel un câble d'or ; puis accrochez-vous y, tous, dieux et déesses : vous n'amènerez pas du ciel à la terre Zeus, le maître suprême, quelque peine que vous preniez. Mais si je voulais, moi, franchement tirer, c'est la terre et la mer à la fois que je tirerais avec vous. Après quoi, j'attacherais la corde à un pic de l'Olympe, et le tout, pour votre peine, flotterait au gré des airs. Tant il est vrai que je l'emporte sur les dieux comme sur les hommes ! »

Il dit, et tous demeurent silencieux, sans voix, émus de son langage : il a parlé avec tant de rudesse !

Iliade, VIII, 1-29

Nonnos de Panopolis

Pour obtenir le pouvoir, Zeus s'est battu, non seulement contre les Titans, mais aussi contre Typhée, créature monstrueuse enfantée par la Terre. De ce combat des commencements Nonnos de Panopolis relate les grands épisodes. Voici l'occasion de rencontrer un texte et un auteur trop peu connus dont l'exubérance se prête à merveille aux excès de Dionysos.

LE GUERRIER

Zeus le Père mène donc le combat. Contre son adversaire, il vibre et lance son feu accoutumé, transperçant les lions, frappant avec l'ouragan céleste le bataillon des gosiers innombrables à la voix disparate. Quand tombe le trait de Zeus, une seule de ses flammes embrase des mains à foison, une seule de ses flammes consume des multitudes d'épaules et des hordes grouillantes de serpents. Et, tandis que les armes de l'éther pourfendent une infinité de têtes, les boucles de Typhon se consument, touchées par l'étincelle d'une comète onduleuse qui darde sur elles le feu de son épaisse crinière ; tandis que flamboient les têtes du Géant, ses cheveux prennent feu et la céleste étincelle impose le sceau du silence à leurs mèches sifflantes, ses serpents sont calcinés et la bave envenimée se dessèche dans leurs gueules.

Les âpres traits de la pierreuse tourmente qui cinglent le fils de la Terre fouettent aussi sa mère nourricière. Quand elle voit pleuvoir sur le corps du Géant, signes du Destin, des pierres faites de glace et des eaux changées en flèches, elle implore le Soleil, ce Titan, d'une voix accablée : elle lui demande un seul de ses rayons du plus fort de l'été pour que sa flamme plus chaude fonde l'eau pétrifiée de Zeus et qu'il répande sa lumière fraternelle sur Typhée battu par les frimas. Cependant d'autres coups, en cinglant

135

son fils, la calcinent comme lui : en voyant alors se consumer ces bataillons de bras escarpés qu'environne le feu, elle supplie qu'une bise hivernale souffle en tempête, l'espace d'un seul matin, pour que les vents glacés éteignent la soif qui accable Typhon. Mais le Cronide a fait pencher la balance de la lutte indécise.

La Terre maternelle arrache de la main le voile de ses forêts et se lamente au spectacle des têtes fumantes de Typhon. Les visages du Géant brûlent ; ses genoux sont rompus. Tandis que, pour présager la victoire, la trompette de Zeus mugit dans le fracas du tonnerre, Typhée s'abat, de toute sa hauteur, ivre sous les coups du feu céleste, frappé dans la bataille d'une blessure qu'aucun fer n'a causée. Le dos renversé sur la Terre sa mère, il gît, ses membres de serpent étendus à la ronde dans la poussière, crachant le feu. Alors le Cronide le nargue en éclatant de rire et, d'un gosier moqueur, il verse ce flot de paroles :

« Quel beau champion a trouvé le vieux Cronos, Typhée ! La Terre s'est donné bien du mal pour mettre au monde un fils après la guerre de Japet[1] : qu'il est joli le vengeur des Titans ! »

Les Dionysiaques, II, 508-520 et 540-56

---

1. Titan.

HOMÈRE
VIIIe s. av. J.-C.

VIRGILE
Ier s. av. J.-C.

CLAUDIEN
Ve s. ap. J.-C.

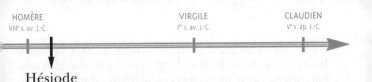

Hésiode

Le père des dieux ne gouverne pas que par la force. Face aux stratagèmes de Prométhée et pour punir les hommes, Zeus invente un tour ingénieux… la femme.

UNE RUSE DE ZEUS

Ainsi, irrité, parlait Zeus aux conseils éternels ; et, dès lors, de cette ruse[1] gardant toujours le souvenir, il se refusait à diriger sur les frênes l'élan du feu infatigable pour le profit des mortels, habitants de cette terre[2]. Mais le brave fils de Japet sut le tromper et déroba, au creux d'une férule, l'éclatante lueur du feu infatigable ; et Zeus, qui gronde dans les nues, fut mordu profondément au cœur et s'irrita en son âme, quand il vit briller au milieu des hommes l'éclatante lueur du feu. Aussitôt, en place du feu, il créa un mal, destiné aux humains. Avec de la terre, l'illustre Boiteux modela un être tout pareil à une chaste vierge, par le vouloir du Cronide. La déesse aux yeux pers, Athéna, lui noua sa ceinture, après l'avoir parée d'une robe blanche, tandis que de son front ses mains faisaient tomber un voile aux mille broderies, merveille pour les yeux. Autour de sa tête elle posa un diadème d'or forgé par l'illustre Boiteux lui-même, de ses mains adroites, pour plaire à Zeus son père : il portait d'innombrables ciselures, merveille pour les yeux, images des bêtes que par milliers nourrissent la terre et les mers ; Héphaïstos en avait mis des milliers – et un charme infini illuminait le bijou – véritables merveilles, toutes semblables à des êtres vivants.

1. Mécôné.
2. Les hommes n'ont accès au feu que par la foudre que Zeus envoie sur les arbres.

Et quand, en place d'un bien, Zeus eut créé ce mal si beau, il l'amena où étaient dieux et hommes, superbement paré par la Vierge aux yeux pers, la fille du dieu fort ; et les dieux immortels et les hommes mortels allaient s'émerveillant à la vue de ce piège, profond et sans issue, destiné aux humains. Car c'est de celle-là qu'est sortie la race, l'engeance maudite des femmes, terrible fléau installé au milieu des hommes mortels. Elles ne s'accommodent pas de la pauvreté odieuse, mais de la seule abondance. Ainsi, dans les abris où nichent les essaims, les abeilles nourrissent les frelons que partout suivent œuvres de mal.

Tandis qu'elles, sans repos, jusqu'au coucher du Soleil, s'empressent chaque jour à former des rayons de cire blanche, ils demeurent, eux, à l'abri des ruches et engrangent dans leur ventre le fruit des peines d'autrui. Tout de même, Zeus qui gronde dans les nues, pour le grand malheur des hommes mortels, a créé les femmes, que partout suivent œuvres d'angoisse, et leur a, en place d'un bien, fourni, tout au contraire un mal. Celui qui, fuyant, avec le mariage, les œuvres de souci qu'apportent les femmes, refuse de se marier, et qui, lorsqu'il atteint la vieillesse maudite, n'a pas d'appui pour ses vieux jours, celui-là sans doute ne voit pas le pain lui manquer, tant qu'il vit, mais, dès qu'il meurt, son bien est partagé entre collatéraux. Et celui, en revanche, qui dans son lot trouve le mariage, peut rencontrer sans doute une bonne épouse, de sain jugement ; mais, même alors, il voit toute sa vie le mal compenser le bien ; et, s'il tombe sur une espèce folle, alors, sa vie durant, il porte en sa poitrine un chagrin qui ne quitte plus son âme ni son cœur, et son mal est sans remède.

Ainsi au vouloir de Zeus il n'est pas facile de se dérober ni de se soustraire. Le fils de Japet lui-même, le bien-faisant Prométhée, n'a point échappé à son lourd courroux.

Théogonie, 561-616

Zeus est le père des dieux. Pour obtenir une descendance si nombreuse, le dieu a eu plusieurs épouses, dont Hésiode, dresse le catalogue.

ZEUS ET SES FEMMES

Et Zeus, le roi des dieux, pour épouse d'abord prit Prudence[1], qui sait plus de choses que tout dieu ou homme mortel. Mais, au moment même où elle allait enfanter Athéna, la déesse aux yeux pers, trompant traîtreusement son cœur par des mots caressants, Zeus l'engloutit dans ses entrailles, sur les conseils de Terre et de Ciel Étoilé. Tous deux l'avaient conseillé de la sorte, pour que l'honneur royal n'appartînt jamais à autre qu'à Zeus parmi les dieux toujours vivants. De Prudence en effet le destin voulait que des enfants sortissent sages entre tous – et la vierge aux yeux pers, d'abord, Tritogénie, qui de fougue et de sage vouloir à part égale avec son père. Mais Prudence devait enfanter ensuite un fils au cœur violent qui eût été roi des hommes et des dieux, si Zeus auparavant ne l'eût engloutie au fond de ses entrailles, afin que la déesse toujours lui fît connaître ce qui lui serait soit heur ou malheur.

Ensuite il épousa la brillante Équité, qui fut mère des Heures – Discipline, Justice et Paix la florissante, qui veillent sur les champs des hommes mortels – et des Parques, à qui le prudent Zeus a accordé le plus haut privilège, Clothô, Lachésis, Atropos, qui, seules, aux hommes mortels donnent soit heur ou malheur.

Eurynomé, fille d'Océan, à la séduisante beauté, lui enfanta trois filles, les Grâces aux belles-joues, Aglaé, Euphrosyne et l'aimable Thalie.

Il entra aussi au lit de Déméter la nourricière, qui lui enfanta Perséphone aux bras-blancs. Aïdôneus la ravit à sa mère, et le prudent Zeus la lui accorda.

---

1. Prudence est souvent désignée par son nom grec, *Métis*.

Il aima encore Mnémosyne aux beaux cheveux, et c'est d'elle que lui naquirent les neuf Muses au bandeau d'or, qui se plaisent aux fêtes et à la joie du chant.

Létô enfanta Apollon et l'archère Artémis, enfants ravissants entre les petits-fils de Ciel, après avoir connu entre ses bras l'amour de Zeus qui tient l'égide.

Il fit enfin d'Héra sa dernière et florissante épouse ; et elle lui enfantait Hébé, Arès, Ilithye, unie d'amour au roi des hommes et des dieux.

Et, tout seul, de son front, il donna le jour à Tritogénie aux yeux pers, éveilleuse terrible de tumulte, infatigable conductrice d'armées, auguste déesse qui se plaît aux clameurs, aux guerres, aux combats. Héra, elle, enfantait l'illustre Héphaïstos, – sans union d'amour, par colère et défi lancé à son époux, – Héphaïstos, le plus industrieux des petits-fils de Ciel.

À Zeus encore, Maïa, fille d'Atlas, enfanta l'illustre Hermès, héraut des dieux, montée avec lui dans son lit sacré.

Sémélé, fille de Cadmos, à lui unie d'amour, lui donna un fils illustre, Dionysos, riche en joies, Immortel né d'une mortelle. Aujourd'hui tous deux sont dieux.

Alcmène enfin devenait mère du robuste Héraclès, unie d'amour à Zeus assembleur de nuées.

Théogonie, 886-929 et 938-947

HOMÈRE
VIIIᵉ s. av. J.-C.

VIRGILE
Iᵉʳ s. av. J.-C.

CLAUDIEN
Vᵉ s. ap. J.-C.

Homère

Des épouses divines, Héra est la dernière. Il n'est pas peu de dire que le couple divin n'est guère paisible : les maîtres du ciel sont tous deux d'un tempérament orageux, si bien que chamailleries, colères, tromperies et réconciliations emplissent le quotidien de l'Olympe, partie à cause des infidélités de l'époux, partie à cause de l'humeur acariâtre de l'épouse. Trompé par Héra qui l'a séduit pour nuire au héros troyen Hector, Zeus donne libre cours à son courroux.

UN MARI ODIEUX ?

Sur les cimes de l'Ida, Zeus s'éveille aux côtés d'Héra au trône d'or. D'un bond, il est sur pied. Il voit Troyens et Achéens, les uns ébranlés, les autres les bousculant par derrière. Ce sont les Argiens, et, au milieu d'eux, sire Poséidon ! Dans la plaine, il voit Hector étendu ; autour de lui sont arrêtés les siens ; pour lui, il est la proie d'une suffocation atroce, il a perdu connaissance, il crache le sang : il n'a pas été touché par le dernier des Achéens ! À le voir, le Père des dieux et du hommes a pitié. Terrible, sur Héra il lève un œil sombre et dit :

« Ah, voilà bien de tes ruses méchantes, intraitable Héra ! Ce sont elles qui ont mis le divin Hector hors combat et ses hommes en déroute. Je me demande si tu ne vas pas être la première, en retour, à recueillir le fruit de ta fourbe cruelle et si je ne vais pas te rouer de coups. As-tu donc oublié le jour où tu étais suspendue dans les airs ? J'avais à tes pieds accroché deux enclumes et jeté autour de tes mains une chaîne d'or, infrangible ; et tu étais là, suspendue, en plein éther, en pleins nuages. Les autres dieux avaient beau gronder dans le haut Olympe : ils étaient incapables de t'approcher et de te délivrer. Celui que j'y prenais, je le saisissais et le jetais du seuil, afin qu'il n'arrivât au

141

sol que mal en point. Et, même ainsi, mon cœur ne se délivrait pas du tenace chagrin que lui donnait le divin Héraclès, Héraclès que tu avais, persuadant les bourrasques et aidée du vent Borée, mené sur la mer infinie, selon tes méchants desseins, puis entraîné vers la bonne ville de Cos. Je le tirai de là, moi, et le ramenai à Argos, nourricière de cavales, en dépit de mille épreuves. Tout cela, je veux te le rappeler, car j'entends que tu cesses enfin de me jouer. Tu vas voir s'ils t'auront servi, ce lit, cet amour qui t'ont fait quitter les dieux, pour te mettre dans mes bras et pour me jouer. »

Iliade, XV, 5-33

HOMÈRE
VIIIe s. av. J.-C.

VIRGILE
Ier s. av. J.-C.

CLAUDIEN
Ve s. ap. J.-C.

Virgile

*Les réconciliations sont presque aussi fréquentes que les disputes. À la fin de l'*Énéide, *Virgile raconte comment Jupiter apaise Héra et lui demande d'abandonner sa colère.*

LA PAIX DU MÉNAGE

Alors le roi du tout-puissant Olympe s'adresse à Junon qui, d'une sombre nuée, regardait les combats : « Que sera donc la fin de tout ceci, chère épouse ? Qu'attendre désormais ? Énée est promis au ciel comme dieu indigète, ses destins l'élèvent jusqu'aux astres, tu le sais toi-même et tu en conviens. Quels sont tes plans ? Ou dans quel espoir demeures-tu dans ces froides nuées ? Convenait-il qu'un être divin fût traîtreusement blessé de la main d'un mortel ? Ou cette épée – car sans toi que pourrait Juturne[1] ? –, fallait-il s'en saisir pour la rendre à Turnus[2] et accroître la force des vaincus ? Maintenant, au terme, cesse et laisse-toi fléchir par nos prières. Je ne voudrais pas qu'une telle amertume te ronge en silence et que moi-même si souvent, issus de ta bouche si chère, de tristes chagrins m'atteignent à mon tour. Nous sommes arrivés au dernier moment. Tu as pu poursuivre les Troyens sur terre et dans les ondes, allumer une guerre affreuse, jeter la honte dans une maison, mêler de deuil un hyménée. Je défends qu'on essaie d'aller plus loin. »

Ainsi parla Jupiter, et ainsi lui répond la déesse, la Saturnienne, en baissant les yeux : « Cette volonté que tu exprimes m'était connue, grand Jupiter, et c'est pourquoi, bien malgré moi, j'ai délaissé Turnus et la terre. Sinon, tu

---

1. Déesse des fontaines, sœur de Turnus.
2. Roi des Rutules, ennemi d'Énée.

ne me verrais pas maintenant, seule en ce séjour aérien, supportant le digne et l'indigne ; mais je serais aux premières lignes, debout, ceinte de flammes, et tirerais les Troyens en des combats qui ne leur seraient pas agréables. Juturne, je l'avoue, je l'ai encouragée à secourir son malheureux frère, et je l'ai approuvée d'oser plus encore pour sauver cette vie, mais sans aller cependant jusqu'à lancer le dard ou tendre l'arc, j'en jure la source implacable des étangs du Styx, seule religion qui engage les dieux. Et maintenant je me retire, oui, et je quitte ces combats que je hais. »

Énéide, XII, 792-818

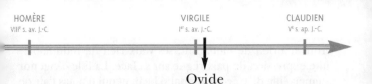

HOMÈRE
VIIIe s. av. J.-C.

VIRGILE
Ier s. av. J.-C.

CLAUDIEN
Ve s. ap. J.-C.

Ovide

Le catalogue des amours de Zeus est à faire pâlir Don Juan.
Voici l'amour qu'il conçoit pour Europe et le stratagème qu'il met
au point pour la séduire, relatés par le poète ès *amours, Ovide.*

EUROPE

Son père le[1] prend à part; sans avouer l'amour qui le
fait parler: « Fidèle ministre de mes commandements, dit-
il, ô mon fils, point de retard; descends d'ici avec ta vitesse
accoutumée; il est un pays qui, à notre gauche, lève ses
regards vers ta mère et que les habitants appellent le pays
de Sidon; c'est là que tu dois aller; sur le gazon de la montagne, au loin, tu vois paître ce troupeau royal; emmène-le
vers le rivage. »

Il dit et déjà les taureaux, chassés de la montagne,
s'acheminent, comme il l'a ordonné, vers le rivage où la
fille du puissant roi de cette contrée avait coutume de jouer
avec les vierges de Tyr, ses compagnes. On ne voit guère
s'accorder et habiter ensemble la majesté et l'amour; lui-
même, abandonnant son sceptre auguste, le père et souverain des dieux, dont la main est armée de la foudre au
triple dard, qui d'un signe de tête ébranle l'univers, revêt
l'apparence d'un taureau; mêlé au troupeau, il mugit et
promène ses belles formes sur le tendre gazon. Sa couleur
est celle de la neige où aucun pied n'a encore mis sa dure
empreinte et que n'a pas détrempée le souffle humide de
l'Auster. Son cou est gonflé de muscles; son fanon pend
jusqu'à ses épaules; ses cornes sont petites, mais on pourrait soutenir qu'elles ont été faites à la main et elles l'emportent par leur éclat sur une gemme d'une eau pure. Son

1. Mercure.

front n'a rien de menaçant, ses yeux rien de redoutable ; une expression de paix règne sur sa face. La fille d'Agénor s'émerveille de voir un animal si beau et qui n'a pas l'air de chercher les combats ; pourtant, malgré tant de douceur, elle craint d'abord de le toucher. Bientôt elle s'en approche, elle présente des fleurs à sa bouche d'une blancheur sans tache. Son amant est saisi de joie et, en attendant la volupté qu'il espère, il lui baise les mains ; c'est avec peine maintenant, oui avec peine, qu'il remet le reste à plus tard. Tantôt il folâtre, il bondit sur l'herbe verte, tantôt il couche son flanc de neige sur le sable fauve ; lorsqu'il a peu à peu dissipé la crainte de la jeune fille, il lui présente tantôt son poitrail pour qu'elle le flatte de la main, tantôt ses cornes pour qu'elle y enlace des guirlandes fraîches. La princesse ose même, ignorant qui la porte, s'asseoir sur le dos du taureau ; alors le dieu, quittant par degrés le terrain sec du rivage, baigne dans les premiers flots ses pieds trompeurs ; puis il s'en va plus loin et il emporte sa proie en pleine mer. La jeune fille, effrayée, se retourne vers la plage d'où il l'a enlevée ; de sa main droite elle tient une corne ; elle a posé son autre main sur la croupe ; ses vêtements, agités d'un frisson, ondulent au gré des vents.

Les Métamorphoses, II, 836-875

HOMÈRE
VIIIᵉ s. av. J.-C.

VIRGILE
Iᵉʳ s. av. J.-C.

CLAUDIEN
Vᵉ s. ap. J.-C.

Plaute

*Jupiter n'a pas des relations plus tranquilles avec ses maî-
tresses mortelles. Comme tant de séducteurs, le dieu a quelques difficultés à conserver ses amantes. Le poète latin Plaute, relate les
amours d'Alcmène et de Jupiter. Pour séduire la belle mortelle, le
dieu se fait à la semblance de son mari, Amphitryon. Comme aco-
lyte, le dieu peut compter sur son fils Mercure, expert en supercheri-
ries, qui a pris l'apparence de Sosie, l'esclave d'Amphitryon. Les
quiproquos s'enchaînent et Plaute excelle à confondre le monde des
dieux et celui des hommes. Une fois l'affaire consommée,
Jupiter/Amphitryon tente de quitter sa belle, qui ne l'entend pas de
cette oreille.*

ALCMÈNE

MERCURE (*à part*). – L'habile hypocrite que mon digne
père ! Voyez de quelle main caressante il va la cajoler !

ALCMÈNE. – Je vois bien par expérience tout le cas que tu
fais de moi.

JUPITER. – Ne te suffit-il pas que pour moi tu sois la plus
tendrement aimée des femmes ?

MERCURE (*à part et montrant le ciel*). – Parbleu, si celle de
là-haut te savait si galamment occupé, tu aimerais mieux, je
parie, être Amphitryon que Jupiter.

ALCMÈNE. – De cette tendresse, j'aimerais mieux des
preuves réelles que des protestations. Tu t'en vas avant
même d'avoir réchauffé dans notre lit la place où tu t'es
couché. Arrivé hier au milieu de la nuit, tu t'en vas déjà. Tu
veux que je sois contente ?

MERCURE (*à part*). – Approchons. Je vais lui parler et
seconder mon père en bon parasite. (*À Alcmène*). Sur ma
foi, je ne crois pas qu'il y ait nulle part un mortel au monde
qui meure d'amour pour sa femme, comme mon maître en
meurt pour toi.

147

JUPITER (*à Mercure, d'un ton menaçant*). – Bourreau, ne te voilà-t-il pas ! Vite, hors de mes regards. Qui te permet, coquin, de te mêler de mes affaires, d'ouvrir la bouche ? De ce bâton, je vais...

ALCMÈNE. – Ah, de grâce !

JUPITER (*à Mercure*). – Dis un mot, seulement.

MERCURE. (*à part*). – Mes débuts dans le métier de parasite ont failli bien mal tourner.

JUPITER. – Quant aux reproches que tu m'adresses, ma chère, tu as tort de te fâcher. J'ai quitté secrètement l'armée ; pour toi, je me suis dérobé à mon devoir, afin que tu fusses la première à connaître, comme moi le premier à t'apprendre, les succès que j'ai valu à la république. De tout cela, je t'ai fait un récit fidèle. Si je ne t'aimais plus que tout au monde, agirais-je ainsi ?

JUPITER. – Adieu, Alcmène ; continue à veiller au bien de notre maison. Mais ménage-toi, je t'en prie. Tu vois toi-même que ton terme est proche. Pour moi, il faut absolument que je m'en aille : mais, garçon ou fille, relève à ma place l'enfant qui naîtra.

ALCMÈNE. – Qu'y a-t-il donc, mon cher mari, qui t'oblige à quitter si précipitamment la maison ?

JUPITER. – Ah certes ! ce n'est pas que je m'ennuie près de toi ni à mon foyer ; mais quand le généralissime n'est pas à son armée, ce qu'il ne faut pas s'y fait plus vite que ce qu'il faut.

MERCURE. – Que disais-je ? La belle est farouche, mais comme il sait l'amadouer !

JUPITER. – Maintenant, pour que l'armée n'ait vent de rien, il me faut rejoindre mon poste, en cachette. Je ne veux pas qu'on me reproche d'avoir fait passer ma femme avant l'intérêt de l'État.

ALCMÈNE. – Ce départ laisse ton épouse tout en larmes.

JUPITER. – Ne parle pas ainsi. N'abîme pas tes beaux yeux. Je reviendrai bientôt.

ALCMÈNE. – Ce bientôt est bien long.

JUPITER. – Et moi, crois-tu que c'est pour mon plaisir que je pars, que je te quitte ?

ALCMÈNE (*avec ironie*). – Je le vois bien : la nuit même de ton arrivée, tu t'en vas.

JUPITER. – Pourquoi me retenir ? Il est temps. Je veux sortir de la ville avant le jour. (*Lui présentant le coffret*). Prends ceci : c'est une coupe qui m'a été donnée là-bas pour prix de ma valeur ; c'est celle où buvait le roi Ptérélas, que j'ai tué de ma main : chère Alcmène je t'en fais don.

ALCMÈNE. – Je te reconnais bien-là. Certes, le présent est digne de la main qui le donne.

MERCURE (*à Alcmène*). – Dis plutôt : de celle qui le reçoit.

JUPITER. – Encore ! Qui m'empêche de t'assommer, pendard ?

ALCMÈNE. – Je t'en prie, Amphitryon, ne va pas, à cause de moi, t'emporter contre Sosie.

JUPITER. – Je t'obéirai.

MERCURE (*à part*). – Comme l'amour le rend méchant !

Amphitryon, I, 3, 499-542

HOMÈRE
VIIIe s. av. J.-C.

VIRGILE
Ier s. av. J.-C.

CLAUDIEN
Ve s. ap. J.-C.

Hymnes homériques

La beauté masculine émeut parfois le cœur de Zeus. Il ordonne à son aigle d'enlever Ganymède, un jeune prince troyen. Celui-ci devient l'échanson de l'Olympe, le serviteur chargé de servir à boire. Aphrodite, fort peinée d'avoir succombé aux charmes d'Anchise justifie son amour par la beauté des Troyens en prenant pour exemple Ganymède :

LE BEAU GANYMÈDE

D'ailleurs, parmi les hommes mortels, ceux qui approchent le plus des dieux par la prestance et la belle apparence, sortent toujours de votre race. Le blond Ganymède, c'est pour sa beauté que le prudent Zeus l'enleva, afin que, vivant parmi les Immortels, il fût l'échanson des dieux dans la demeure de Zeus ; c'est merveille de le voir, et tous les Immortels honorent celui qui puise le nectar sombre dans un cratère d'or.

À Aphrodite, 200-206

HOMÈRE
VIIIᵉ s. av. J.-C.

VIRGILE
Iᵉʳ s. av. J.-C.

CLAUDIEN
Vᵉ s. ap. J.-C.

Martial

L'histoire de Ganymède a sombré dans la trivialité et le prince troyen est devenu l'archétype du « mignon », le jeune esclave qui satisfait avec complaisance tous les désirs de ses maîtres. Dans ses Épigrammes, *Martial se moque de ces pratiques auxquelles même l'empereur s'adonne.*

L'enfant phrygien[1] connu pour faire les délices de l'autre Jupiter[2], avait vu l'échanson de l'Ausonie qui venait de faire couper sa chevelure. « Ce que, vois donc, ton cher César a permis à son jeune serviteur, permets-le, dit-il, au tien, puissant Maître du monde. Déjà mon premier duvet disparaît sous mes longs cheveux, déjà ta Junon se moque de moi et m'appelle un homme. » Le père des dieux lui répondit : « Ô le plus cher à mon cœur de mes serviteurs, ce n'est pas moi qui te refuse ce que tu me demandes là, c'est la nécessité elle-même. César possède mille serviteurs comme toi, et son vaste palais a peine à contenir tant de jeunes gens beaux comme des astres ; mais si la suppression de tes boucles te donne un visage d'homme, qui donc me versera le nectar à ta place ? »

Épigrammes, IX, 3

Quand tu me fais servir le Cécube par un échanson plus efféminé que le mignon de l'Ida[3] et qui surpasse en élégance ta fille, ta femme, ta mère, ta sœur, placées à table, tu veux que je contemple de préférence tes flambeaux, tes tables en vieux citronnier et leurs pieds

---

1. Ganymède.
2. L'empereur.
3. Ganymède.

d'ivoire? Pour que toutefois tu n'aies pas à te méfier de moi quand je suis à table, mets à mon service, en les prenant dans le tas, des rustres de ta villa, des domestiques en cheveux courts, négligés, grossiers, tout rabougris, fils d'un porcher à l'odeur de boue. Cette jalousie te perdra: tu ne saurais, Publius, avoir à la fois ce caractère et ces esclaves.

Épigrammes, X, 98

POSÉIDON ≈ NEPTUNE

Dieu de la Mer (la Méditerranée), des Eaux Calmes (le Pont-Euxin, l'actuelle mer Noire), et des fleuves souterrains, Poséidon est le frère de Zeus. Il est ombrageux et versatile, capable de se déchaîner en quelques instants, comme l'élément qui est le sien. Ses colères, les tempêtes et les tremblements de terre, sont mémorables, si bien que le dieu leur doit le surnom de « celui qui fait trembler le monde ». Bien qu'il possède un magnifique palais au fond des mers, il se rend souvent sur l'Olympe. Il est représenté, comme ses deux frères Hadès et Zeus, sous les traits d'un bel homme à la barbe bouclée. Son arme est le trident, une lance à trois pointes avec laquelle il peut soulever les mers. Le cheval, et parfois aussi le taureau, sont les animaux qui lui sont associés.

HOMÈRE
VIIIe s. av. J.-C.

VIRGILE
Ier s. av. J.-C.

CLAUDIEN
Ve s. ap. J.-C.

Homère

Même s'il n'est pas aussi puissant que Zeus, Poséidon est une divinité très importante : la pêche, le commerce, les voyages, autant d'activités dont seul décide le dieu imprévisible. Il est aussi très riche car le fond des mers est rempli de trésors oubliés. Homère le décrit comme un dieu belliqueux : le voici sortant des eaux pour venir en aide aux Achéens dans les combats qui les opposent aux Troyens.

LE SEIGNEUR DES MERS

Lorsque Zeus a ainsi mis au contact des nefs Hector et les Troyens, il laisse là les combattants subir près d'elles peine et misère, sans trêve, et détourne d'eux ses yeux éclatants. Ses regards vont ailleurs ; ils contemplent la terre des Thraces cavaliers, celle des Myriens experts au corps à corps, celle des nobles Hippémolgues, qui ne vivent que de laitage, et celle des Abies, les plus justes des hommes[1]. C'est fini, vers la Troade il ne tourne plus ses yeux éclatants : son cœur ne peut croire qu'aucun Immortel aille prêter aide aux Troyens ni aux Danaens.

Mais le puissant Ébranleur de la terre ne monte pas non plus la garde en aveugle. Curieux de guerre et de bataille, il s'est assis très haut sur le pic le plus élevé de Samothrace la Forestière. Là s'offre à ses yeux tout l'Ida, là s'offrent à la fois la ville de Priam et les nefs achéennes. Il a quitté la mer, pour venir là s'asseoir. Il a pitié à voir les Achéens domptés par les Troyens. Il en veut violemment à Zeus.

---

1. Les Mysiens de Thrace (ou Mœsiens) seraient les ancêtres des Mysiens d'Anatolie. – Les Hippémolgues étaient des tribus scythes, qui vivaient du lait de leurs juments. – Les Abies semblent être un peuple mythique, analogue aux Hyperboréens. La terre leur fournissait d'elle-même tous ses fruits, sans qu'ils eussent à la cultiver.

Mais soudain il descend de la montagne abrupte. Il s'avance à grands pas rapides, et les hautes montagnes, la forêt, tout tremble sous les pieds immortels de Poséidon en marche. Il fait trois enjambées ; à la quatrième, il atteint son but, Èges, où un palais illustre lui a été construit dans l'abîme marin, étincelant d'or, éternel. Aussitôt arrivé, il attelle à son char deux coursiers aux pieds de bronze et au vol prompt, dont le front porte une crinière d'or. Lui-même se vêt d'or, prend en main un fouet d'or façonné, puis, montant sur son char, pousse vers les flots. Les monstres de la mer le fêtent de leurs bonds ; partout ils quittent leurs cachettes : nul ne méconnaît son seigneur. La mer en liesse lui ouvre le passage ; le char s'envole, à toute allure, sans que, même par dessous, se mouille l'essieu de bronze. Ainsi ses coursiers bondissants portent le dieu vers les nefs achéennes.

Il est une vaste grotte au plus profond des abîmes marins, entre Ténédos et Imbros la Rocheuse. C'est là que Poséidon, ébranleur de la terre, arrête ses chevaux, les dételle du char et place devant eux leur céleste pâture ; puis il leur met aux pieds des entraves d'or, impossibles à briser ainsi qu'à délier. Ils doivent rester là, sur place, sans bouger, attendant le retour du maître, tandis qu'il s'en va, lui, vers l'armée achéenne.

Iliade, XIII, 1-39

Les colères de Poséidon sont furieuses autant que fameuses : malheur à qui l'a contre lui ! Après la guerre de Troie, Ulysse mit dix ans à rejoindre sa patrie, l'île d'Ithaque, en grande partie à cause du courroux du dieu des mers.

DIES IRAE

Or, du pays des Noirs, remontait le Seigneur qui ébranle le sol. Du haut du mont Solyme, il découvrit le large. Ulysse apparaissait voguant sur son radeau.

Redoublant de courroux, le dieu hocha la tête et se dit en son cœur :

POSÉIDON. – Ah ! misère ! voilà, quand j'étais chez les Noirs, que les dieux, pour Ulysse, ont changé leurs décrets. Il est près de toucher aux rives phéaciennes, où le destin l'enlève au comble des misères qui lui venaient dessus. Mais je dis qu'il me reste à lui jeter encor sa charge de malheurs !

À peine avait-il dit que, prenant son trident et rassemblant les nues, il démontait la mer et, des vents de toute aire, déchaînait les rafales ; sous la brume, il noyait le rivage et les flots ; la nuit tombait du ciel ; ensemble s'abattaient l'Euros, et le Notos, et le Zéphyr hurlant, et le Borée qui naît dans l'azur.

Sentant se dérober ses genoux et son cœur, Ulysse alors gémit en son âme vaillante :

ULYSSE. – Malheureux que je suis ! quel est ce dernier coup ? J'ai peur que Calypso[1] ne m'ait dit que trop vrai !... Le comble de tourments que la mer, disait-elle, me réservait avant d'atteindre la patrie, le voici qui m'advient ! Ah ! de quelles nuées Zeus tend les champs du ciel ! il démonte la mer, où les vents de toute aire s'écrasent en bourrasques ! sur ma tête, voici la mort bien assurée !... Trois fois et quatre fois heureux les Danaens, qui jadis, en servant les Atrides, tombèrent dans la plaine de Troie ! Que j'aurais dû mourir, subir la destinée, le jour où, près du corps d'Achille, les Troyens faisaient pleuvoir sur moi le bronze de leurs piques ! J'eusse alors obtenu ma tombe ; l'Achaïe aurait chanté ma gloire... Ah ! la mort pitoyable où me prend le destin !

À peine avait-il dit qu'en volute un grand flot le frappait : choc terrible ! le radeau capota : Ulysse au loin tomba hors du plancher ; la barre échappa de ses mains, et la fureur des vents, confondus en bourrasque, cassant le mât en deux, emporta voile et vergue au loin, en pleine mer.

---

1. Divinité marine, amante d'Ulysse.

Lui-même, il demeura longtemps enseveli, sans pouvoir remonter sous l'assaut du grand flot et le poids des habits que lui avait donnés Calypso la divine. Enfin il émergea de la vague; sa bouche rejetait l'âcre écume dont ruisselait sa tête. Mais, tout meurtri, il ne pensa qu'à son radeau: d'un élan dans les flots, il alla le reprendre, puis s'assit au milieu pour éviter la mort et laissa les grands flots l'entraîner çà et là au gré de leurs courants...

Son esprit et son cœur ne savaient que résoudre, quand l'Ébranleur du sol souleva contre lui une vague terrible, dont la voûte de mort vint lui crouler dessus. Sur la paille entassée, quand se rue la bourrasque, la meule s'éparpille aux quatre coins du champ; c'est ainsi que la mer sema les longues poutres. Ulysse alors monta sur l'une et l'enfourcha comme un cheval de course, puis quitta les habits que lui avait donnés Calypso la divine; sous sa poitrine, en hâte, il étendit le voile et, la tête en avant, se jetant à la mer, il ouvrit les deux mains pour se mettre à nager. Le puissant Ébranleur du sol le regardait et, hochant de la tête, se disait en son cœur:

POSÉIDON. – Te voilà maintenant sous ta charge de maux! va! flotte à l'aventure; avant qu'en Phéacie, des nourrissons de Zeus t'accueillent, j'ai l'espoir de te fournir encore ton content de malheur.

Il disait et, poussant ses chevaux aux longs crins, il s'en fut vers Égées[2] et son temple fameux.

Odyssée, V, 282-326 et 365-381

2. Plusieurs cités grecques portaient ce nom.

HOMÈRE   VIRGILE   CLAUDIEN

VIIIe s. av. J.-C.   Ier s. av. J.-C.   Ve s. ap. J.-C.

Euripide

Si la mer et les vagues, qui effacent tout sur leur passage, sym-
bolisent l'oubli, cette qualité n'est pas celle de Poséidon fidèle à ses
engagements comme à sa vindicte. Le bel Hippolyte, maudit par
Thésée[1], meurt sous les coups du monstre envoyé par le dieu des
mers. Un messager raconte.

RÉCIT DE THÉRAMÈNE

Nous entrions dam une région déserte. Faisant suite à
ce pays, se trouve une côte qui s'étend vers le golfe
Saronique. Une rumeur en partit, semblable au tonnerre
souterrain de Zeus, exhalant un grondement profond,
effroyable à entendre. Les chevaux dressèrent la tête et les
oreilles vers le ciel, et parmi nous c'était une terreur violente, à chercher d'où pouvait provenir ce bruit. Vers la rive
grondante nous jetons les regards : prodigieuse, une vague
nous apparaît, touchant le ciel, au point de dérober à mon
regard les falaises de Sciron ; elle cachait l'Isthme et le roc
d'Asclépios. Puis, s'enflant et rejetant alentour des flots
d'écume bouillonnante, elle s'avance vers la rive, à l'endroit où était le quadrige. Et avec la triple lame qui déferle,
le flot vomit un taureau sauvage, monstrueux ; la terre
entière, emplie de son mugissement, y répond par un écho
effroyable, et c'était pour les témoins une vision insoute-
nable aux regards. Aussitôt sur les coursiers s'abat une
panique affreuse ; le maître, avec sa longue habitude des
chevaux, saisit les rênes à deux mains ; il tire, comme un
matelot qui ramène la rame ; il se rejette en arrière, sur les

---

1. Thésée est le père d'Hippolyte. Donnant foi aux accusations mensongères de Phèdre, sa femme, Thésée invoque Poséidon pour qu'il punisse
Hippolyte.

courroies pesant de tout son corps. Mais les cavales, mordant de leurs mâchoires le frein forgé au feu, l'emportent, sans souci de la main du pilote, ni des traits, ni du char bien ajusté. Vers un sol uni, gouvernail en main, dirigeait-il leur course ? Apparaissant à l'avant, le taureau faisait faire volte-face au quadrige affolé de terreur ; s'élançaient-elles sur les rocs, dans leur délire ? S'approchant en silence, il frôlait la rampe du char. Finalement il fit choir et culbuta le véhicule, en jetant la roue sur un rocher. Tout était confondu : les moyeux des roues volaient en l'air, et les clavettes des essieux. Lui-même, l'infortuné, enlacé dans les rênes, il se voit entraîné, pris à ce lien inextricable ; sa pauvre tête est broyée contre les rocs, ses chairs déchirées, et il pousse des cris affreux à entendre : « Arrêtez, cavales nourries à mes crèches, ne m'effacez pas des vivants ! Ô funeste imprécation d'un père ! Qui veut venir sauver le meilleur des hommes ? » Nous étions plus d'un à le vouloir, mais nos pas distancés demeuraient en arrière. Enfin dégagé, je ne sais pas comment, de l'entrave des lanières, il tombe, ayant encore un faible souffle de vie ; les chevaux avaient disparu, avec le fatal et monstrueux taureau, je ne sais où dans les rochers.

Hippolyte, 1199-1248

HOMÈRE
VIIIe s. av. J.-C.

VIRGILE
Ier s. av. J.-C.

CLAUDIEN
Ve s. ap. J.-C.

Virgile

Heureusement, « l'Ébranleur du sol » est parfois bien disposé. Virgile relate comment le dieu rassure Vénus, elle aussi issue des mers, quant au sort de son fils Énée.

NEPTUNE BIENVEILLANT

Alors le fils de Saturne, dompteur des mers profondes, lui dit : « À tous égards, tu as bien droit, Cythérée[1], de te fier à mon royaume, d'où tu tires ton origine. Je le mérite aussi ; souvent j'ai contenu les fureurs et l'effrayante rage du ciel et de la mer. Et sur la terre, j'en atteste le Xanthe et le Simoïs[2], je n'ai pas eu moindre souci de ton Énée. Quand Achille, poursuivant les bataillons épuisés des Troyens, les repoussait contre leurs murs, envoyait au trépas les hommes par milliers, quand les fleuves encombrés gémissaient, que le Xanthe ne pouvait plus trouver sa route et rouler à la mer, comme Énée s'était jeté sur le redoutable Pélide[3] sans que ses forces ni les dieux fussent égaux, je l'ai, moi, enlevé au creux d'un nuage ; et pourtant je désirais renverser depuis leur fondement les murs d'une Troie parjure que mes mains avaient bâtis[4]. Maintenant tout aussi bien ces dispositions me demeurent ; chasse tes craintes. Il entrera sain et sauf dans ces ports de l'Averne[5] que tu souhaites pour lui. Il n'y aura qu'un homme, perdu dans l'abîme, à te manquer ; une seule vie sera donnée en rançon d'un grand nombre. »

1. Vénus.
2. Fleuves de Troie.
3. Achille, fils de Pélée.
4. Avec Apollon, Poséidon a construit les murs de la ville.
5. Entrée des Enfers.

Lorsqu'il eut, de ces paroles, mis joie et paix au cœur de la déesse, le père attelle ses chevaux avec des traits d'or, il impose à leur fougue un mors écumant, ses mains laissent flotter toutes les rênes. Sur son char couleur d'azur, il vole légèrement à la crête des vagues ; les flots retombent, la mer gonflée aplanit ses eaux sous le ciel qui tonne, les nuages fuient dans l'éther démesuré. Alors apparaissent les formes innombrables qui l'accompagnent : baleines monstrueuses, les vieillards du chœur de Glaucus, Palémon fils d'Ino, Tritons rapides, toute l'armée de Phorcus ; à sa gauche il mène Thétis et Mélité et la vierge Panopée, Niséé, Spio, Thalie et Cymodoce[6].

À ce moment, les douceurs de la joie s'insinuent à leur tour dans l'âme anxieuse du vénérable Énée ; il fait rapidement dresser tous les mâts, garnir les antennes de leurs voiles.

Énéide, V, 799-829

---

6. Créatures marines.

HADÈS ≈ PLUTON

Au deuxième frère de Zeus, a échu le royaume des morts. Le dieu est aussi nommé Pluton, du grec *ploutos*, riche, ou Dis, qui a le même sens en latin. Le dieu des morts est celui de la richesse qu'il tient des métaux précieux enfouis dans le sol et de la fortune que les défunts emportent avec eux. Il habite les Enfers, et ne se rend sur terre qu'à de rares occasions, comme lors du rapt de son épouse Perséphone. Peu aimé, Hadès est toutefois un dieu juste et plutôt bienfaisant. Il possède un casque qui a la propriété de rendre invisible quiconque s'en coiffe.

HOMÈRE
VIIIᵉ s. av. J.-C.

VIRGILE
Iᵉʳ s. av. J.-C.

CLAUDIEN
Vᵉ s. ap. J.-C.

Claudien

Seul des trois frères, Hadès restait sans épouse. Il réclame à Jupiter de lui accorder femme. Le poète latin Claudien dresse du dieu un portrait inquiétant et fascinant à la fois.

PORTRAIT DE PLUTON

Sur un trône grossier Pluton est assis, redoutable
En sa majesté sombre ; une rouille hideuse ternit
Son sceptre monstrueux, et un nuage de tristesse
Rembrunit son front altier ; il se raidit, d'un air sévère et rude.
Sa douleur le rend plus terrible. Alors, de sa bouche hautaine
Éclate le tonnerre (quand parle le tyran, sa cour tremble et
                                        [se tait :
Son énorme portier étouffe son triple aboiement ;
Le Cocyte tarit la source de ses larmes, le voici qui reflue ;
L'Achéron perd la voix et son onde se tait ;
Et les rives du Phlégéthon calment leur grondement) :
« Dieu de Tégée et petit-fils d'Atlas[1], divinité commune
À l'abîme et au ciel, qui seul as droit de franchir les deux seuils,
Qui fais communiquer les deux parties du monde,
Va-t-en vite et fends les Notus[2], redis mes volontés
À Jupiter le fier : auras-tu de tels droits sur moi,
Toi le plus cruel de mes frères ? Avec le ciel, la Fortune
                                        [mauvaise
M'a-t-elle ainsi ôté les forces ? Si le jour m'a été ravi,
Ai-je perdu ma vigueur et mes armes ? Me crois-tu faible et
                                        [lâche
Parce que je ne saisis pas les traits forgés par les Cyclopes[3],

---

1. Pluton s'adresse à Mercure.
2. Vents.
3. Jupiter tient la foudre des Cyclopes.

Que je n'abuse pas les airs, en vain, par le tonnerre?
N'est-ce pas assez à tes yeux que je subisse,
Frustré de la douce lumière, les préjudices du tiers et dernier
[lot,
Une étendue sans forme, tandis que le riant zodiaque
T'embellit et que te couronne l'éclat bigarré des deux Ourses?
Tu veux encor m'interdire l'hymen? Sur son sein limpide
[comme l'eau
Amphitrite[4] la Néréide étreint Neptune.
Quand tu es fatigué d'avoir lancé tes foudres, Junon t'accueille
Sur son giron de sœur. Pourquoi évoquer tes amours furtives
Avec Latone, Cérès, Thémis la grande? Pour procréer
Tu as tant de ressources; l'heureuse troupe de tes enfants
[t'entoure
Mais moi, dans mon palais désert, triste et sans gloire,
Je n'aurai pas de fils pour adoucir mes soucis implacables?
L'oisiveté ne m'est plus supportable. Par les principes de la
[nuit,
Les eaux inviolées du terrible marais que je prends à témoins,
Si tu refuses d'obéir à ma parole, j'ouvrirai le Tartare
Et je l'exciterai; je déferai les vieilles chaînes de Saturne[5],
Je voilerai le soleil de ténèbres, et je disjoindrai l'assemblage:
Alors se mêleront la lumière du ciel et l'ombre de l'Averne[6]. »

Le Rapt de Proserpine, I, 79-120

4. Épouse de Neptune.
5. Enfermé par Zeus dans le Tartare.
6. Par métonymie, l'Averne désigne les Enfers et non une entrée
seulement.

Jupiter accorde à son frère la main de Proserpine, la fille de Déméter. Non sans mal[1] Pluton obtient la jeune fille. Proserpine effrayée arrive aux Enfers. Pour la rassurer, Hadès lui tient un long discours: en l'épousant, elle deviendra la souveraine des morts et règnera sur un royaume non seulement vaste, mais éternel. Auteur de la fin du IVᵉ siècle, Claudien joue avec les canons instaurés par ses prédécesseurs. Il prend le contre-pied des descriptions précédentes en faisant des Enfers un lieu accueillant.

LE RAVISSEUR ET LA RAVISSANTE

Le farouche Pluton est vaincu par ces mots et par ces pleurs[2]
Qui l'embellissent: il a senti les soupirs du premier amour.
Le voici qui, de son manteau foncé, essuie ses larmes,
Et d'une voix douce console sa cuisante douleur:
« N'accable plus ton âme, ô Proserpine, de funestes soucis
Ni de peurs vaines: tu recevras un sceptre plus puissant
Sans supporter les feux d'un mari indigne de toi.
Je suis fils de Saturne; la machine du monde
Me sert, et mon pouvoir s'étend parmi l'immensité du vide.
Ne pense pas avoir perdu le jour: nous avons d'autres astres,
Nous avons d'autres globes, et tu verras une clarté plus pure,
Tu admireras plus le soleil des Champs-Élysées
Et ses habitants vertueux. Là vit la race la plus précieuse,
Celle de l'âge d'or; nous possédons toujours ce que là haut
On n'a mérité qu'une fois. Et il n'y manque pas pour toi
La douceur des prairies. Sous de meilleurs Zéphires[3],
Là embaument des fleurs vivaces que n'a pas portées ton
                                                    [Etna.
Sous l'ombrage des bois, il est même un arbre précieux
Qui courbe ses brillants rameaux à la verdure de métal:

---

1. Pour le récit complet de ce mythe, voir les articles concernant les deux déesses.
2. Ce sont ceux de Proserpine.
3. Vents.

Je te le donne et le consacre : l'automne pour toi sera
[opulent
Et ses fruits fauves t'enrichiront sans cesse.
Mais c'est là peu : tout ce qu'embrasse l'air limpide,
Tout ce que la terre nourrit, tout ce que balaie la plaine
[marine,
Ce que roulent les fleuves, ce qu'ont engraissé les marais
Céderont à ton sceptre, comme tout animal soumis
À la sphère lunaire, septième cercle qui entoure les airs,
Séparant les choses mortelles des constellations éternelles.
Dessous tes pieds viendront les rois qui s'habillaient de
[pourpre,
Dépouillés de leur luxe, mêlés à la foule des pauvres :
Car la mort égalise tout. »

Le Rapt de Proserpine, II, 272-302

HÉRA ≈ JUNON

L'épouse de Zeus est aussi sa sœur. Elle n'était pas sa première femme. Métis et Thémis, entre autres, la précédèrent aux côtés de Zeus, mais c'est avec elle que l'union fut la plus solide : à ce titre elle veille sur les femmes mariées. Si leur mariage dure, il n'est guère paisible : les querelles de Junon, irritée par la conduite de son époux, et notamment par ses innombrables conquêtes, sont aussi nombreuses qu'implacables. Fidèle à ses colères comme à ses promesses, Héra est tantôt l'insupportable mégère qui poursuit les bâtards de son époux, tantôt l'alliée indéfectible de celui qu'elle protège. Le paon et la vache lui sont consacrés, tandis que la cité d'Argos est sa cité favorite.

HOMÈRE
VIIIe s. av. J.-C.

VIRGILE
Ier s. av. J.-C.

CLAUDIEN
Ve s. ap. J.-C.

Ovide

Jupiter est volage et Héra n'a de cesse de se venger non seule-
ment de son époux mais plus encore de ses rivales. Sémélé, princesse
thébaine, porte en elle l'enfant du dieu. Héra invente une ruse
pour punir Jupiter et se débarrasser de sa rivale mortelle.

UNE FEMME JALOUSE

Voici qu'à ses anciens griefs s'en ajoute un autre tout
récent: elle s'indigne que Sémélé porte dans son sein la
semence du grand Jupiter; sa langue se déchaînait pour
une querelle; mais aussitôt: « À quoi donc, dit-elle, m'ont
servi ces querelles tant de fois répétées? C'est à cette
femme elle-même qu'il faut m'attaquer; c'est elle que je
perdrai, si j'ai droit qu'on m'appelle la puissante Junon, si
je suis digne de tenir dans ma main un sceptre orné de
pierreries, si je suis reine, sœur et épouse de Jupiter; je suis
bien au moins sa sœur. Mais peut-être des amours furtives
ont-elles suffi à ma rivale; peut-être n'a-t-elle fait à ma
couche qu'un affront passager? – Elle conçoit; il me man-
quait cette honte; ses flancs alourdis révèlent sa faute à tous
les yeux et elle veut tenir de Jupiter seul l'honneur d'être
mère, quand j'en ai à peine joui moi-même; tant elle a de
confiance dans sa beauté! Je saurai bien faire tourner cette
beauté à sa perte; non, je ne suis pas la fille de Saturne, si
son Jupiter ne la précipite dans les ondes du Styx. »

À ces mots, elle se lève de son trône et, cachée dans un
fauve nuage, elle se dirige vers le seuil de Sémélé; mais,
avant d'écarter la nue, elle prend l'aspect d'une vieille
femme, couvre ses tempes de cheveux blancs, sillonne sa
peau de rides et, courbant ses membres, elle avance à pas
tremblants; elle prend aussi la voix d'une femme âgée:
c'était, en personne, Béroé d'Épidaure, la nourrice de
Sémélé. Quand, après des propos captieux et de longs dis-

cours, elles en sont venues au nom de Jupiter, elle soupire ; puis : « Je souhaite, dit-elle, que ce soit bien Jupiter ; mais je crains tout ; combien de mortels ont, sous le nom des dieux, pénétré dans de chastes couches ! Au reste, il ne suffit pas qu'il soit Jupiter ; il faut encore qu'il te donne un gage de son amour ; si c'est véritablement lui, exige que la grandeur et la gloire dont il est environné, quand l'auguste Junon le reçoit sur son sein, se manifestent aussi quand il te presse dans ses bras ; qu'il commence par revêtir l'appareil de sa puissance. »

Par de tels propos Junon avait façonné l'âme naïve de la fille de Cadmos ; celle-ci demande une grâce à Jupiter sans la désigner. Le dieu lui répond : « Choisis, tu n'éprouveras pas de refus ; pour mieux t'en convaincre, je prends à témoin le grand fleuve du Styx, ce dieu que redoutent les dieux eux-mêmes. » Joyeuse de ce qui va faire son malheur, devenue trop puissante et près de se perdre par la complaisance de son amant, Sémélé reprend : « Tel que te voit entre ses bras la fille de Saturne[1], quand vous vous unissez par les liens de Vénus, tel je veux te voir, quand tu te donnes à moi. » Elle parlait encore ; le dieu voulut lui fermer la bouche, mais déjà ses paroles précipitées s'étaient envolées dans les airs. Il gémit ; car ils ne peuvent faire qu'ils n'aient prononcé, elle son vœu, lui son serment.

Les Métamorphoses, III, 259-302

---

1. Junon.

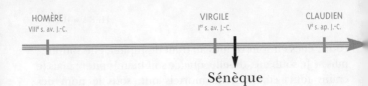

HOMÈRE
VIIIe s. av. J.-C.

VIRGILE
Ier s. av. J.-C.

CLAUDIEN
Ve s. ap. J.-C.

Sénèque

La colère de Junon outragée constitue un morceau de bravoure de la littérature antique. Sénèque la décrit déversant son ire sur Alcmène, la mère du héros Hercule. Dans cette scène, qui ouvre la pièce, le lecteur et le spectateur se trouvent face à une autre furie, Junon, bien loin du précepte stoïcien « supporte et abstiens-toi ».

COLÈRE DE JUNON

La scène est à Thèbes

JUNON. – Sœur du Tonnant (car il ne me reste que ce titre), privée de mari, j'ai quitté Jupiter, sans cesse dans les bras d'une autre, et les vastes cimes de l'éther; poussée hors du ciel, j'ai cédé la place aux maîtresses; c'est la terre que je dois habiter: les maîtresses occupent le ciel. Ici l'Ourse, l'astre d'en haut, des sommets du pôle glacial, guide les flottes argiennes; ici, où au printemps nouveau s'agrandit le jour, brille celui qui parmi les ondes porta Europe, la Tyrienne; là montrent leur troupe redoutable aux navires et à la mer les Atlantides errantes; ailleurs, sous la menace de son glaive, Orion terrifie les dieux et Persée, l'enfant de l'or, possède sa constellation; autre part, astres brillants, scintillent les jumeaux, les fils de Tyndare, et ceux dont l'arrêt de la terre permit la naissance. Et pas seulement Bacchus ou la mère de Bacchus ont rejoint ceux d'en haut; pour que rien ne manque à l'opprobre, le ciel porte la couronne de la jeune fille de Cnossos.

Mais, vieilles offenses, plaintes tardives… à elle seule, cette sinistre, cette sauvage terre de Thèbes, éclaboussée de sang par des mères impies, que de fois elle a fait de moi une marâtre! Verra-t-on Alcmène faire l'ascension, occuper triomphante ma place, verra-t-on aussi s'emparer des astres promis ce fils, dont la naissance coûta un jour au ciel et fit que Phébus fut plus lent à briller sur la mer orientale, enjoint de retenir sa lumière dans l'Océan profond? Mes haines ne s'en iront pas ainsi; mon cœur violent exprimera vigoureusement sa rage; mon cruel ressentiment détruira la paix et mènera des guerres éternelles.

Hercule furieux, 1-29

HOMÈRE
VIIIe s. av. J.-C.

VIRGILE
Ier s. av. J.-C.

CLAUDIEN
Ve s. ap. J.-C.

Hymnes homériques

*Héra ne punit pas que les maîtresses de Zeus : ses représailles visent aussi le père des dieux lui-même et ce sont les plus terribles. Suivant l'*Hymne à Apollon *elle engendre le terrible monstre Typhon[1] pour se venger de son époux.*

LA NAISSANCE DE TYPHON

Lorsque le Cronide[2] engendra dans sa tête la glorieuse Athéna, aussitôt Héra se mit en fureur, et dit au milieu des Immortels assemblés :

« Écoutez-moi, vous tous, Dieux, et vous toutes, Déesses ! Apprenez comment Zeus qui assemble les nuées m'outrage le premier, après avoir trouvé en moi une épouse accomplie ! Voilà maintenant qu'il a mis au monde, sans moi, Athéna aux yeux pers, qui brille parmi tous les bienheureux Immortels, tandis qu'il est infirme entre tous les dieux, Héphaïstos le Bancal, le fils de mes entrailles ! Je l'avais saisi de mes mains et lancé dans la vaste mer ; mais la fille de Nérée, Thétis au pied d'argent, le recueillit et prit soin de lui avec ses sœurs. Ah ! qu'elle aurait dû trouver un autre moyen de plaire aux dieux bienheureux ! Misérable, cervelle retorse, que vas-tu encore machiner ? Comment avoir osé mettre au monde, à toi seul, Athéna aux yeux pers ? Ne pouvais-je pas l'enfanter ? Pourtant on m'appelait ton épouse parmi les Immortels, maîtres du vaste ciel.

Prends garde, dès maintenant, que je ne médite pour l'avenir des projets qui te nuisent : dès maintenant, je vais chercher le moyen d'avoir un fils qui brille parmi les

---

1. Hésiode présente une version différente : Typhée, ou Typhon, dans *La Théogonie* est engendré par la Terre.
2. Zeus, fils de Cronos.

Immortels – et cela sans souiller ta sainte couche ni la mienne. Je ne hanterai pas ta couche ; mais, tout en étant loin de toi, je n'en serai pas moins avec des Immortels. »

En parlant ainsi, elle s'éloigna des dieux, dans sa colère. Aussitôt après, la noble Héra au larges yeux fit une invocation et, du plat de la main, frappa le sol en disant ces mots :

« Écoutez-moi en cet instant, Terre et vaste Ciel de là-haut, et vous qui demeurez sous le sol autour du grand Tartare, Dieux Titans dont sont issus les hommes et les dieux ! Entendez-moi, vous tous, en cet instant : donnez-moi un fils sans Zeus, et qui ne lui soit en rien inférieur pour la force : qu'il l'emporte sur lui, au contraire, autant que sur Cronos Zeus à la vaste voix. »

En s'exprimant ainsi, elle frappa le sol de sa forte main, et la terre, source de vie, en tressaillit : à cette vue, elle était joyeuse au fond du cœur, parce qu'elle croyait arriver à ses fins. Depuis ce jour, jusqu'à ce que l'année fût accomplie, elle n'entra plus jamais au lit du prudent Zeus, et jamais ne vint, comme naguère, s'asseoir auprès de lui sur son trône ouvragé pour y méditer de profonds desseins : c'était dans ses temples pleins de prières que, contente de ses offrandes, restait la noble Héra aux larges yeux. Mais lorsque les mois et les jours touchèrent à leur terme et que vinrent les Heures avec le retour du cycle de l'année, elle enfanta un être qui ne ressemblait ni aux dieux ni aux hommes, l'effroyable et sinistre Typhon, le fléau des mortels.

À Apollon, 308-352

HOMÈRE
VIIIe s. av. J.-C.

VIRGILE
Ier s. av. J.-C.

CLAUDIEN
Ve s. ap. J.-C.

Homère

Héra n'a pourtant aucun mal à ramener à elle le désir de Zeus !

HÉRA ET ZEUS SUR LE MONT IDA

La puissante Héra aux grands yeux hésite : comment tromper l'esprit de Zeus qui tient l'égide ? À la fin, ce parti lui paraît le meilleur en son âme : se rendre sur l'Ida, après s'être parée. Zeus éprouvera peut-être le désir de dormir amoureusement étendu contre son corps, et sur lui alors elle répandra un sommeil tiède et bienfaisant, qui couvrira sa yeux et son âme prudente. Elle s'en va donc, à la chambre que lui a bâtie son fils Héphaïstos. Il a aux montants de la porte adapté de solides vantaux, munis d'un verrou à secret : nul autre dieu ne l'ouvre. Aussitôt arrivés, elle ferme les vantaux éclatants. Avec de l'ambroisie elle efface d'abord de son corps désirable toutes les souillures. Elle l'oint ensuite avec une huile grasse, divine et suave, dont le parfum est fait pour elle ; quand elle l'agite dans le palais de Zeus au seuil de bronze, la senteur en emplit la terre comme le ciel. Elle en oint son beau corps, puis peigne ses cheveux de ses propres mains et les tresse en nattes lui-santes, qui pendent, belles et divines, du haut de son front éternel. Après quoi, elle vêt une robe divine qu'Athéna a ouvrée et lustrée pour elle, en y ajoutant nombre d'orne-ments. Avec des attaches d'or, elle l'agrafe sur sa gorge. Elle se ceint d'une ceinture qui se pare de cent franges. Aux lobes percés de ses deux oreilles elle enfonce des boucles, à trois chatons, à l'aspect granuleux, où éclate un charme infini. Sa tête enfin, la toute divine la couvre d'un voile tout beau, tout neuf, blanc comme un soleil. À ses pieds luisants elle attache de belles sandales.

Héra a cependant vite atteint le Gargare, sommet du haut Ida. L'assembleur de nuées, Zeus, l'aperçoit, et à peine l'a-t-il aperçue que l'amour enveloppe son âme prudente, un amour tout pareil à celui du temps où, entrés dans le même lit, ils s'étaient unis d'amour, à l'insu de leurs parents. Devant elle, il se lève, lui parle, en l'appelant de tous ses noms :

« Héra, dans quelle pensée viens-tu donc ainsi du haut de l'Olympe ! Tu es là sans chevaux, sans char, où monter. »

L'auguste Héra alors, perfidement, répond :

« Je m'en vais aux confins de la terre féconde visiter Océan, le père des dieux, et Téthys, leur mère. Ce sont eux qui m'ont nourrie, élevée dans leur demeure. Je vais les visiter et mettre un terme à leurs querelles obstinées. Voilà longtemps qu'ils se privent l'un l'autre de lit et d'amour, tant la colère a envahi leurs âmes. Mes coursiers sont arrêtés au pied de l'Ida riche en sources, prêts à me porter sur la terre et l'onde. Si à cette heure, je descends de l'Olympe ici, comme je le fais, c'est à cause de toi, dans la crainte que plus tard tu ne te fâches contre moi, si j'étais, sans te rien dire, partie pour le palais d'Océan aux flots profonds. »

L'assembleur de nuées, Zeus, en réponse dit :

« Héra, il sera temps plus tard de partir là-bas. Va ! couchons-nous et goûtons le plaisir d'amour. »

Iliade, IV, 159-186 et 292-316

DÉMÉTER ≈ CÉRÈS

Fille de Cronos et de Rhéa, Déméter est la divinité des récoltes. Bienfaisante, elle passe pour avoir donné le blé aux hommes. Elle est célèbre pour une sombre histoire : Perséphone, sa fille, est enlevée par Hadès. Les errances et le deuil de la déesse sont à l'origine du cycle des saisons. L'*Hymne à Déméter* relate en détail la triste aventure de Déméter, dont voici quelques extraits.

HOMÈRE
VIIIe s. av. J.-C.

VIRGILE
Ier s. av. J.-C.

CLAUDIEN
Ve s. ap. J.-C.

Hymnes homériques

Perséphone vient d'être enlevée par Hadès. Avec la lumière du jour disparaît pour la jeune fille tout espoir de revoir sa mère. Du fond des Enfers la jeune déesse gémit.

TRISTESSE DE DÉMÉTER

Les cimes des monts et le gouffre des mers retentirent aux cris de l'Immortelle[1] et sa noble mère l'entendit. Déchirante, la douleur s'empara de son cœur ; de ses mains elle arracha ses deux bandeaux sur sa chevelure divine, jeta sur ses épaules un voile sombre et s'élança, comme un oiseau, par les terres et les mers, à sa recherche. Or, personne, homme mortel ni dieu, ne voulait lui dire la vérité et nul oiseau véridique ne vint lui apporter de message. Dès lors, pendant neuf jours, la noble Déô ne cessa de parcourir la terre, ayant en mains des torches ardentes : dans sa douleur, elle ne goûta point à l'ambroisie ni au doux breuvage du nectar, et ne plongea pas son corps dans un bain. Mais lorsque pour la dixième fois elle vit venir l'Aurore brillante, elle rencontra Hécate, qui tenait un flambeau à la main ; alors, pour lui donner des nouvelles, celle-ci prit la parole et lui dit :

« Noble Déméter, toi qui donnes les saisons et leurs présents splendides, lequel des dieux, célestes ou des hommes mortels a ravi Perséphone et fait souffrir ton cœur ? J'ai bien entendu un cri, mais sans voir de mes yeux qui c'était ; je te dis en un mot, franchement, tout ce que je sais. »

Ainsi parlait Hécate ; la fille de Rhéa aux beaux cheveux ne répondit mot, mais s'élança bien vite avec elle, en tenant en mains des torches ardentes. Elles allèrent trouver le

---

1. Perséphone.

Soleil, qui observe les hommes et les dieux, se placèrent devant ses chevaux, et la divine déesse lui demanda :

« Soleil, traite avec honneur, toi du moins, la déesse que je suis, si jamais j'ai réjoui ton cœur et ton âme par mes paroles ou mes actions ! L'enfant de mes entrailles, cette douce fleur dans toute la gloire de sa beauté... ah ! je viens d'entendre sa voix déchirante traverser l'éther inlassable, comme si on lui eût fait violence ; mais je n'ai rien vu de mes yeux. Or toi qui, du haut de l'éther divin, plonges les regards de tes rayons sur la terre entière et l'étendue des mers, dis-moi franchement si tu as vu en quelque lieu celui qui, dieu ou homme mortel, s'est enfui en m'arrachant, malgré elle et par la violence, mon enfant. »

Elle parlait ainsi ; et le fils d'Hypérion lui répondit en ces termes :

« Fille de Rhéa aux beaux cheveux, Déméter souveraine, tu vas le savoir : je m'incline avec beaucoup de pitié devant l'affliction que tu éprouves pour ton enfant aux longues chevilles. Parmi les Immortels, il n'est d'autre responsable que Zeus, l'Assembleur des Nuées : c'est lui qui l'a accordée à Hadès, son propre frère, pour qu'elle fût appelée son épouse florissante. Hadès l'a enlevée, malgré tous ses cris, et entraînée avec ses chevaux au fond des brumes obscures. Allons, Déesse ! Mets un terme à tes grandes lamentations ! Il ne faut pas garder ainsi une vaine et farouche colère : ce n'est pas un gendre indigne de toi, parmi les Immortels, que le Maître de tant d'êtres, Aïdôneus[2], ton propre frère et issu de ton sang. En fait de privilèges, il a reçu son lot lorsque, à l'origine, se fit le partage à trois : il habite avec ceux dont le sort l'a fait roi. »

Après ces paroles, il excita ses chevaux ; et eux, à sa voix, emportaient vivement le char rapide, comme des oiseaux aux longues ailes. Alors un chagrin plus cruel, plus sauvage,

2. Autre nom d'Hadès.

s'empara du cœur de la déesse : irritée contre le Cronide[3] des nuées sombres, elle s'écarta de l'assemblée des dieux et du vaste Olympe, pour aller vers les cités des hommes et leurs grasses cultures.

À Déméter, 38-93

La déesse quitte le séjour des Immortels. Elle erre parmi les hommes, déguisée en vieille femme. Ses pas la portent à Éleusis.

DÉMÉTER INCOGNITO

Pendant longtemps elle sut dérober sa beauté : personne ne la reconnaissait, parmi les femmes à la large ceinture ou les hommes qui la virent, jusqu'au moment où elle parvint à la demeure du prudent Célée, qui régnait alors sur l'odorante Éleusis. Le cœur triste, elle s'assit près du chemin, au Puits des Vierges, où les gens de la ville venaient puiser de l'eau. Elle était dans l'ombre – une touffe d'oliviers croissait au-dessus d'elle – et ressemblait à une vieille femme que son grand âge prive du pouvoir d'enfanter et des dons d'Aphrodite qui aime les couronnes : telles sont les nourrices des enfants des rois justiciers, ou leurs intendantes, au foud des demeures sonores.

Les filles de Célée l'Éleusinide la virent, en venant puiser sans peine de l'eau pour la porter dans des vases de bronze en la demeure de leur père : elles étaient quatre, comme des déesses, et dans la fleur de leur jeunesse, Callidice, Clisidice, et la charmante Démô, et aussi Callithoé, qui était à toutes leur aînée. Elles la virent, mais sans la reconnaître : les dieux répugnent à se laisser voir par des mortels. Elles s'approchèrent et lui dirent ces paroles ailées :

3. Zeus, fils de Cronos.

« D'où viens-tu ? Qui es-tu, vieille femme, parmi les gens nés autrefois ? Pourquoi t'être écartée de la ville, au lieu de t'approcher des maisons ? C'est là, dans des salles pleines d'ombre, que se trouvent des femmes de l'âge qu'on te voit, et d'autres aussi, plus jeunes, qui peuvent te montrer leur amitié par des paroles et par des actes. »

Elles parlaient ainsi ; et la déesse, noble entre toutes, leur répondit :

« Salut, chères enfants, qui que vous soyez dans le sexe des femmes ! Je vais vous parler ; il ne disconvient pas de dire la vérité pour répondre à vos questions. Dôs est mon nom, celui que m'a donné ma noble mère. J'arrive à l'instant de Crète, sur le large dos de la mer, et bien malgré moi : par force et violence, en dépit de ma volonté, des pirates m'ont enlevée. Ensuite ils sont venus avec leur vaisseau rapide mouiller à Thoricos, où des femmes du continent sont montées à bord, en grand nombre. Ils avaient aussi préparé un festin, près des amarres du navire ; mais mon cœur ne désirait pas de nourriture douce comme miel. À la dérobée, je pris mon élan et m'enfonçai dans le sombre continent, pour fuir ces maîtres superbes et les frustrer du prix auquel ils me vendraient sans m'avoir achetée. Voilà comment je suis venue jusqu'ici, dans ma course errante : je ne sais point le nom de cette terre, ni celui de ses habitants. Ah ! puissent tous les dieux qui demeurent sur l'Olympe vous donner de jeunes maris, et le bonheur d'avoir des enfants selon le désir de leurs parents ! Mais alors, mes filles, prenez-moi en pitié, de bon cœur. Chères enfants, chez qui, dans quel ménage faut-il que j'aille, pour y faire de bon cœur la besogne d'une femme qui n'est plus jeune ? Volontiers je tiendrais dans mes bras un enfant nouveau-né, et serais pour lui une bonne nourrice ; j'aurais l'œil sur la maison, dresserais au fond des appartements bien bâtis la couche du maître, et dresserais les femmes à leurs travaux. »

Ainsi parlait la déesse ; et Callidice, vierge ignorante du joug, la plus belle des filles de Célée, lui répondit :

« Bonne mère, nous devons, malgré notre chagrin, endurer ce que les dieux nous donnent: car ils sont bien plus forts que nous, pauvres hommes! Mais voici: il faut que je te désigne précisément et te nomme les citoyens qui possèdent ici les honneurs et la puissance et qui, à la tête de notre peuple, défendent les murs de la ville avec la droiture de leurs desseins et de leurs arrêts. Le sage Triptolème, Dioclès, Polyxène, l'irréprochable Eumolpe et notre vaillant père, ils ont tous une femme pour prendre soin de leur maison: dès le premier coup d'œil, nulle d'entre elles ne saurait méconnaître ton bel air de noblesse, ni t'écarter de sa maison; on t'accueillera au contraire, parce que tu ressembles à une divinité. Si tu veux, attends un instant que nous allions chez notre père pour informer complètement de tout cela notre mère, Métanire à la large ceinture: on verra si elle te prie de venir chez nous, et de ne pas aller chercher ailleurs. C'est un garçon choyé qu'on lui élève dans le palais solidement bâti, un enfant tardif, objet de ses vœux et de son amour. Si tu l'élevais entièrement jusqu'à l'âge d'homme, il s'en trouverait facilement, dans le sexe des femmes pour t'envier en voyant, tant ils seraient considérables, les gages qu'elle te donnerait pour l'élever! »

À Déméter, 94-168

Déméter obtient la garde du petit Démophon et se prend d'affection pour cet autre enfant qui apaise quelque peu la perte de sa fille. Elle entreprend de le rendre immortel.

LE BAPTÊME DU FEU

Elle élevait ainsi dans le palais le superbe fils du prudent Célée, Démophon, l'enfant de Métanire à la belle ceinture; et il grandissait comme un être divin, sans prendre le sein ni aucune nourriture: Déméter en effet le frottait avec de l'ambroisie, comme s'il fût né d'un dieu, et soufflait doucement sur lui en le tenant sur son cœur. Durant les nuits, souvent elle le cachait dans le feu ardent, comme une torche, à l'insu de ses parents : ce leur était un grand sujet d'émerveillement que de le voir pousser d'un jet, et d'aspect ressembler aux dieux. Elle l'aurait soustrait à la vieillesse et à la mort sans la folie de Métanire à la belle ceinture qui, la guettant pendant la nuit, l'aperçut de sa chambre odorante : effrayée pour son fils, elle jeta un cri de douleur et se frappa les cuisses ; un grand égarement s'empara de son cœur, et elle dit en gémissant ces paroles ailées :

« Démophon, mon enfant, l'Étrangère te cache dans ce grand feu et, moi, me fait pleurer et souffrir amèrement. »

Elle parlait ainsi en se lamentant ; et la divine déesse l'entendit. Irritée contre elle, Déméter aux belles couronnes arracha hors du feu, de ses mains immortelles, le fils inespéré que Métanire avait enfanté dans son palais, et le déposa à terre, loin d'elle. Le cœur plein d'un terrible courroux, elle dit en même temps à Métanire à la belle ceinture :

« Hommes ignorants, insensés, qui ne savez pas voir venir votre destin d'heur ni de malheur ! Voilà que ta folie t'a entraînée à la faute la plus grave ! J'en atteste l'onde implacable du Styx, sur quoi jurent les dieux : j'aurais fait de ton fils un être exempt à tout jamais de vieillesse et de mort, je lui aurais donné un privilège impérissable : mais maintenant il n'est plus possible qu'il échappe aux destins de la mort. Du moins, un privilège impérissable lui sera à jamais attaché, parce qu'il est monté sur nos genoux et qu'il a dormi dans nos bras. Quand avec les heures auront tourné les cycles de ses années, les fils d'Éleusis déploieront les uns contre les autres des combats et d'horribles luttes – sans interruption et à jamais. Je suis Déméter que l'on honore, la plus grande source de richesse et de joie qui soit aux Immortels et aux hommes mortels. Mais allons ! Que le peuple entier m'élève un vaste temple et, au-dessous, un autel, au pied de l'acropole et de sa haute muraille, plus haut que le Callichoros, sur le saillant de la colline. Je fonderai moi-même des Mystères, afin qu'ensuite vous tâchiez de vous rendre mon cœur propice en les célébrant pieusement. »

À ces mots la déesse, rejetant la vieillesse, prit une haute et noble taille. Des effluves de beauté flottaient tout autour d'elle, et un parfum délicieux s'exhalait de ses voiles odorants ; le corps immortel de la déesse répandait au loin sa clarté ; ses blonds cheveux descendirent sur ses épaules, et la forte demeure s'illumina, comme l'eût fait un éclair. Elle traversa toute la maison : Métanire sentit aussitôt fléchir ses genoux et pendant longtemps resta muette, sans même songer à relever de terre son fils chéri. Les sœurs de l'enfant entendirent ses cris lamentables, et bondirent hors de leurs couches moelleuses ; l'une d'elles prit l'enfant dans ses bras et le mit sur son cœur ; une autre ranima le feu, une autre encore s'élança sur ses jambes délicates pour redresser sa mère et l'éloigner de la chambre odorante. Assemblées autour de l'enfant, elles le baignèrent, bien qu'il se débattît, en l'entourant de tous les soins ; mais il ne s'apaisait pas : car elles étaient bien inférieures, les nourrices qui le tenaient dans leurs bras !

À Déméter, 233-292

Pour apaiser la déesse, les Éleusiniens lui élèvent un temple. La déesse des moissons reste à Éleusis et ne veut toujours pas rejoindre les Immortels tant son chagrin est lourd. Par conséquent la terre cesse d'être fertile. Zeus décide d'agir[4].

LA TERRE EN DEUIL

Elles[5] passèrent toute la nuit, le cœur battant de crainte, à tâcher de se rendre propice la glorieuse déesse. Dès que

---

4. La fin du mythe est racontée dans les pages dédiées à Perséphone.
5. Métanire et les nourrices.

l'aurore parut, elles firent au puissant Célée un récit véridique, suivant l'ordre de Déméter, la déesse aux belles couronnes. Alors, convoquant sur la place la foule de son
peuple, il lui ordonna d'élever à Déméter aux beaux cheveux un temple opulent et un autel, sur le saillant de la colline. Ils s'empressèrent de lui obéir et d'écouter sa voix ; ils
bâtirent, suivant ses ordres, le temple qui grandissait selon
la volonté divine. Après l'avoir achevé et s'être acquittés de
leur lourde tâche, ils s'en furent chacun chez eux : la
blonde Déméter vint s'y installer, loin de tous les dieux
bienheureux ; elle restait là, consumée par le regret de sa
fille à la large ceinture. Ce fut une année affreuse entre
toutes qu'elle donna aux hommes qui vivent sur le sol nour-
ricier, une année vraiment cruelle : la terre ne faisait pas
lever le grain ; car Déméter Couronnée l'y tenait caché.
Bien des fois, les bœufs traînèrent en vain dans les labours
le soc courbe des charrues ; bien des fois l'orge pâle tomba
sans effet sur la terre. Elle aurait sans doute anéanti dans
une triste famine la race tout entière des hommes qui ont
un langage, et frustré les habitants de l'Olympe de l'hommage glorieux des offrandes et des sacrifices, si Zeus n'y
avait songé, et réfléchi dans son esprit. D'abord il envoya
Iris aux ailes d'or appeler Déméter aux beaux cheveux,
dont la noble apparence renferme toutes les grâces. Zeus
avait parlé : Iris obéit au Cronide des nuées sombres, et ses
pieds franchirent rapidement toute la distance. Elle parvint
à l'acropole de l'odorante Éleusis, et trouva dans son
temple Déméter voilée de noir ; prenant la parole, elle lui
tint ces propos ailés :

« Déméter, c'est Zeus, le Père aux desseins éternels, qui
t'invite à rejoindre la race des dieux toujours vivants !
Allons ! et que l'ordre qui me vient de Zeus ne soit pas sans
exécution. »

Elle parlait ainsi, en la suppliant ; mais le cœur de la
déesse ne se laissait pas convaincre. Ensuite, le Père lui
dépêcha encore les dieux toujours vivants, sans exception :
ils venaient tour à tour la prier de venir ; ils lui offraient

nombre de présents magnifiques, et les privilèges qu'elle voudrait choisir parmi ceux des Immortels. Mais personne n'arrivait à convaincre le cœur ni l'esprit de la déesse profondément irritée, qui repoussait durement leurs propos ; elle ne mettrait pas le pied sur l'Olympe odorant, disait-elle, ni ne ferait de terre lever le grain, avant de voir de ses yeux sa fille au beau visage.

Après avoir entendu ces paroles, Zeus, dont la vaste voix gronde sourdement, envoya dans l'Érèbe ténébreux Argeiphontès à la baguette d'or : il devait exhorter Hadès par de douces paroles et, du fond des brumes obscures, ramener la sainte Perséphone vers la lumière et parmi les dieux, afin que sa mère, à la voir de ses yeux, déposât son courroux.

À Déméter, 302-339

HESTIA ≈ VESTA

Sœur de Zeus, elle est, avec Athéna et Artémis, une déesse vierge. Son rôle est de protéger le foyer. Si peu de récits lui sont consacrés dans la littérature grecque, elle joue un rôle beaucoup plus important à Rome : à l'origine de la Ville se trouve l'incartade fameuse d'une prêtresse de Vesta[1].

---

1. C'est-à-dire une vestale.

HOMÈRE
VIIIᵉ s. av. J.-C.

VIRGILE
Iᵉʳ s. av. J.-C.

CLAUDIEN
Vᵉ s. ap. J.-C.

Ovide

Dans Les Fastes, *Ovide relate les mythes à l'origine des fêtes romaines. Outre la documentation qu'il apporte sur les cultes à Rome, ce texte est une source précieuse pour la mythologie.*

LE TEMPLE DE VESTA À ROME

Vesta, accorde-moi ta faveur ! C'est pour te servir que j'ouvre maintenant les lèvres, s'il m'est permis de venir assister à ta fête. J'étais tout à ma prière : je sentis la présence divine et la terre joyeuse brilla d'une lumière pourprée. À vrai dire, je ne t'ai pas vue, déesse, – laissons les mensonges aux poètes ! – tu ne devais pas être vue par un homme ; mais mes ignorances, mes erreurs me furent révélées, sans que personne m'en instruisît.

On dit que Rome avait célébré quarante fois les Parilia[1], quand la déesse gardienne du feu fut reçue dans son temple : c'était l'œuvre du roi pacifique, le cœur le plus religieux qu'ait jamais porté la terre sabine. Ce temple que vous voyez aujourd'hui couvert de bronze, vous l'auriez vu alors couvert de chaume, et ses parois étaient tressées d'osier flexible. Cet espace étroit, qui porte aujourd'hui l'Atrium de Vesta, était alors le grand palais de Numa, le roi chevelu. Cependant la forme du temple, qui subsiste encore, était déjà la même, dit-on, et cette forme s'explique d'une manière plausible : Vesta n'est autre que la terre ; au fond de l'une et de l'autre vit un feu perpétuel, la terre et le foyer sont les symboles de sa résidence. La terre est semblable à une balle qui ne repose sur aucun soutien ; cette masse si lourde est suspendue dans l'air qui s'étend sous elle ; par lui-même, le mouvement de rotation maintient

1. Fêtes ayant lieu au printemps.

son globe en équilibre, et il n'y a pas d'angle pour en com-primer telle ou telle partie; comme elle est placée au milieu du monde, et qu'elle n'en touche pas un côté plus qu'un autre, si elle n'était pas convexe, elle serait plus proche d'une partie que d'une autre, et le monde n'aurait plus la terre pour masse centrale. L'ingéniosité syracusaine a suspendu dans un espace clos un globe, petite image de l'immense voûte céleste; la terre est à égale distance du haut et du bas; c'est l'effet de sa rotondité. Le temple a un aspect semblable: aucun angle n'y fait saillie; une coupole le protège des averses.

Pourquoi, demandez-vous, la déesse a-t-elle des vierges pour prêtresses? Sur ce point encore je découvrirai les rai-sons véritables. On raconte qu'Ops enfanta, de la semence de Saturne, Junon et Cérès; sa troisième fille fut Vesta. Les deux premières se marièrent; toutes deux, dit-on, eurent des enfants; seule, la troisième refusa toujours de se sou-mettre à un époux. Comment s'étonner si une vierge, heu-reuse d'avoir des vierges pour prêtresses, n'accepte pour son culte que le service de chastes mains? De plus, il faut comprendre que Vesta n'est autre que la flamme vivante, et jamais on ne voit des corps naître de la flamme. C'est donc à bon droit qu'elle est vierge, elle qui ne donne ni ne reçoit de semences, et qu'elle aime avoir des compagnes de virginité.

Les Fastes, VI, 249-360

ATHÉNA ≈ MINERVE

La fille préférée de Zeus jaillit du crâne de son père en armes. Divinité guerrière dans l'*Iliade*, elle devient la déesse de l'intelligence et de la vie civilisée, de l'agriculture et de l'artisanat. La « déesse aux yeux pers » est la plus puissante des déesses vierges, et son père Zeus lui confie son bouclier, l'égide, et la foudre. Elle protège Ulysse ainsi que la cité d'Athènes. L'olivier, dont elle a fait don aux hommes, est son arbre, et la chouette son animal.

HOMÈRE
VIIIᵉ s. av. J.-C.

VIRGILE
Iᵉʳ s. av. J.-C.

CLAUDIEN
Vᵉ s. ap. J.-C.

Lucien

*Pour éviter d'être supplanté par son épouse Métis, l'intelligence
personnifiée, et plus encore par sa progéniture, Zeus avale la déesse.
C'est alors qu'Athéna serait sortie armée du front de son père.
Lucien raconte de manière plaisante cet « accouchement » singulier.*

LA NAISSANCE D'ATHÉNA

HÉPHAÏSTOS : – Que me faut-il faire, Zeus ? Me voici, suivant tes ordres, avec la hache la plus aiguë, au cas où il faudrait fendre des pierres d'un seul coup.

ZEUS : – Bien Héphaïstos. Allez, donne un coup et
tranche-moi la tête en deux.

Héphaïstos : Tu me testes, pour voir si je suis fou ?
Ordonne donc vraiment ce que tu veux qu'on te fasse.

ZEUS : – Ceci-même, me trancher le crâne. C'est si tu
refuses que tu vas me tester, et ce n'est pas la première fois
que tu feras l'expérience de ma colère. Allez, frappe-moi
de tout ton coeur, sans tarder : les contractions me tuent !
Elles me retournent la cervelle !

HÉPHAÏSTOS : – Veille, Zeus, à ce que nous ne fassions pas
quelque chose de mal. La hache est aiguë et ce n'est pas
sans effusion de sang, ni à la manière d'Ilythie[1] qu'elle va
t'accoucher.

ZEUS : – Contente-toi de donner un coup, Héphaïstos,
dépêche-toi. Je sais, moi, ce qui est utile.

HÉPHAÏSTOS :-Je vais donner le coup. Pourquoi faut-il
faire ce que tu ordonnes ! Qu'est-ce que cela ? Une jeune
fille en armes ? C'est normal, alors, que tu aies été iras-
cible : c'est un camp fortifié, pas une tête que tu portais à
ton insu sur tes épaules ! La voilà qui bondit, qui danse la

---

1. Déesse présidant aux accouchements.

pyrrhique[2], qui agite son bouclier. Elle a les yeux brillants et un casque orne le tout. D'ores et déjà, Zeus, en guise de salaire pour mes services d'accoucheuse, donne-la moi pour fiancée.

ZEUS : – Tu demandes l'impossible, Héphaïstos : toujours elle voudra rester vierge.

Dialogue des dieux, 225-226

2. Danse martiale.

HOMÈRE
VIIIᵉ s. av. J.-C.

VIRGILE
Iᵉʳ s. av. J.-C.

CLAUDIEN
Vᵉ s. ap. J.-C.

Homère

*Dans l'*Iliade, *la fille favorite de Zeus est avant tout une divinité du combat. Elle n'a cure de défier son père quand il s'agit de se battre.*

ATHÉNA GUERRIÈRE

Cependant Athéna, fille de Zeus qui tient l'égide, laisse couler sur le sol de son père la robe souple et brodée qu'elle a faite et ouvrée de ses mains; puis, passant la tunique de Zeus, assembleur de nuées, elle s'arme pour le combat, source de pleurs. Elle monte enfin sur le char de flamme et saisit sa pique, la lourde, longue et forte pique sous laquelle elle abat les rangs des héros contre qui va sa colère de fille du Tout-Puissant. Alors, Héra, vivement, touche du fouet les chevaux, et voici que, d'elles-mêmes, gémissent les portes célestes, que gardent les Heures, les Heures à qui l'entrée est commise de l'Olympe et du vaste ciel, avec le soin d'écarter ou de replacer une très épaisse nuée. C'est par là qu'elles font passer l'attelage excité par l'aiguillon.

Mais Zeus Père les voit du haut de l'Ida. Il en conçoit un terrible courroux, et c'est Iris aux ailes d'or qu'il envoie porter ce message.

« Pars, Iris rapide, fais-leur tourner bride; ne les laisse pas m'aborder en face: ce serait trop triste spectacle, si nous en venions au combat. Je te dirai la chose comme elle sera: je romprai les jarrets à leurs chevaux rapides sous le joug; je les jetterai, elles, à bas du siège; je fracasserai leur char. Dix années pourront ensuite venir chacune à son tour: elles ne les guériront pas des coups portés par ma foudre. La Vierge aux yeux pers se rappellera le jour où elle se sera battue contre son père. J'ai moins de colère et de rancune contre Héra: de tout temps elle a eu l'habitude de faire obstacle à tout ce que je veux! »

Iliade, VIII, 384-406

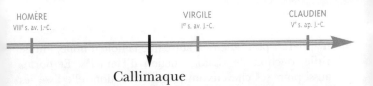

HOMÈRE
VIIIe s. av. J.-C.

VIRGILE
Ier s. av. J.-C.

CLAUDIEN
Ve s. ap. J.-C.

Callimaque

Précieux et plein de délicatesse, le poème de Callimaque offre un fort contraste entre la douceur et la sensualité du sujet et le portrait de la déesse vigoureuse, guerrière et un tantinet masculine.

LE REPOS DE LA GUERRIÈRE

Baigneuses de Pallas, toutes en cortège ! venez, venez toutes. Déjà j'entends hennir les cavales sacrées : la déesse va venir. Hâtez-vous donc, hâtez-vous, blondes filles de Pélasgos. Jamais Athéna ne baigna ses bras robustes, qu'elle n'eût d'abord, du flanc de ses chevaux, chassé les souillures de la poussière ; jamais, non pas même au jour que, toute son armure flétrie d'une boue sanglante, elle revenait de combattre les violents Fils de la Terre. Mais d'abord, déliant ses chevaux du joug, elle lava aux eaux de l'Océan la sueur qui leur perlait ; elle essuya, sortant de leur bouche qui ronge le frein, le flot figé d'écume. Allez donc, Achéennes, et n'apportez ni parfums ni vases à onguents ; – j'entends le bruit des moyeux contre l'essieu – non, pas de parfums ni d'onguents pour le bain de Pallas : Athéna ne veut point des mixtures parfumées. Point de miroir non plus ; son visage est assez beau toujours. Même au temps où le Phrygien sur l'Ida jugeait la querelle divine, la grande déesse ne regarda ses traits ni dans le disque de bronze ni dans l'onde diaphane du Simoïs : elle ni Héra ; mais Cypris, bien souvent, le miroir de bronze à la main, fit et refit par deux fois la même boucle de ses cheveux. Et ce jour-là, après sa course, deux fois soixante diaules, Athéna – tels, près de l'Eurotas, les astres jumeaux de Lacédémone – oignit son corps, en athlète expert, de l'essence toute pure que donne l'arbre qui est sien, Argiennes, et une rougeur montait à ses joues, comme on voit la rose matinale, comme on voit les grains du grenadier. En ce jour non plus

197

n'apportez pour elle rien autre que la fiole d'huile, l'huile virile, onction de Castor, onction d'Héraclès. Et portez aussi pour ses cheveux un peigne d'or, dont elle lisse ses boucles brillantes.

Athéna, viens à nous : vois ici la troupe, qui plaît à ton cœur, des vierges filles des puissants Arestorides[1]. Athéna, vois ici porté le bouclier de Diomède : c'est l'us antique des Argiens, c'est le rite qu'Eumédès enseigna : Eumédès, ton prêtre favori, qui jadis, surprenant le dessein meurtrier du peuple contre lui, s'enfuit, emportant ton image sainte, et s'établit sur le mont, oui, sur le mont Créion ; ton idole, ô déesse, il la dressa dans les escarpements rocheux qui sont encore aujourd'hui les Pierres de Pallas.

Viens à nous, Athéna, destructrice des villes, déesse au casque d'or, déesse qui t'éjouis du fracas des chevaux et des boucliers.

Pour le bain de Pallas, 1-45

---

1. Les fils d'Arestor.

HOMÈRE
VIIIᵉ s. av. J.-C.

VIRGILE
Iᵉʳ s. av. J.-C.

CLAUDIEN
Vᵉ s. ap. J.-C.

Sophocle

Athéna est aussi la déesse de l'intelligence et, partant, veille sur le rusé Ulysse. Celui-ci s'est vu offert les armes d'Achille au détriment d'Ajax, pourtant le plus fort guerrier après Achille. Pour parer la colère d'Ajax et protéger Ulysse, Athéna imagine le tour suivant, qui ouvre la pièce de Sophocle.

INGÉNIEUSE ATHÉNA

Dans le camp grec aux bords de l'Hellespont. Le jour commence à poindre. Ulysse est devant la baraque d'Ajax, examinant avec soin les traces de pas qui y mènent. Il tressaille soudain à la voix d'Athéna. La déesse vient d'apparaître au public au-dessus de la baraque. Ulysse l'entend sans la voir.

ATHÉNA. – Toujours en chasse, fils de Laërte, toujours à quêter un moyen de surprendre tes ennemis ! Te voilà donc cette fois devant la baraque d'Ajax, près de ses vaisseaux, au bout de vos lignes. Depuis un moment déjà je t'observe : tu vas suivant sa piste, scrutant ses traces, fraîches, afin de voir s'il est chez lui ou non. On dirait qu'un vrai flair de chien de Laconie te mène droit au but : oui, l'homme est là ; il rentre à l'instant même, et la sueur dégoutte encore de son front, de ses bras d'égorgeur. Tu n'as donc plus à épier anxieusement ce que te cache cette porte ; tu as bien plutôt à me dire pourquoi tu prends pareille peine : je sais, moi, et je peux t'instruire.

ULYSSE. – Ah ! voix d'Athéna, voix de ma déesse aimée, comme, à l'entendre, j'en reconnais l'appel, si loin que tu sois de mes yeux ! Et avidement mon cœur s'en saisit. On dirait que pour lui, c'est le clairon étrusque au pavillon d'airain. Oui, cette fois encore, tu m'as bien compris : mes pas sont là qui tournent autour d'un ennemi, Ajax, l'homme au bouclier. C'est lui, c'est bien lui dont je suis la

199

piste depuis un moment. Il a, cette nuit même, perpétré contre nous un forfait incroyable – si du moins il en est bien l'auteur ; car, au vrai, nous ne savons rien de certain : nous errons au hasard, et aussi bien, est-ce pourquoi je me suis volontairement attelé à cette besogne. Nous venons de découvrir qu'un bras d'homme a détruit, massacré tout notre butin, y compris les gardiens des bêtes. Or cela, c'est Ajax que chacun en accuse. Un guetteur justement l'a vu qui bondissait tout seul, au milieu de la plaine, l'épée teinte encore de sang frais. Il avertit, il précise. Je me jette aussitôt sur la piste de l'homme. Quelques traces me guident, mais d'autres me déroutent : je ne puis savoir de qui elles sont... Tu arrives à propos ; c'est ta main qui de tout temps, à l'avenir comme autrefois, doit m'indiquer la route à suivre.

Athéna. – Je le sais, Ulysse ; voilà un moment que je t'ai rejoint, avec le seul souci de protéger ta chasse.

Ulysse. – Alors dis-moi, chère patronne, si je travaille comme il faut.

Athéna. – N'en doute pas, c'est lui l'auteur de cet exploit.

Ulysse. – Et quel motif a déchaîné cette violence insensée ?

Athéna. – Le lourd dépit qu'il vous garde du refus des armes d'Achille.

Ulysse. – Mais pourquoi s'être alors rué contre des bêtes ?

Athéna. – Il croyait qu'il trempait ses mains dans votre sang.

Ulysse. – Alors, vraiment, son plan visait les Argiens ?

Athéna. – Et il l'eût achevé, si je n'avais veillé.

Ulysse. – Quel coup d'audace était-ce là ? d'où lui venait telle assurance ?

Athéna. – Seul, dans la nuit, en traître, il menait son attaque.

Ulysse. – A-t-il atteint son but et poussé jusqu'au bout ?

Athéna. – Il était arrivé aux portes des deux chefs...

Ulysse. – Et il arrête là son ardeur meurtrière ?

ATHÉNA. – C'est qu'alors j'interviens. Je fais choir sur ses yeux la lourde illusion d'un triomphe exécrable et le dirige vers vos bêtes, vers le butin, non partagé encore, que gardent vos bouviers. Il se jette sur elles et fait un grand carnage de têtes encornées, qu'il va assommant à la ronde. Tantôt il s'imagine qu'il tient les deux Atrides, qu'il les tue de sa propre main ; tantôt il se figure qu'il charge un autre chef. Et, moi, de presser l'homme en proie à son délire, de le pousser au fond de ce filet de mort. Puis, une fois qu'il a satisfait à sa tuerie, le voilà qui couvre de liens tout ce qui reste encore vivant, bœufs ou autres bêtes, et qui les conduit chez lui, croyant emmener des captifs, au lieu d'un gibier à cornes ; et là, il recommence à les brutaliser, entravés comme ils sont. Mais je veux que tu sois témoin de cette démence éclatante : tu la feras connaître à tous les Grecs. N'aie pas peur et reste là ; ne crains pas que sa vue te porte malheur. Je détournerai de toi la lueur de ses regards : ils ne saisiront pas tes traits. (*Elle se penche vers l'entrée de la baraque et elle élève la voix.*) Hé là, toi ! toi qui lies dans le dos les bras de tes captifs, sors donc ; c'est toi que j'appelle, Ajax, entends ton nom et viens devant ta porte.

ULYSSE. – Que fais-tu, Athéna ? non, ne l'appelle pas.

ATHÉNA. – Allons ! tiens-toi tranquille. Veux-tu paraître un lâche.

ULYSSE. – Non, qu'il reste chez lui ! c'est assez, par les dieux.

ATHÉNA. – Mais que redoutes-tu ? N'est-ce donc pas un homme ?

ULYSSE. – Et même un ennemi, qui le demeure encore.

ATHÉNA. – Eh bien ! quoi de plus doux : rire d'un ennemi ?

Ajax, 1-77

LES MOIRES ≈ LES PARQUES

Nées de Thémis et de Zeus, bien que parfois elles appartiennent au sombre cortège des enfants de Nuit, les Moires distribuent aux hommes leur part (c'est le sens de *moira* en grec) de bonheur et de malheur. Comme elles tissent les destins des hommes, elles sont représentées par trois fileuses : Lachésis assigne à chacun le fil de sa vie, Clotho, la fileuse, à la quenouille déroule le fil, avant qu'Atropos, l'inflexible, ne le coupe.

HOMÈRE
VIIIe s. av. J.-C.

VIRGILE
Ier s. av. J.-C.

CLAUDIEN
Ve s. ap. J.-C.

Hymnes homériques

*Apollon s'adresse à son frère le jeune et turbulent Hermès et lui
dévoile le pouvoir des Parques.*

LES PARQUES INFLEXIBLES

« J'ai encore autre chose à te dire, fils de la glorieuse
Maïa et de Zeus qui porte l'égide, Dieu bienfaisant entre
tous. Il est des Destinées, sœurs par la naissance, trois
vierges fières de leurs ailes rapides. Une poudre brillante
parsème leur tête ; elles ont leur demeure au pied des
gorges du Parnasse. Sans dépendre de moi, elles m'ont
appris l'art divinatoire que j'ai exercé, auprès de mes
bœufs, encore enfant : mon père ne s'y opposait pas. C'est
de là qu'elles prennent leur vol pour aller de tous côtés se
repaître de cire, en faisant se réaliser toute chose. Quand,
nourries de miel blond, elles sont saisies d'un transport
prophétique, elles consentent volontiers à dire la vérité ; si,
au contraire, elles sont privées du doux aliment des dieux,
elles tâchent ensuite de vous fourvoyer. Je te les concède
désormais : réjouis ton cœur à les interroger sincèrement ;
et si tu connais un homme mortel, il pourra écouter souvent ta voix, si le sort est pour lui. Garde donc ces privilèges, fils de Maïa, ainsi que les vaches agrestes au pas
traînant ; prends soin des chevaux et des mules patientes...
sur les lions au poil fauve, les sangliers aux défenses éclatantes, sur les chiens, les moutons que nourrit la vaste terre,
sur tout le bétail (Zeus voulut bien ?) donner à Hermès un
pouvoir absolu, et lui accorda d'être le seul messager accré-
dité auprès d'Hadès qui lui donnera – bien qu'il ne donne
guère ! – un privilège qui n'est pas des moindres. »

À Apollon, 555-563

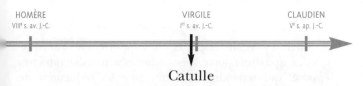

HOMÈRE
VIIIᵉ s. av. J.-C.

VIRGILE
Iᵉʳ s. av. J.-C.

CLAUDIEN
Vᵉ s. ap. J.-C.

Catulle

Aux noces de Thétis et de Pélée, sont conviées les Parques qui révèlent le sort réservé aux époux. Le poète latin Catulle évoque les puissantes déesses.

Les Parques commençaient à faire entendre un chant prophétique. Leur corps tremblant était enveloppé de tous côtés par une robe blanche bordée de pourpre, qui tombait autour de leurs talons ; des bandelettes de neige ornaient leur tête aux roses reflets et leurs mains accomplissaient avec régularité leur tâche éternelle. La gauche tenait la quenouille, revêtue d'une laine moelleuse ; la droite, tirant légèrement les brins, leur donnait la forme avec les doigts relevés, puis, les tordant sur le pouce renversé, elle faisait tourner le fuseau, équilibré par le peson[1] arrondi ; en même temps leurs dents, détachant les aspérités, égalisaient leur ouvrage sans relâche et à leurs lèvres desséchées adhéraient les brins de laine qui, auparavant, avaient dépassé la surface unie du fil ; à leurs pieds, les flocons moelleux de laine blanche emplissaient des corbeilles d'osier. Alors, tout en poussant les flocons sous leurs doigts, elles révélèrent d'une voix sonore les arrêts de la destinée dans un chant divin, un chant que la postérité n'accusera jamais de mensonge.

« Ô toi[2] qui par tes exploits rehausses encore l'éclat incomparable de ton nom et qui soutiens la puissance de l'Émathie, toi qui devras à ton fils[3] ta plus grande illustration, écoute l'oracle véridique que les trois sœurs te dévoilent en ce jour de fête. Mais vous, tournez en étirant les fils que suivent les destinées[4], tournez, fuseaux.

1. Pièce mécanique servant à peser.
2. Pélée.
3. Achille.
4. Auxquelles sont attachées les destinées des hommes.

Bientôt va venir Hespérus, qui t'apportera les joies auxquelles aspire un époux; avec cet astre heureux viendra ton épouse, qui répandra dans ton âme les séductions de l'amour et se disposera à goûter à côté de toi un doux sommeil, enlaçant de ses bras lisses ton cou robuste. Tournez en étirant les fils; tournez, fuseaux.

Jamais demeure n'a abrité de si belles amours, jamais amour n'a uni deux amants par de si beaux nœuds que ceux qui enchaînent aujourd'hui les cœurs de Thétis et de Pélée. Tournez en étirant les fils; tournez, fuseaux. »

Poésies, 64, 306-337

LES MUSES

Les neuf filles de Zeus et de Mnémosyne (la mémoire en grec) sont les déesses des arts. Melpomène est la muse de la tragédie, Thalie de la comédie, Clio de l'histoire, Uranie de l'astronomie, Terpsichore de la danse, Calliope de la poésie épique, Érato de la poésie amoureuse; Polymnie est la muse de la Rhétorique et des chants religieux et Euterpe de la poésie lyrique et de la musique. Les déesses de l'inspiration vivent dans les hauteurs: le Pinde, le Parnasse, l'Hélicon, le Piérus et l'Olympe abritent leurs séjours.

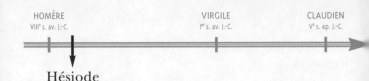

HOMÈRE
VIIIᵉ s. av. J.-C.

VIRGILE
Iᵉʳ s. av. J.-C.

CLAUDIEN
Vᵉ s. ap. J.-C.

Hésiode

Les Muses inspirent les poètes, et ceux-ci leur rendent grâce.
C'est pourquoi Hésiode s'adresse aux déesses lorsqu'il commence sa
Théogonie.

AUX MUSES

Or, sus, commençons donc par les Muses, dont les
hymnes réjouissent le grand cœur de Zeus leur père, dans
l'Olympe, quand elles disent ce qui est, ce qui sera, ce qui
fut, de leurs voix à l'unisson. Sans répit, de leurs lèvres, des
accents coulent, délicieux, et la demeure de leur père, de
Zeus aux éclats puissants, sourit, quand s'épand la voix
lumineuse des déesses. La cime résonne de l'Olympe neigeux, et le palais des Immortels, tandis qu'en un divin
concert leur chant glorifie d'abord la race vénérée des
dieux, en commençant par le début, ceux qu'avaient enfantés Terre et le vaste Ciel; et ceux qui d'eux naquirent, les
dieux auteurs de tous bienfaits; puis Zeus, à son tour, le
père des dieux et des hommes, montrant comme, en sa
puissance, il est le premier, le plus grand des dieux; et
enfin elles célèbrent la race des humains et celles des puissants Géants, réjouissant ainsi le cœur de Zeus dans
l'Olympe, les Muses Olympiennes, filles de Zeus qui tient
l'égide.

C'est en Piérie qu'unie au Cronide, leur père, les
enfanta Mnémosyne, reine des coteaux d'Éleuthère, pour
être l'oubli des malheurs, la trêve aux soucis. À elle, neuf
nuits durant, s'unissait le prudent Zeus, monté, loin des
Immortels, dans sa couche sainte. Et quand vint la fin
d'une année et le retour des saisons, elle enfanta neuf filles,
aux cœurs pareils, qui n'ont en leur poitrine souci que de
chant et gardent leur âme libre de chagrin, près de la plus
haute cime de l'Olympe neigeux. Là sont leurs chœurs

brillants et leur belle demeure. Les Grâces et Désir près d'elles ont leur séjour.

Et lors elles prenaient la route de l'Olympe, faisant fièrement retentir leur belle voix en une mélodie divine et, autour d'elles, à leurs hymnes, résonnait la terre noire et, sous leurs pas, un son charmant s'élevait, tandis qu'elles allaient ainsi vers leur père, celui qui règne dans l'Olympe, ayant en mains le tonnerre et la foudre flamboyante, depuis qu'il a, par sa puissance, triomphé de Cronos, son père, puis aux Immortels également réparti toutes choses et fixé leurs honneurs. Et c'est là ce que chantaient les Muses, habitantes de l'Olympe, les neuf sœurs issues du grand Zeus, – Clio, Euterpe, Thalie et Melpomène, – Terpsichore, Ératô, Polymnie, Uranie, – et Calliope enfin, la première de toutes.

C'est elle en effet qui justement accompagne les rois vénérés. Celui qu'honorent les filles du grand Zeus, celui d'entre les rois nourrissons de Zeus sur qui s'arrête leur regard le jour où il vient au monde, celui-là les voit sur sa langue verser une rosée suave, celui-là de ses lèvres ne laisse couler que douces paroles. Tous les gens ont les yeux sur lui, quand il rend la justice en sentences droites. Son langage infaillible sait vite, comme il faut, apaiser les plus grandes querelles. Car c'est à cela qu'on connaît les rois sages, à ce qu'aux hommes un jour lésés ils savent donner, sur la place, une revanche sans combat, en entraînant les cœurs par des mots apaisants. Et quand il s'avance à travers l'assemblée, on lui fait fête comme à un dieu, pour sa courtoise douceur, et il brille au milieu de la foule accourue. Tel est le don sacré des Muses aux humains. Oui, c'est par les Muses et par l'archer Apollon qu'il est sur terre des chanteurs et des citharistes, comme par Zeus il est des rois. Et bienheureux celui que chérissent les Muses : de ses lèvres coulent des accents suaves. Un homme porte-t-il le deuil dans son cœur novice au souci et son âme se sèche-t-elle dans le chagrin ? qu'un chanteur, servant des Muses, célèbre les hauts faits des hommes d'autrefois ou les dieux bienheureux, habitants de l'Olympe: vite; il oublie ses déplaisirs, de ses chagrins il ne se souvient plus; le présent des déesses l'en a tôt détourné.

Salut, enfants de Zeus, donnez-moi un chant ravissant. Glorifiez la race sacrée des Immortels toujours vivants!

Théogonie, 35-41 et 53-105

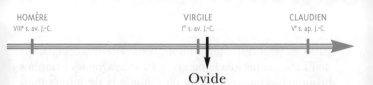

HOMÈRE
VIIIe s. av. J.-C.

VIRGILE
Ier s. av. J.-C.

CLAUDIEN
Ve s. ap. J.-C.

Ovide

Les Muses ne sont pas sans rivales : les Piérides savent elles aussi des histoires étonnantes, à commencer par la leur. Ovide relate ici le défi qu'elles lancent aux Muses.

LES PIÉRIDES

La Muse parlait encore, lorsqu'un bruit d'ailes retentit dans les airs et des voix qui adressaient des salutations se firent entendre du haut des arbres. La fille de Jupiter lève les yeux ; elle cherche d'où partent des sons qui forment des mots si nettement articulés et elle les croit sortis d'une bouche humaine. C'étaient des cris d'oiseaux ; au nombre de neuf, se plaignant de leur destinée, des pies, espèce habile à tout imiter, s'étaient perchées sur les branches. La déesse s'étonne ; l'autre déesse reprend : « Il n'y a pas long-temps que celles que tu entends sont venues à leur tour grossir la foule des oiseaux, après un combat où elles furent vaincues. Le riche Piéros les engendra dans les champs de Pella ; elles eurent pour mère Evippé de Péonie, qui, neuf fois féconde, invoqua neuf fois la puissante Lucine[1]. Sottement orgueilleuses de leur nombre, les neuf sœurs, ayant traversé ensemble toutes les villes de l'Hémonie et de l'Achaïe, arrivèrent ici et nous défièrent en ces termes : "Cessez d'abuser par la vaine douceur de vos chants la multitude ignorante ; c'est avec nous, si vous avez quelque confiance en vous-mêmes, qu'il faut vous mesurer, déesses de Thespies. Ni pour la voix, ni pour l'art vous n'aurez sur nous l'avantage et notre nombre égale le vôtre ; ou bien vous nous céderez, si vous êtes vaincues, la source due au fils de Méduse et Aganippe, qui arrose le

---

1. Déesse romaine de l'accouchement.

pays des Hyantes[2], ou bien nous vous céderons les champs de l'Émathie jusqu'à la neigeuse Péonie. Que les nymphes prononcent entre nous." Il était honteux de lutter ; mais reculer nous sembla plus honteux encore ; choisies pour arbitres, les nymphes jurent par les fleuves et prennent place sur des sièges taillés dans la roche vive. Alors, sans avoir été désignée par le sort, celle des Piérides qui, la première, a déclaré qu'elle engageait la lutte chante la guerre soutenue par les maîtres du firmament ; elle attribue aux Géants une gloire mensongère et rabaisse les exploits des grands dieux ; elle raconte que Typhée, sorti des entrailles de la terre, fit trembler les habitants des cieux et les mit tous en fuite, jusqu'au moment où, épuisés de fatigue, ils arrivèrent en Égypte, sur les bords du Nil, qui se divise en sept embouchures. Elle ajoute que Typhée, fils de la terre, y vint aussi et que les dieux, revêtirent, pour se cacher, des formes mensongères : "Jupiter, dit-elle, se mit à la tête du troupeau ; de là vient qu'aujourd'hui encore, sous le nom d'Ammon Libyen, il est représenté avec des cornes recourbées ; le dieu de Délos se changea en corbeau, le fils de Sémélé se cacha sous l'aspect d'un bouc, la sœur de Phébus d'une chatte ; la fille de Saturne d'une génisse blanche comme la neige, Vénus d'un poisson, et les ailes d'un ibis déguisèrent le dieu du Cyllène." Là-dessus la Piéride cessa de marier sa voix aux sons de la cithare ; alors c'est nous, les filles de l'Aonie, qu'on invite à commencer ; mais peut-être n'as-tu pas le temps et le loisir de prêter l'oreille à nos accents. »

Les Métamorphoses, V, 294-335

---

2. La source d'Hippocrène, que Pégase, fils de Méduse, avait fait jaillir, et la source d'Aganippé, toutes deux sur l'Hélicon, en Béotie, pays du Hyantes.

HÉPHAÏSTOS ≈ VULCAIN & MULCIBER

Le dieu du feu est mis au monde par Héra seule[1], en représailles de la naissance d'Athéna. Parmi les Immortels à la beauté et à la santé irréprochables, Héphaïstos est non seulement hideux, mais infirme. Par un remarquable souci de complémentarité, le plus laid des dieux est l'époux de la plus belle des déesses, Aphrodite, à laquelle il laisse, bon gré mal gré, la plus grande liberté, toujours reclus dans la forge où il conçoit les plus belles armes. Ses attributs sont le marteau et l'enclume, et sa forge a eu plusieurs localisations, notamment l'Etna.

---

1. Certaines versions font de lui le fils de Zeus et d'Héra.

HOMÈRE
VIIIᵉ s. av. J.-C.

VIRGILE
Iᵉʳ s. av. J.-C.

CLAUDIEN
Vᵉ s. ap. J.-C.

Homère

Même s'ils sont immortels, les dieux peuvent avoir des accidents! Voici l'histoire, tragi-comique, de l'infirmité d'Héphaïstos.

LE DIEU BOITEUX

Dans le Palais de Zeus, les dieux issus de Ciel commencent à s'irriter. Alors Héphaïstos, l'illustre Artisan, se met à leur parler; il veut plaire à sa mère, Héra aux bras blancs:

« Ah! la fâcheuse, l'insupportable affaire, si, pour des mortels, vous disputez tous deux ainsi, et menez tel tumulte au milieu des dieux! Plus de plaisir au bon festin, si le mauvais parti l'emporte! Moi, à ma mère, pour sage qu'elle soit, j'offre ici un conseil: qu'elle cherche à plaire à Zeus, afin que notre père n'aille plus, en la querellant, troubler notre festin. Et si l'Olympien qui lance l'éclair éprouvait seulement l'envie de la précipiter à bas de son siège!... Il est de beaucoup le plus fort. Allons! va, cherche à le toucher avec des mots apaisants; et aussitôt l'Olympien nous redeviendra favorable. »

Il dit, et, sautant sur ses pieds, il met la coupe à deux anses aux mains de sa mère, en disant:

« Subis l'épreuve, mère; résigne-toi, quoi qu'il t'en coûte. Que je ne te voie pas de mes yeux, toi que j'aime, recevoir des coups! Je ne pourrais lors t'être utile, en dépit de mon déplaisir. Il est malaisé de lutter avec le dieu de l'Olympe. Une fois déjà, j'ai voulu te défendre: il m'a pris par le pied et lancé loin du seuil sacré. Tout le jour je voguais; au coucher du soleil, je tombai à Lemnos: il ne me restait plus qu'un souffle. Là, les Sintiens me recueillirent, à peine arrivé au sol. »

Il dit et fait sourire Héra, la déesse aux bras blancs; et, souriante, elle reçoit la coupe que lui offre son fils. Lui, cependant, à tous les autres dieux, va sur sa droite versant le doux nectar, qu'il puise dans le cratère. Et, brusquement, un rire inextinguible jaillit parmi les Bienheureux, à la vue d'Héphaïstos s'affairant par la salle !

Iliade, I, 570-600

À cause de son infirmité et des infidélités de son épouse, Héphaïstos est souvent l'objet de la moquerie des autres Olympiens. Cependant, le dieu des artisans est loin d'être un benêt. Son habileté et son astuce sont remarquables : voici comment il piège son épouse volage, Aphrodite, et Arès le dieu de la guerre.

LA CHASSE AUX ADULTÈRES

Démodocos alors préluda, puis se mit à bellement chanter. Il disait les amours d'Arès et de son Aphrodite au diadème, leur premier rendez-vous secret chez Héphaïstos et tous les dons d'Arès, et la couche souillée du seigneur Héphaïstos, et le Soleil allant raconter au mari qu'il les avait trouvés en pleine œuvre d'amour. Héphaïstos accueillit sans plaisir la nouvelle ; mais, courant à sa forge, il roulait la vengeance au gouffre de son cœur. Quand il eut au billot dressé sa grande enclume, il forgea des réseaux de chaînes infrangibles pour prendre nos amants. Puis, le piège achevé, furieux contre Arès, il revint à la chambre où se trouvait son lit : aux pieds, il attacha des chaînes en réseau ; au plafond, il pendit tout un autre réseau, vraie toile d'araignée, – un piège sans pareil, imperceptible à tous, même aux dieux bienheureux ! et quand, autour du lit, il eut tendu la trappe, il feignit un départ vers les murs de Lemnos, la ville de son cœur entre toutes les terres. Arès, qui le guettait, n'avait pas l'œil fermé – dès qu'il vit en chemin le glorieux artiste, il prit ses rênes d'or, et le voilà courant chez le noble Héphaïstos, tout de feu pour sa Cythérée[1] au diadème !

1 Aphrodite.

La fille du Cronide à la force invincible rentrait tout justement du manoir de son père et venait de s'asseoir. Arès entra chez elle et, lui prenant la main, lui dit et déclara :

ARÈS. – Vite au lit, ma chérie ! quel plaisir de s'aimer !... Héphaïstos est en route ; il doit être à Lemnos, parmi ses Sintiens au parler de sauvages.

Il dit, et le désir du lit prit la déesse. Mais, à peine montés sur le cadre et couchés, l'ingénieux réseau de l'habile Héphaïstos leur retombait dessus : plus moyen de bouger, de lever bras ni jambe ; ils voyaient maintenant qu'on ne pouvait plus fuir. Et voici que rentrait la gloire des boiteux ! avant d'être à Lemnos, il avait tourné bride, sur un mot du Soleil qui lui faisait la guette.

Debout au premier seuil, affolé de colère, avec des cris de fauve, il appelait les dieux :

HÉPHAÏSTOS. – Zeus le père et vous tous, éternels Bienheureux ! arrivez ! vous verrez de quoi rire ! un scandale ! C'est vrai : je suis boiteux ; mais la fille de Zeus, Aphrodite, ne vit que pour mon déshonneur ; elle aime cet Arès, pour la seule raison qu'il est beau, l'insolent ! qu'il a les jambes droites ! Si je naquis infirme, à qui la faute ? à moi ?... ou à mes père et mère ?... Ah ! comme ils auraient dû ne pas me mettre au monde ! Mais venez ! vous verrez où nos gens font l'amour : c'est dans mon propre lit ! J'enrage de les voir. Oh ! je crois qu'ils n'ont plus grande envie d'y rester : quelqu'amour qui les tienne, ils vont bientôt ne plus vouloir dormir à deux. Mais la trappe tiendra le couple sous les chaînes, tant que notre beau-père ne m'aura pas rendu jusqu'au moindre cadeau que je lui consignai pour sa chienne de fille !... La fille était jolie, mais trop dévergondée !

Ainsi parlait l'époux et, vers le seuil de bronze, accouraient tous les dieux, et d'abord Poséidon, le maître de la terre, puis l'obligeant Hermès, puis Apollon, le roi à la longue portée ; les déesses, avec la pudeur de leur sexe, demeuraient au logis.

Sur le seuil, ils étaient debout, ces Immortels qui nous donnent les biens, et, du groupe de ces Bienheureux, il montait un rire inextinguible : ah ! la belle œuvre d'art de l'habile Héphaïstos !

Se regardant l'un l'autre, ils se disaient entre eux :

LE CHŒUR. – Le bonheur ne suit pas la mauvaise conduite… Boiteux contre coureur ! Voilà que ce bancal d'Héphaïstos prend Arès ! Le plus vite des dieux, des maîtres de l'Olympe, est dupe du boiteux… Il va falloir payer le prix de l'adultère.

Tels étaient les discours qu'ils échangeaient entre eux. Alors le fils de Zeus, le seigneur Apollon, prit Hermès à partie :

APOLLON. – Hermès, le fils de Zeus, le porteur de messages, le semeur de richesses, je crois que, volontiers, tu te laisserais prendre sous de pesants réseaux, pour dormir en ce lit de l'Aphrodite d'or !

Hermès, le messager rayonnant, de répondre :

HERMÈS. – Ah ! plût au ciel, seigneur à la longue portée !… Qu'on me charge, Apollon ! et trois fois plus encore, de chaînes infinies et venez tous me voir, vous tous, dieux et déesses ; mais que je dorme aux bras de l'Aphrodite d'or !

Il disait et le rire éclata chez les dieux. Seul Poséidon, sans rire, implorant d'Héphaïstos la liberté d'Arès, disait ces mots ailés au glorieux artiste :

POSÉIDON. – Lâche-le ! sur ton ordre, il paiera tous les frais : je m'en porte garant devant les Immortels.

La gloire des boiteux alors lui répondit :

HÉPHAÏSTOS. – Pas d'ordres ! Poséidon, ô maître de la terre ! car à mauvais payeur, mauvaises garanties ! Devant les Immortels, quel moyen de contrainte aurai-je contre toi, quand Arès envolé oubliera dette et chaînes ?

Mais l'ébranleur du sol, Poséidon, répliqua :

POSÉIDON. – Héphaïstos, si jamais Arès vient à s'enfuir et à nier sa dette, c'est moi qui te paierai.

La gloire des boiteux alors lui répondit :

Héphaïstos. – Je ne puis ni ne veux douter de ta parole.

Il dit et mit sa force à lever le filet. Le couple, délivré de ces chaînes pesantes, prenait son vol, lui vers la Thrace, elle vers Chypre.

Odyssée, VIII, 267-362

Thétis quitte le fond des eaux pour rendre visite à Héphaïstos : l'occasion pour Homère de décrire la forge féerique que le lecteur découvre avec la déesse.

LA FORGE D'HÉPHAÏSTOS

Mais, tandis qu'ils conversent ainsi, Thétis, aux pieds d'argent arrive dans la demeure d'Héphaïstos, demeure impérissable et étoilée, éclatante entre toutes aux yeux des Immortels, toute en bronze et construite par le Bancal lui-même. Elle le trouve, tout suant, roulant autour de ses soufflets, affairé. Il est en train de fabriquer des trépieds – vingt en tout – qui doivent se dresser tout autour de la grand salle, le long de ses beaux murs bien droits. À la base de chacun d'eux, il a mis des roulettes en or, afin qu'ils puissent, d'eux-mêmes, entrer dans l'assemblée des dieux, puis s'en revenir au logis – une merveille à voir ! Ils sont presque terminés ; les anses ouvragées, mules, ne sont pas encore en place ; il y travaille, il en forge les attaches. Tandis qu'il peine ainsi, en ses savants pensers, voici que s'approche Thétis, la déesse aux pieds d'argent.

Il quitte le pied de son enclume, monstre essoufflé et boiteux, dont les jambes grêles s'agitent sous lui. Il écarte du feu ses soufflets ; il ramasse dans un coffre d'argent tous les outils dont il usait ; il essuie avec une éponge son visage, ses deux bras, son cou puissant, sa poitrine velue. Puis il enfile une tunique, prend un gros bâton, et sort en boitant. Deux servantes s'évertuent à l'étayer. Elles sont en or, mais elles ont l'aspect de vierges vivantes. Dans leur cœur est une raison; elles ont aussi voix et force; par la grâce des Immortels, elles savent travailler. Elles s'affairent, pour étayer leur seigneur. Il s'approche ainsi avec peine de l'endroit où est Thétis et s'asseoit sur un siège brillant; puis il lui prend la main, il lui parle, en l'appelant de tous ses noms:

« Qui t'amène à notre demeure, Thétis à la longue robe, Thétis auguste et chère ? »

Iliade, XVIII, 369-381 et 410-425

ARÈS ≈ MARS

Le seul dieu qui, selon toutes les versions, est le fils de Zeus et d'Héra, est le dieu de la guerre. Il n'est d'ailleurs guère aimé de ses parents, ni même des Grecs qui le surnomment le « fléau des hommes »[1]. Meurtrier et sanguinaire, il hante les champs de bataille accompagné d'Éris, la Discorde personnifiée, d'Ényo, la divinité de la guerre (en latin Bellone), de Deimos, la Terreur et de Phobos (la Crainte). Contrairement aux Grecs, les Latins voient en Mars un dieu admirable et redoutable : il apporte la gloire au combattant, si bien qu'ils lui ont dédié le premier mois de l'année. Le vautour lui est consacré et sa ville, chez les Latins du moins, est Rome.

---

1. *Iliade*, XX, 46.

HOMÈRE
VIIIe s. av. J.-C.

VIRGILE
Ier s. av. J.-C.

CLAUDIEN
Ve s. ap. J.-C.

Hymnes homériques

Avant de partir au combat, les Anciens invoquent le dieu de la guerre. La brièveté et la ferveur de cet hymne tendent à faire de celui-ci un hymne, non homérique, mais orphique[1].

GUERRE ET PAIX

Arès souverainement fort, fardeau des chars, Dieu casqué d'or, cœur vaillant, toi qui sais porter le bouclier, protecteur des cités, tout revêtu d'airain, bras puissant, infatigable, fort par ta lance, rempart de l'Olympe, père de la Victoire qui clôt heureusement les guerres, soutien de la Justice, toi qui maîtrises l'adversaire et diriges les hommes les plus justes, prince de vaillance qui fais rouler ton char de feu dans les Sept Voies constellées de l'éther, où tes coursiers flamboyants te portent toujours au-dessus de la troisième orbite! Entends ma prière, recours des mortels, dispensateur de la jeunesse pleine de courage! Répands d'en haut ta douce clarté sur notre existence, et aussi ta force martiale, pour que je puisse détourner de ma tête la lâcheté dégradante, réduire en moi l'impétuosité décevante de mon âme, et contenir l'âpre ardeur d'un cœur qui pourrait m'inciter à entrer dans la mêlée de glaciale épouvante! Mais toi, Dieu heureux, donne-moi une âme intrépide, et la faveur de demeurer sous les lois inviolées de la paix, en échappant au combat de l'ennemi et au destin d'une mort violente!

À Arès, 1-17

---

1. L'orphisme est un culte à mystères de l'Antiquité. L'initiateur mythique en aurait été Orphée. Il prônait la survie des âmes après la mort.

HOMÈRE
VIIIe s. av. J.-C.

VIRGILE
Ier s. av. J.-C.

CLAUDIEN
Ve s. ap. J.-C.

Homère

Dans la littérature grecque Arès n'est pas aimé des dieux, pas même de son propre père et de ses frères et sœurs. Lorsqu'elle vient en aide au héros Diomède, Athéna n'hésite pas à blesser son frère.

ARÈS BLESSÉ

Arès, le fléau d'hommes, voit tout à coup le divin Diomède. Il laisse aussitôt là l'énorme Périphas, étendu à l'endroit même où il vient, en le frappant, de lui arracher la vie. Il va droit à Diomède, dompteur de cavales. Ils marchent l'un sur l'autre et entrent en contact. Arès, le premier, se fend, par-dessus le joug et les rênes de l'attelage, avec sa pique de bronze. Il brûle de prendre la vie du héros. Mais Athéna, la déesse aux yeux pers, de sa main, saisit la pique et la détourne, si bien qu'elle s'envole, inutile, écartée du char. À son tour, Diomède au puissant cri de guerre tend le corps en avant, sa pique de bronze à la main. Et Pallas Athéna l'appuie contre le bas-ventre d'Arès, à l'endroit même où il boucle son couvre-ventre. C'est là que Diomède l'atteint et le blesse ; il déchire la belle peau, puis ramène l'arme. Arès de bronze alors pousse un cri, pareil à celui que lancent au combat neuf ou dix mille hommes engagés dans la lutte guerrière. Et un frisson saisit Troyens et Achéens, pris de peur : tant a crié Arès insatiable de guerre !

Ainsi que des nuages sort une vapeur ténébreuse, quand, appelé par la chaleur, se lève un vent de tempête, ainsi sous les yeux de Diomède, fils de Tydée, Arès de bronze monte avec les nuées vers le vaste ciel. Vite il atteint le séjour des dieux, l'Olympe escarpé, et va s'asseoir auprès de Zeus, fils de Cronos, le cœur plein de chagrin. Il lui montre le sang divin qui coule de sa blessure et, d'un ton gémissant, lui dit ces mots ailés :

« Zeus Père, n'es-tu donc pas indigné, quand tu vois toutes ces horreurs ? Sans cesse les dieux que nous sommes subissent les pires tourments, cela les uns par les autres, pour plaire aux mortels. Nous sommes tous révoltés contre toi ; tu as donné le jour à une folle exécrable qui ne rêve que méfaits. Tous les autres dieux qui sont dans l'Olympe t'écoutent ; chacun de nous t'est soumis. Mais à elle tu n'adresses jamais mot ni geste de blâme ; tu lui lâches la bride, parce que tu lui as tout seul donné le jour, à cette fille destructrice, qui vient de déchaîner encore le fils de Tydée, le bouillant Diomède, en pleine fureur, contre les dieux immortels. Il a d'abord approché et blessé Cypris au poignet. Ensuite il s'est jeté sur moi, pareil à un dieu. Mes pieds rapides m'ont soustrait à lui ; sans quoi, je serais là encore à souffrir longtemps mille maux, au milieu d'horribles cadavres, ou, vivant, je me fusse pâmé aux coups du bronze. »

L'assembleur de nuées, Zeus, sur lui lève un œil sombre et dit :

« Ne viens pas, tête à l'évent, gémir ici à mes pieds. Tu m'es le plus odieux de tous les Immortels qui habitent l'Olympe. Ton plaisir toujours, c'est la querelle, la guerre, et les combats. Ah ! tu as bien l'emportement intolérable, sans rémission, de ta mère, de cette Héra que j'ai tant de peine à dompter avec des mots. Aussi, je crois, si tu pâtis, que tu le dois à ses conseils. Je ne veux pas pourtant te laisser souffrir davantage : tu es né de moi, c'est pour moi que ta mère t'a mis au monde. Mais, si tu étais né de quelque autre dieu, destructeur comme tu l'es, il y a longtemps que tu serais dans un séjour situé plus bas encore que celui des fils du Ciel. »[1]

Iliade, V, 840-898

---

1. Les Titans emprisonnés par Zeus dans le Tartare.

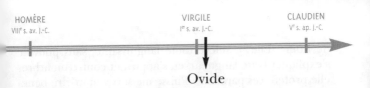

HOMÈRE
VIIIᵉ s. av. J.-C.

VIRGILE
Iᵉʳ s. av. J.-C.

CLAUDIEN
Vᵉ s. ap. J.-C.

Ovide

Mars est au contraire un dieu loué par les Romains, qui voient en lui le père des fondateurs de Rome, comme le raconte ici Ovide.

MARS ET LA VESTALE RHÉA SILVIA

Belliqueux Mars, dépose un moment ton bouclier et ta lance ; sois-moi propice et libère ta chevelure resplendissante de ton casque. Peut-être te demandes-tu ce qu'un poète peut avoir de commun avec Mars. C'est que le mois que je chante tient son nom de toi. Toi-même, tu vois que Minerve prête la main à des guerres impitoyables : en est-elle moins disponible pour les beaux-arts ? À l'exemple de Pallas, prends le temps de déposer ton javelot : tu trouveras de quoi t'occuper même sans armes. Jadis aussi tu étais sans armes, quand tu t'épris de la prêtresse romaine afin de donner une origine noble à cette Ville. La Vestale Silvia[1] (qu'est-ce qui m'empêche de partir d'elle ?) allait un matin chercher de l'eau pour l'ablution des objets sacrés. Elle était parvenue à la berge par un sentier en pente douce : elle dépose le vase en terre placé sur sa tête ; fatiguée, elle s'est assise sur le sol, découvre sa poitrine pour l'exposer à l'air et arrange ses cheveux en désordre. Tandis qu'elle est assise, l'ombre des saules, le chant des oiseaux et le léger murmure de l'eau la font s'assoupir. Un doux sommeil s'est emparé furtivement de ses yeux et sa main, devenue languissante, ne soutient plus son menton. Mars la voit ; à peine l'a-t-il vue qu'il la désire ; à peine l'a-t-il désirée qu'il la possède : son pouvoir divin lui permet de cacher son larcin. La dormeuse se réveille ; elle reste étendue, enceinte. Bien sûr, elle portait déjà en son sein le fondateur de la ville

---

1. Consacrées au culte de Vesta, les vestales doivent rester vierges.

225

de Rome. Elle se relève toute languissante, sans pouvoir s'expliquer cette langueur, et, s'appuyant contre un arbre, elle profère ces paroles : « Puisse me servir et m'être bénéfique (je fais cette prière) le songe que j'ai eu pendant mon sommeil ; ou bien s'agissait-il d'une vision plus distincte qu'un songe ? J'étais en train de veiller sur le feu d'Ilion[2], quand ma bandelette de laine glissa de mes cheveux et tomba devant le foyer sacré. Il en surgit à la fois – ô prodige – deux palmiers, dont l'un était plus grand ; de ses rameaux lourds il couvrait le monde entier et de son feuillage il touchait les astres dans le ciel. Voici que mon oncle brandit un fer contre eux : je suis terrifiée par cette évocation et mon cœur tressaille de crainte. Le pivert, oiseau de Mars, et la louve combattent pour les deux stipes[3] : grâce à eux les deux palmiers ont été saufs. »

Après ces paroles, elle souleva, bien qu'affaiblie, son vase plein : elle l'avait rempli tout en racontant sa vision. Cependant, à mesure du développement de Rémus et de Quirinus[4], elle avait vu enfler son ventre du fait de ce fardeau céleste. Il ne restait plus au dieu de la lumière que deux constellations à parcourir pour terminer l'année avec l'achèvement de sa course. Silvia devient mère ; la statue de Vesta se voila, dit-on, les yeux de ses mains virginales. L'autel de Vesta, pour sûr, se mit à trembler pendant l'accouchement de sa servante et la flamme terrifiée se couvrit de ses cendres.

Les Fastes, III, 1-50

2. Autre nom pour Troie.
3. Partie centrale de l'arbre.
4. Romulus.

LÉTÔ ≈ LATONE

Les jumeaux de l'Olympe, Apollon et Artémis, sont nés des amours de Zeus et de la titanide Létô (Latone pour les Romains). Ces amours furent bien évidemment contrariées: la déesse erre sans trouver de terre d'accueil. Voici comment elle donne le jour à ses deux enfants.

HOMÈRE
VIIIᵉ s. av. J.-C.

VIRGILE
Iᵉʳ s. av. J.-C.

CLAUDIEN
Vᵉ s. ap. J.-C.

Hymnes homériques

Personne ne veut recueillir la détresse de Létô, par crainte du courroux d'Héra, mais aussi de celui du dieu à naître, Apollon, sauf Délos. Délos est une petite île aride et ensoleillée des Cyclades.

SUPPLIQUE POUR NAÎTRE À DÉLOS

Tous les peuples que renferment la Crète et le pays d'Athènes – l'île d'Égine et l'Eubée fameuse pour ses navires, – Æges, Pirésies et Péparèthe, près de la mer, – l'Athos de Thrace et les hautes cimes du Pélion –, Samos de Thrace et les monts ombreux de l'Ida, – Imbros aux belles maisons et la luxuriante Lemnos – Lesbos la Sainte, demeure de Macar, fils d'Éole, – Scyros, Phocée, et la montagne abrupte d'Autocané, – et aussi Chios, la plus grasse des îles de la mer, – l'âpre Mimas et les hautes cimes du Corycos, – et aussi la radieuse Claros ainsi que la montagne abrupte d'Æsagé, – et aussi la fraîche Samos avec les hautes cimes de Mycale, – Milet et Cos, la ville des Méropes, – la haute Cnide, ainsi que Carpathos battue des vents, – Naxos, Paros et la rocheuse Rhénée, – ce fut dans tous ces lieux que Létô, sur le point d'enfanter l'Archer, vint en suppliante, avec l'espoir qu'une de ces terres voudrait bien donner asile à son fils. Mais, saisies de terreur, elles tremblaient : nulle d'entre elles n'eut assez de courage, si fertile qu'elle fût, pour accueillir Phoibos, avant que la noble Létô, foulant le sol de Délos, demandât à cette île en paroles ailées :

« Délos, si tu voulais être la demeure de mon fils, Apollon, et l'y laisser fonder un temple prospère ?... Personne d'autre ne touchera jamais tes bords, ni ne t'honorera de sa présence. Tu ne seras pas non plus, je pense, riche en bœufs ni en moutons ; tu ne porteras point de vignes, ni ne verras grandir des plantes sans nombre. Mais si tu possèdes le temple de l'Archer Apollon, le monde entier se rassemblera ici pour mener des hécatombes à tes autels; sans cesse, une énorme fumée jaillira des chairs grasses: c'est par le bras d'autrui que tu nourriras tes habitants, puisqu'il n'y a pas de fertilité dans ton sol. »

Elle parlait ainsi; joyeuse, Délos lui répondit en ces mots:

« Létô, fille toute glorieuse du grand Cœos, j'accueillerais volontiers, dès sa naissance, le Seigneur Archer. À dire vrai, j'ai chez les hommes une affreuse réputation, tandis qu'alors on me comblerait d'honneurs. Mais je tremble de ce que l'on dit, Létô, et ne te le cacherai point; on raconte qu'Apollon sera d'un orgueil sans limite, et qu'il viendra commander en maître aux Immortels et aux mortels, sur la terre qui donne le blé. Voilà pourquoi j'ai affreusement peur dans mon esprit et dans mon cœur: je crains, sitôt qu'il verra la lumière du soleil, qu'il ne méprise mon île, à cause de l'âpreté de son sol, et qu'il ne la retourne du pied pour la pousser dans les profondeurs de la mer. Alors, sans cesse, les grandes vagues viendront en foule battre mon front; pendant ce temps-là, il ira dans une autre terre qui aura su lui plaire, pour s'y bâtir un temple dans un bois sacré d'arbres touffus. Les poulpes se feront des gîtes dans mon sein, et les phoques noirs de tranquilles demeures, en l'absence des hommes. Ah! si tu t'engageais, Déesse, à me jurer par un grand serment qu'ici même il fondera d'abord un temple magnifique, qui sera l'oracle des hommes, puis de l'humanité entière, tant il aura de renom! »

Elle parlait ainsi; et Létô prononça le Grand Serment des Dieux:

« J'en atteste maintenant la Terre, et le vaste Ciel, là-haut, et l'onde débordante du Styx! C'est le serment le plus grand et le plus terrible qui soit pour les dieux bienheureux. Oui! Phoibos aura ici, et pour toujours, son autel odorant, son domaine; il t'honorera plus que tout au monde. »

À Apollon, 30-88

APOLLON

Farouche, jaloux, intraitable et souvent cruel, Apollon est le dieu de la lumière et des arts. Il est le musicien qui charme les Immortels du son de sa lyre dorée, il est le dieu-Archer et le Guérisseur qui le premier enseigne la médecine aux hommes. On l'appelle le Délien en raison de son lieu de naissance, ou le Lycien, le dieu-loup, ou encore le dieu-souris dans l'*Iliade*, et enfin Phoibos (Phébus chez les romains), le « brillant », car il est assimilé au soleil. La pluralité de ses noms atteste de sa popularité chez les Grecs qui faisaient volontiers de lui « le plus grec de tous les dieux ». Delphes est le site sacré où se tenait son oracle. La Pythie est la prêtresse qui, par ses paroles énigmatiques, fait connaître les commandements du dieu. Peu satisfait en amour (ses proies se dérobent à lui), il a pour arbre le laurier, tandis que le dauphin et le corbeau lui sont consacrés.

HOMÈRE
VIIIᵉ s. av. J.-C.

VIRGILE
Iᵉʳ s. av. J.-C.

CLAUDIEN
Vᵉ s. ap. J.-C.

Hymnes homériques

La naissance d'Apollon ne fut pas sans difficultés, partie à cause de la colère d'Héra, partie à cause du dieu lui-même, dont l'arrogance et l'orgueil sont sensibles dès les premiers moments.

NAISSANCE D'APOLLON

Quand la déesse eut achevé de prononcer son serment, Délos fut toute joyeuse de la naissance du Seigneur Archer ; pour Létô, pendant neuf jours et neuf nuits, elle fut traversée par les douleurs indicibles de l'enfantement. Les déesses étaient toutes dans l'île, et les plus nobles – Dioné, Rhéa, Thémis d'Ichnae et la bruyante Amphitrite – ainsi que les autres immortelles, sauf Héra aux bras blancs : elle demeurait assise dans le palais de Zeus qui assemble les nuées. La seule à ne rien savoir était Ilithye, qui allège l'enfantement ; elle demeurait assise sur le haut de l'Olympe, au-dessous des nuages éclatants : – ruse habile d'Héra aux bras blancs qui la retenait par jalousie, pour ce que Létô aux beaux cheveux allait enfanter alors un fils robuste et sans reproche.

De l'île aux belles maisons elles envoyèrent Iris, afin qu'elle ramenât Ilithye, en lui promettant un grand collier, fait de fils d'or entrelacés et long de neuf coudées. Elles lui ordonnèrent d'appeler Ilithye en évitant Héra aux bras blancs, de peur que celle-ci ne lui parlât pour la détourner de son chemin. Après avoir entendu ce message, Iris aux pieds prompts comme le vent se mit à courir, et franchit rapidement toute la distance. Sitôt atteint l'Olympe neigeux, séjour des dieux, elle appela tout de suite Ilithye pour la faire sortir de la grand salle, et lui dire en paroles ailées tous les ordres donnés par les déesses qui habitent les demeures de l'Olympe. Elle sut convaincre son cœur au fond de sa poitrine : elles partirent, et leurs pas faisaient penser au vol de craintives colombes. Quand Ilithye qui allège l'enfantement eut foulé le sol de Délos, Létô fut à l'instant saisie par les douleurs, et eut le désir d'enfanter. Jetant ses bras autour du Palmier elle enfonça ses genoux dans l'herbe tendre, et, sous elle, la Terre sourit. Hors du sein maternel, il jaillit à la lumière, et toutes les déesses lancèrent des cris.

C'est alors, Phoibos du Paean, que les déesses, de leurs mains pures et sans tache, te baignèrent dans une eau claire ; elles t'enveloppèrent dans du linge blanc, fin et tout neuf, et t'entourèrent d'une bandelette d'or. Apollon au glaive d'or ne fut point allaité par sa mère, mais Thémis, de ses mains immortelles, préleva pour lui la fleur du nectar et de l'ambroisie délicieuse : Létô est joyeuse d'avoir enfanté un fils vigoureux et qui sait porter l'arc.

Mais après que tu eus, Phoibos, consommé l'aliment immortel, les bandelettes d'or ne suffisaient plus à te contenir, tant tu te débattais ; ces entraves ne t'arrêtaient plus, et cédait tout ce qui limitait ta volonté. Phoibos Apollon dit aussitôt aux Immortelles :

« Qu'on me donne *ma* lyre et *mon* arc recourbé : je révélerai aussi dans mes oracles les desseins infaillibles de Zeus. »

À ces mots, il se mettait en marche sur la terre aux larges routes, l'Archer Phoibos à la chevelure vierge. Toutes les Immortelles l'admiraient, et Délos tout entière se couvrit d'or pendant qu'elle contemplait la race de Zeus et de Létô, dans sa joie de voir que le dieu l'avait élue pour sa demeure, et préférée aux îles ainsi qu'à la terre ferme. Elle fleurit, comme la cime d'un mont sous la floraison de sa forêt.

C'était Toi, Seigneur à l'arc d'argent, Archer Apollon, qui tantôt gravissais le Cynthe rocheux, et tantôt marchais d'un pas errant parmi les îles et les hommes. Tu possèdes, Seigneur, la Lycie, l'aimable Méonie, et Milet, la ville charmante au bord de la mer : mais sur Délos ceinte de flots tu règnes en souverain. Nombreux sont tes temples et tes bois sacrés d'arbres touffus; tous les hauts lieux te sont chers, et les cimes altières des caps montueux, et les fleuves qui coulent vers la mer. Mais ton cœur trouve le plus de charmes à Délos lorsque s'y assemblent les Ioniens aux tuniques traînantes, avec leurs enfants et leurs chastes épouses. Fidèlement, ils se livrent pour te plaire au pugilat, à la danse et aux chants, lorsqu'ils organisent leurs jeux.

À Apollon, 89-149

Toutes les traditions ne font pas d'Apollon le dieu de la musique dès sa naissance. Cette aptitude lui serait venue grâce à Hermès: le jeune frère d'Apollon lui aurait donné sa lyre pour se faire pardonner de lui avoir dérobé un de ses troupeaux.

APOLLON ET HERMÈS

« J'admire, fils de Maïa[1], ta grâce à jouer de la cithare. Maintenant puisque, si petit encore, tu as de si nobles desseins, assieds-toi, mon ami, et écoute attentivement les paroles d'un aîné: vous allez désormais connaître la gloire parmi les Immortels, toi-même ainsi que ta mère. En vérité je le déclarerai: OUI, par ma lance de cornouiller, je vais te laisser aller pour que tu sois, entre les Immortels, le Guide opulent et glorieux. Je te donnerai aussi de superbes présents, sans jamais te tromper à la fin. »

Hermès lui répondit par ces paroles rusées:

« Tu es fort habile dans tes demandes, Dieu Archer: moi, je ne refuse pas de t'initier à cet art, qui est le mien. Tu le sauras aujourd'hui même: je veux bien te favoriser dans mes desseins et mes propos; mais toi, tu sais tout dans ton esprit. Tu sièges au premier rang parmi les Immortels, fils de Zeus; tu es vaillant et fort; le prudent Zeus te chérit

1. Hermès.

– ce n'est que justice – et t'a concédé des dons éclatants. On dit que tu tiens de sa bouche le privilège des prophéties, Dieu Archer; c'est de Zeus qu'émane toute parole divine : dans ce domaine, je connais moi-même quelle est ta richesse. Libre à toi d'apprendre cet art à quoi tu rêves ! Hé bien ! puisque ton cœur te pousse à jouer de la cithare, chante, joues-en, sois tout à ce plaisir que tu reçois de moi : mais alors, mon ami, donne-moi la gloire ! Prends en main cette compagne harmonieuse, et chante : elle sait tout exprimer ainsi qu'il convient. Avec un cœur serein, apporte aux festins fleuris, aux danses gracieuses et aux fêtes bruyantes la joie du jour et de la nuit. À qui la sollicite avec art et savoir, la lyre, jouet docile entre des mains légères et expertes, enseigne par ses chants les plaisirs variés qui peuvent charmer; elle fuit le travail pénible. Mais si un ignorant la sollicite avec brutalité, il ne saurait jamais en tirer que des notes fausses – travail en l'air, inutile et vain. Libre à toi d'apprendre l'art à quoi tu rêves ! Je vais même te donner cette lyre, noble fils de Zeus; alors nous, ô Archer, nous ferons paître des bœufs agrestes sur la montagne, et dans la plaine qui nourrit les chevaux. C'est là que les vaches, s'accouplant aux taureaux, donneront quantité de mâles et de femelles tout à la fois : toi qui aimes ton profit, tu ne dois pas rester violemment irrité ! »

À ces mots, il lui tendit la cithare ; Phoibos Apollon l'accepta, puis il donna séance tenante à Hermès un fouet brillant, et lui confia la garde du troupeau : le fils de Maïa reçut ces faveurs avec joie. Tenant la cithare à sa gauche, le noble fils de Létô, Apollon, le Seigneur Archer, en éprouvait les cordes avec un plectre, selon la mélodie : et la lyre, sous ses doigts, rendit un son formidable, cependant que le dieu chantait doucement de sa belle voix.

À Hermès, 455-502

HOMÈRE
VIIIe s. av. J.-C.

VIRGILE
Ier s. av. J.-C.

CLAUDIEN
Ve s. ap. J.-C.

Ovide

Il ne fait pas bon rivaliser avec le dieu des arts. Marsyas le satyre est écorché vif pour avoir prétendu être un meilleur flûtiste. C'est ici le roi Midas qui, au détour d'une compétition entre Apollon et Pan [1], subit la colère cruelle du jeune dieu.

UNE VENGEANCE D'APOLLON

Midas, dégoûté de la richesse, préférait à tout les forêts et les champs et le dieu Pan qui a pour séjour ordinaire les antres des montagnes; mais son intelligence était demeurée épaisse et sa sottise allait lui être fatale encore une fois. Dominant une vaste étendue de mer, le Tmolus dresse à une grande hauteur sa cime escarpée et il allonge ses deux flancs, d'un côté jusqu'à Sardes, de l'autre jusqu'à l'humble Hypaepa [2]. Là Pan vantait aux jeunes nymphes son talent musical et modulait des airs légers sur ses roseaux enduits de cire; il eut alors l'audace de dire avec mépris que les accords d'Apollon ne valaient pas les siens; soumettant le débat au Tmolus, il engagea une lutte inégale. Le vieillard pris pour juge s'assied sur sa montagne et il écarte de ses oreilles les arbres de la forêt; seulement des feuilles de chêne couronnent sa chevelure bleuâtre; des glands pendent autour des méplats de ses tempes. Regardant le dieu des troupeaux: « Le juge est prêt », dit-il. Pan fait résonner sa flûte rustique, dont la sauvage harmonie charme Midas, alors présent à côté du musicien; lorsque Pan a terminé, le dieu du Tmolus se tourne vers Phébus; la forêt qui l'entoure suit le mouvement de son visage. Phébus, dont la tête blonde est couronnée d'un laurier cueilli sur le Parnasse,

---

1. Divinité agreste.
2. Ville de Lydie.

balaie la terre de sa robe, teinte dans la pourpre de Tyr ; sa lyre, sertie de pierreries et d'ivoire de l'Inde, est posée sur sa main gauche ; l'autre tient le plectre ; son attitude même révèle un maître de l'art. Alors son pouce habile fait vibrer les cordes et, ravi de la douceur de ses accords, Tmolus invite Pan à reconnaître que la cithare a vaincu ses roseaux. La sentence rendue par le dieu de la montagne est approuvée de tous ; il n'est pour l'attaquer et la déclarer injuste que le seul Midas ; le dieu de Délos ne veut pas que des oreilles si grossières conservent la forme humaine ; il les allonge, les remplit de poils gris ; il en rend la racine flexible et leur donne la faculté de se mouvoir en tous sens ; Midas a tout le reste d'un homme ; il n'est puni que dans cette partie de son corps ; il est coiffé des oreilles de l'animal aux pas lents, celles de l'âne.

Les Métamorphoses, XI, 146-179

ARTÉMIS ≈ DIANE

La sœur jumelle d'Apollon, fille de Zeus et de Létô (Latone), est une des trois déesses vierges de l'Olympe. Elle est aussi la plus farouche. Malheur à qui surprend son intimité ou à ceux de ses serviteurs qui voudraient ne pas rester chastes ! Déesse chasseresse, elle est décrite armée d'un arc et souvent est associée à la Lune. Elle possède le pouvoir de tuer toute femme en un instant. Le cyprès est son arbre. Tous les animaux sauvages lui sont consacrés, plus particulièrement la biche.

HOMÈRE
VIIIe s. av. J.-C.

VIRGILE
Ier s. av. J.-C.

CLAUDIEN
Ve s. ap. J.-C.

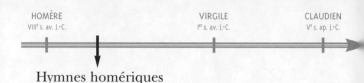

Hymnes homériques

Dans ce court hymne, le poète célèbre les multiples qualités de la déesse.

L'ARCHÈRE

Je chante la bruyante Artémis aux flèches d'or, la vierge vénérée, l'Archère qui de ses traits frappe les cerfs, la propre sœur d'Apollon au glaive d'or, celle qui, par les montagnes ombreuses et les pics battus des vents, bande son arc d'or pur, toute à la joie de la chasse, et lance des flèches qui font gémir. Les cimes des hautes montagnes frémissent, et la forêt, pleine d'ombre retentit aux cris affreux des bêtes des bois ; la terre tremble, ainsi que la mer poissonneuse. La déesse au cœur vaillant se lance de tous côtés, et sème la mort parmi la race des bêtes sauvages.

Après s'être ainsi réjouie et charmée, l'Archère qui guette les fauves détend son arc flexible, et s'en va dans la grande demeure de son frère Phoibos Apollon, au gras pays de Delphes, pour y former les chœurs gracieux des Muses et des Charites. Alors elle suspend l'arc que l'on tend en arrière ainsi que ses flèches, et met en branle, vêtue de parures séduisantes, les chœurs qu'elle dirige ; elles font entendre une voix divine, et chantent comment Létô aux belles chevilles mit au jour des enfants qui sont de beaucoup les premiers des Immortels, dans leurs desseins et dans leurs actes.

Salut, enfants de Létô aux beaux cheveux et de Zeus ! Pour moi, je penserai à vous dans mes autres chants.

À Artémis (II), 1-21

HOMÈRE
VIIIe s. av. J.-C.

VIRGILE
Ier s. av. J.-C.

CLAUDIEN
Ve s. ap. J.-C.

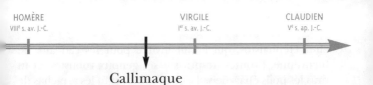

Callimaque

Est-ce parce que, déesse de la chasse, Artémis vit dans les bois qu'elle est si sauvage ? Dès son plus jeune âge, la fille de Zeus manifeste une audace et une liberté sans pareilles. La voici devant Zeus, puis Héphaïstos.

L'EFFRONTÉE

Nous chantons Artémis – malheur à qui, chantant, l'oublie – Artémis, qui aime l'arc et les chasses, et les chœurs nombreux, et les jeux sur la montagne ; et d'abord nous dirons comment, tout jeune enfant, assise sur les genoux de son père, elle lui parla : « Donne-moi, petit père, la virginité éternelle, donne-moi d'être appelée de beaucoup de noms, pour que j'en défie Phoibos lui-même. Donne-moi arc et flèches… Mais non, père, je ne veux de toi ni carquois ni grand arc ; les Cyclopes vont à l'instant me forger et les traits et l'arc recourbé… plutôt donne-moi de porter les torches et de ceindre jusqu'au genou la tunique frangée, pour chasser les bêtes fauves. Donne-moi un chœur de soixante Océanides, toutes de neuf années, toutes filles sans ceintures ; et donne-moi aussi vingt servantes, vingt nymphes de l'Anmisos, qui prendront soin de mes sandales de chasse, et, quand j'en aurai fini de frapper lynx et cerfs, de mes chiens rapides. Que toutes montagnes soient miennes ; des villes, donne-moi telle que tu voudras ; Artémis n'y descendra pas souvent. J'habiterai les monts, et ne fréquenterai les cités des hommes qu'appelée à l'aide par les femmes que tourmentent les âpres douleurs ; les Moires, à l'heure même où je naquis, m'ont assigné de les secourir, car ma mère me porta et m'enfanta sans souffrance, et sans douleur déposa le fruit de ses entrailles. »

Mais toi, déesse, plus petite pourtant – tu n'avais que trois ans – quand Létô, te portant dans ses bras, te mena

241

chez Héphaïstos, qui l'avait invitée pour les cadeaux de bienvenue, Brontès[1] te prit sur ses genoux robustes, et tu tiras les poils épais de sa large poitrine, et tu les arrachas de toutes tes forces ; encore à présent tout le milieu de son corps est sans poils, comme la tempe où s'est installée l'alopécie[2] dévastatrice. Et donc, alors, sans peur, tu parlas : « Allons, Cyclopes, pour moi aussi forgez l'arc crétois et les flèches, et le carquois, abri des traits ; moi aussi je suis de Létô, comme Apollon. Et quand de mes traits j'aurai tué solitaire ou grosse bête, ce sera le repas des Cyclopes. » Tu dis, ils œuvrèrent ; du coup tu fus armée, déesse.

Bien vite tu partis en quête de ta meute : tu allas en Arcadie, à l'antre de Pan. Il découpait la chair d'un lynx du Ménale, pour donner la pâture aux chiennes qui viennent de mettre bas. Le dieu barbu te donna deux chiens blanc et noir, trois tachés aux oreilles, et un sur tout le corps, bons pour tirer, à la renverse, leur sautant à la gorge, des lions et les traîner tout vifs jusqu'au parc. Sept autres il te donna, sept chiennes de Cynosurie[3], plus vites que le vent, faites pour suivre à la course le faon et le lièvre aux yeux jamais clos, pour dépister le gîte du cerf, et la bauge du porc-épic, pour repérer les traces du chevreuil. Au départir, suivie de ta meute, tu vis, sur les avancées du mont Parrhasion, bondir des biches, noble gibier ; elles paissaient sur les bords d'un torrent au lit de noirs cailloux, plus fortes que des taureaux, et l'or étincelait de leurs cornes. Du coup tu fus en arrêt, et tu dis en ton âme : « Voici un premier butin de chasse, digne d'Artémis. » Elles étaient cinq en tout, tu en pris quatre à la course, sans poursuite des chiens, pour mener ton char rapide ; la cinquième, par delà le Kéladôn, pour servir à la fin – c'était le dessein d'Héra – d'épreuve à Héraclès, trouva refuge au tertre de Cérynée.

À *Artémis*, 1-24 et 72-109

---

1. Cyclope.
2. Qui provoque la calvitie.
3. Chiens de Laconie.

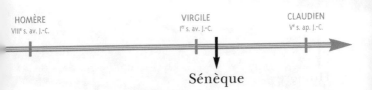

HOMÈRE
VIIIe s. av. J.-C.

VIRGILE
Ier s. av. J.-C.

CLAUDIEN
Ve s. ap. J.-C.

Sénèque

Hippolyte, le fils de Thésée et d'une amazone, décrit la vie sauvage et libre que lui offre la déesse: son discours exprime la pureté et l'intransigeance d'Artémis.

LE CHOIX D'ARTÉMIS

Hippolyte. – Il n'y a pas de vie plus libre, plus exempte de vices, plus respectueuse des coutumes antiques que de se tenir à l'écart des murs des villes et de s'attacher avec passion aux forêts. La folie d'un vouloir cupide n'embrase pas celui qui a consacré sa vie innocente aux cimes des montagnes, ni la faveur populaire, celle d'une foule infidèle aux gens de bien, ni la funeste envie, ni la fragile popularité; il n'est pas asservi au pouvoir royal, ne poursuit pas, en convoitant ce pouvoir, de vains honneurs ou une éphémère puissance; libre d'espoir comme de crainte, l'envie perfide et vorace ne l'attaque pas de sa dent lâche; il ignore les crimes qui ont leur demeure parmi les foules et les villes; la conscience en paix, il n'a pas à redouter tous les bruits ou à forger de mensonges; il ne cherche pas à étaler sa richesse en s'abritant sous des milliers de colonnes ni son insolence en décorant ses lambris d'une profusion d'or; le sang n'inonde pas avec prodigalité ses pieux autels, des bœufs couleur de neige ne reçoivent pas, par centaines, l'aspersion du blé rituel avant d'offrir leur cou au sacrifice; mais il dispose à son gré de la libre étendue des campagnes, exempt de faute, il marche à l'aventure sous les regards du ciel.

Phèdre, 483-502

HOMÈRE
VIII° s. av. J.-C.

VIRGILE
I° s. av. J.-C.

CLAUDIEN
V° s. ap. J.-C.

Homère

L'arrogance de la déesse, qui n'est pas sans rappeler celle de son frère, lui vaut bien des ennemis, à commencer par Héra.

ARTÉMIS TANCÉE PAR HÉRA

Il[1] dit et se détourne ; il répugne à l'idée d'en venir aux mains avec le frère de son père[2]. Mais sa sœur alors le prend à parti, la Dame des fauves, Artémis agreste, et elle lui tient ces propos injurieux :

« Quoi ! tu fuis, Préservateur[3], tu laisses ici pleine victoire à Poséidon ! tu lui donnes une vaine gloire ! Pauvre sot ! pourquoi as-tu un arc, s'il ne te sert de rien ? Que désormais je ne t'entende plus au palais paternel te vanter, comme jadis, au milieu des dieux immortels, de lutter ouvertement face à face avec Poséidon ! »

Elle dit ; Apollon Préservateur ne réplique rien. Mais la digne épouse de Zeus, irritée, prend à parti la Sagittaire[4] avec ces mots injurieux :

« Quoi ! tu as donc envie aujourd'hui, chienne effrontée, de me tenir tête ! Je te ferai voir, moi, ce qu'il en coûte de vouloir mesurer ta fureur à la mienne, en dépit de l'arc que tu portes – parce que Zeus a fait de toi une lionne pour les femmes et t'a permis de tuer celle qu'il te plaît ! Ne ferais-tu pas mieux d'aller massacrer les bêtes des montagnes et les biches sauvages, que d'entrer en guerre ouverte avec qui est plus fort que toi ? Pourtant si tu veux t'instruire au combat, eh bien ! tu vas savoir combien je

1. Apollon.
2. Poséidon.
3. Apollon.
4. Artémis.

vaux plus que toi, alors que tu prétends mesurer ta fureur à la mienne. »

Elle dit, et, de sa main gauche, elle lui prend les deux mains au poignet, de sa droite elle lui enlève l'arc des épaules ; puis, de cet arc, en souriant, elle la frappe au visage, près des oreilles, tandis que l'autre tourne la tête à chaque coup et que les flèches rapides se répandent sur le sol. La déesse baisse la tête en pleurant et s'enfuit. On dirait une colombe qui, sous l'assaut du faucon, s'envole vers un rocher creux, vers le trou où est son nid, le sort ne voulant pas qu'elle soit prise cette fois. Toute pareille fuit Artémis en pleurs, laissant là son arc.

Iliade, XXI, 468-496

HERMÈS ≈ MERCURE

Fils de Zeus et de Maïa, la fille d'Atlas, Hermès est le dieu sur lequel nous avons le plus de témoignages : aucune divinité n'apparaît aussi souvent dans la mythologie, et son apparence, un jeune homme alerte et gracieux, est bien connue par de nombreuses statues. Avec ses sandales ailées, son chapeau plat et sa baguette, le caducée, il est le messager des dieux, et remplace Iris dans ce rôle. Il est aussi celui qui accompagne les morts dans l'Hadès. Il est alors psychopompe, guide des âmes. Dès son plus jeune âge, il manifeste son astuce : c'est pourquoi il est le dieu du commerce, des négociants et des voleurs.

HOMÈRE
VIIIe s. av. J.-C.

VIRGILE
Ier s. av. J.-C.

CLAUDIEN
Ve s. ap. J.-C.

Hymnes homériques

Dès le berceau, Hermès est un garçon malicieux et charmeur, toujours prêt à jouer quelque bon tour.

UN DIEU TURBULENT

Muse, chante un hymne à Hermès, fils de Zeus et de Maïa, roi du Cyllène et de l'Arcadie abondante en moutons, messager bienfaisant des Immortels, à Celui qu'enfanta, après s'être unie d'amour à Zeus, Maïa, la Nymphe aux belles tresses, Déesse vénérée.

Fuyant la société des dieux bienheureux, elle demeurait dans un antre plein d'ombre; c'est là que le Cronide venait, en pleine nuit, s'unir à la Nymphe aux belles tresses, tandis qu'un doux sommeil possédait Héra aux bras blancs – à l'insu des dieux immortels et des hommes mortels. Mais lorsque le dessein du grand Zeus fut près de s'accomplir – elle voyait alors la dixième Lune se fixer au ciel –, et qu'il fit paraître au jour, dans leur achèvement, ses glorieuses œuvres, la Nymphe mit au monde un fils ingénieux et subtil, – le Brigand, le Ravisseur de bœufs, l'Introducteur des songes, le Guetteur nocturne, le Rôdeur des portes –, qui devait bientôt manifester parmi les dieux immortels des actions éclatantes. Né au matin, il jouait de la cithare dès le milieu du jour et, le soir, il déroba les vaches de l'Archer Apollon: c'était le quatrième jour de la première moitié, quand la noble Maïa l'enfanta.

Après qu'il eût jailli des flancs immortels de sa mère, il ne devait pas rester longtemps dans son berceau sacré: au contraire, cet enfant-là, franchissant le seuil de l'antre élevé, se mettait déjà à la recherche des vaches d'Apollon. En ce lieu, il trouva une tortue, qui lui procura des jouissances sans nombre. Hermès sut le premier fabriquer un instrument de musique avec la tortue qu'il rencontra sur la porte de la cour cependant que, d'un pas nonchalant, elle paissait devant la demeure l'herbe fleurie. Le fils bienfaisant de Zeus la considéra, se mit à rire, et lui tint aussitôt ce langage :

« La riche aubaine que voilà ! Je ne la dédaigne pas. Salut, beauté charmante qui rythmes la danse, compagne des festins ! Que j'ai de plaisir à te voir paraître ! D'où vient ce beau jouet ? Tu es carapace aux reflets changeants, une tortue qui vit dans la montagne. Eh bien ! je vais te prendre, et t'emporter dans ma maison : loin de te mépriser, je tirerai quelque chose de toi, et serai le premier à qui tu serviras. On est bien mieux chez soi : dehors, on se ruine. Vivante, tu protègeras contre la magie malfaisante ; mais une fois morte, tu pourrais chanter fort bien. »

Il parlait ainsi, et, la prenant à deux mains, il rentra chez lui avec cet aimable jouet. Alors, retournant la bête, avec un burin de fer mat il arracha la moelle de vie à la tortue des montagnes. Comme une pensée rapide traverse le cœur d'un homme que hantent de pressants soucis, ou comme on voit tourner les feux d'un regard, ainsi le glorieux Hermès méditait à la fois des paroles et des actes. Il tailla des tiges de roseau à la juste mesure, et les fixa en traversant dans le dos l'écaille de la tortue. Puis, avec l'intelligence qui est la sienne, il étendit sur le pourtour une peau de bœuf, adapta deux bras joints par une traverse, et tendit, en les accordant, sept boyaux de brebis. Après avoir si vite construit l'aimable jouet, il en éprouvait les cordes tour à tour, avec un plectre ; et sous ses doigts la cithare rendait un son formidable. Le dieu, qui d'une belle voix soutenait au accords, s'essayait à improviser – comme les jeunes gens, à l'âge viril, font assaut de railleries dans un festin ; il chantait Zeus le Cronide et Maïa aux belles sandales, et disait comment ils s'unissaient naguère en une liaison d'amour : c'était là glorifier son illustre naissance. Il célébrait aussi les suivantes et la superbe demeure de la Nymphe, les trépieds de la maison et ses chaudrons durables ; mais, tout en chantant ces splendeurs, il n'en avait pas moins d'autres projets en tête. Il se hâta de la déposer dans son berceau sacré, la phorminx[1] évidée : pris d'une envie de viande, il bondit de la salle odorante pour se mettre aux aguets, agitant dans son esprit une ruse profonde, comme en méditent les brigands aux heures de la nuit sombre.

À Hermès, 1-67

---

1. Instrument de musique à cordes.

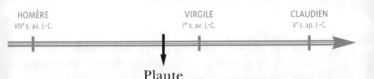

HOMÈRE
VIIIe s. av. J.-C.

VIRGILE
Ier s. av. J.-C.

CLAUDIEN
Ve s. ap. J.-C.

Plaute

Son caractère malicieux fait du dieu un excellent valet de comédie, rôle que lui donne Plaute dans Amphitryon. *Pour aimer Alcmène, Jupiter a pris l'apparence de son mari Amphitryon qui s'est absenté. Tout se passe au mieux et Alcmène est abusée sans peine, jusqu'à ce que survienne Sosie, l'esclave d'Amphitryon, venu porter des nouvelles de son maître. Voici Mercure en serviteur zélé d'un père divin, empêchant d'entrer Sosie, serviteur zélé d'un maître mortel.*

MERCURE (*à part*). – Continue, ô Nuit, comme tu as commencé ; montre-toi complaisante envers mon père. Tu agis au mieux en rendant au meilleur des dieux le meilleur service ; la peine ne sera point perdue.

SOSIE. – Jamais je n'ai vu, je pense, de nuit plus longue, sauf une, où après avoir été bâtonné, je suis resté suspendu au poteau, du soir au matin. Mais même celle-là, ma foi, celle-ci la dépasse de beaucoup en durée. Je crois bien, parbleu, que le Soleil dort encore, et qu'il a bu un bon coup. Je parierais qu'il s'est un peu trop bien traité à dîner.

MERCURE (*à part*). – Tu dis, coquin ? Crois-tu que les dieux te ressemblent ? Mordieu ! je vais te payer de tes insolences et de tes méfaits, pendard. Viens seulement jusqu'ici, s'il te plaît ; ce ne sera pas pour ton bonheur.

SOSIE. – Où sont donc ces galants, qui n'aiment pas à coucher seuls ? Voici une nuit bien faite pour donner de l'ouvrage aux belles qu'on paye si cher.

MERCURE (*à part*). – Mon père, à l'entendre, a donc bien raison de tenir dans son lit, dans ses bras cette Alcmène dont il est amoureux, et de ne pas contrarier sa passion.

SOSIE. – En route ! Portons à Alcmène les nouvelles dont m'a chargé Amphitryon. Mais quel est cet homme que je vois là, devant la maison, à cette heure de la nuit ? Cela ne me dit rien de bon.

251

MERCURE (*à part*). – Il n'y a pas poltron comme lui.

SOSIE (*à part*). – Hé ! mais j'y songe. Il veut me rebattre aujourd'hui mon manteau.

MERCURE (*à part*). – Il a peur. Je vais m'en amuser.

SOSIE (*à part*). – Je suis perdu ; les dents me démangent. Certainement, il va, pour mon arrivée, me régaler d'une réception pugilistique. C'est un bon cœur, à ce que je vois. Comme non maître m'a fait veiller, il va maintenant m'endormir à coups de poings. Ça y est ! je suis mort ! Miséricorde ! par Hercule, qu'il est grand et qu'il est fort !

MERCURE (*à part*). – Parlons haut bien en face, de manière qu'il m'entende. C'est le moyen d'augmenter sa terreur. (*À haute voix*) Au travail, mes poings. Il y a bien longtemps que vous n'avez donné à mon estomac sa pitance. Il me semble qu'il s'est passé un siècle depuis qu'hier vous avez endormi tout nus ces quatre gaillards.

Amphitryon, I, 277-326

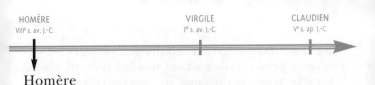

HOMÈRE
VIIIᵉ s. av. J.-C.

VIRGILE
Iᵉʳ s. av. J.-C.

CLAUDIEN
Vᵉ s. ap. J.-C.

Homère

Hermès est aussi le messager des dieux. Zeus le mande auprès de Calypso, amoureuse d'Ulysse, afin qu'elle libère le héros.

LE MESSAGER

Comme il[1] disait, le Messager aux rayons clairs se hâta d'obéir : il noua sous ses pieds ses divines sandales, qui, brodées de bel or, le portent sur les ondes et la terre sans bornes, vite comme le vent, et, plongeant de l'azur, à travers la Périe, il tomba sur la mer, puis courut sur les flots, pareil au goéland qui chasse les poissons dans les terribles creux de la mer inféconde et va mouillant dans les embruns son lourd plumage. Pareil à cet oiseau, Hermès était porté sur les vagues sans nombre.

Mais quand, au bout du monde, Hermès aborda l'île, il sortit en marchant de la mer violette, prit terre et s'en alla vers la grande caverne, dont la Nymphe bouclée avait fait sa demeure.

Il la trouva chez elle, auprès de son foyer où flambait un grand feu. On sentait du plus loin le cèdre pétillant et le thuya, dont les fumées embaumaient l'île. Elle était là-dedans, chantant à belle voix et tissant au métier de sa navette d'or. Autour de la caverne, un bois avait poussé sa futaie vigoureuse : aunes et peupliers et cyprès odorants, où gîtaient les oiseaux à la large envergure, chouettes, éperviers et criardes corneilles, qui vivent dans la mer et travaillent au large.

Au rebord de la voûte, une vigne en sa force éployait ses rameaux, toute fleurie de grappes, et près l'une de l'autre, en ligne, quatre sources versaient leur onde claire, puis

---

1. Zeus.

leurs eaux divergeaient à travers des prairies molles, où verdoyaient persil et violettes. Dès l'abord en ces lieux, il n'est pas d'Immortel qui n'aurait eu les yeux charmés, l'âme ravie.

Le dieu aux rayons clairs restait à contempler. Mais, lorsque, dans son cœur, il eut tout admiré, il se hâta d'entrer dans la vaste caverne et, dès qu'il apparut aux yeux de Calypso, vite il fut reconnu par la toute divine : jamais deux Immortels ne peuvent s'ignorer, quelque loin que l'un d'eux puisse habiter de l'autre.

HERMÈS. – Pourquoi je suis venu, moi, dieu, chez toi, déesse[2] ? je m'en vais franchement te le dire : à tes ordres. C'est Zeus qui m'obligea de venir jusqu'ici, contre ma volonté : qui mettrait son plaisir à courir cette immensité de l'onde amère ? et dans ton voisinage, il n'est pas une ville dont les hommes, aux dieux, offrent en sacrifice l'hécatombe de choix ! Mais quand le Zeus qui tient l'égide a décidé, quel moyen pour un dieu de marcher à l'encontre ou de se dérober ?... Zeus prétend qu'un héros est ici, près de toi, et le plus lamentable de tous ceux qui, sous la grand-d'ville de Priam, étaient allés combattre. Aujourd'hui, sans retard il faut le renvoyer : c'est Zeus qui te l'ordonne ; car son destin n'est pas de mourir en cette île, éloigné de ses proches.

À ces mots, un frisson secoua Calypso ; mais élevant la voix, cette toute divine lui dit ces mots ailés :

CALYPSO. – Que vous faites pitié, dieux jaloux entre tous ! ô vous qui refusez aux déesses le droit de prendre dans leur lit, au grand jour, le mortel que leur cœur a choisi pour compagnon de vie !

Odyssée, V, 43-81 et 97-120

---

2. Hermès s'adresse à Calypso.

DIONYSOS ≈ BACCHUS

Cette divinité, qui a tant inspiré la littérature, n'est pas, à proprement parler, un dieu. Fils de Zeus et de Sémélé[1], Dionysos ne devient immortel qu'après de longues aventures. Bienfaiteur de l'humanité, il a apporté aux hommes le vin et le théâtre. Il est le dieu de l'extase, créatrice ou destructrice, et de leurs corrélats, la possession et la folie : il donne l'ivresse et la joie à quiconque s'abandonne à lui et la mort à ceux qui refusent son culte. Ses suivantes, les Bacchantes, sont des femmes sauvages en proie au délire. À la fois bienfaisant et redoutable, multiple et tout en séduction, Dionysos est par excellence le dieu de l'aliénation, et, bien naturellement, celui des artistes et des fous. Dieu de l'étrangeté, il est décrit tantôt comme un bel et blond adolescent, tantôt comme un homme mûr à la physionomie joviale. Il serait illusoire d'être exhaustif pour un dieu tel que Dionysos, qui a fasciné tant d'auteurs, et fut même comparé à Jésus-Christ. Les textes suivants répondent à deux impératifs, faire apparaître les qualités principales du dieu ainsi que les auteurs antiques qu'il a le mieux inspirés.

1. Une mortelle, princesse de Thèbes.

HOMÈRE
VIIIᵉ s. av. J.-C.

VIRGILE
Iᵉʳ s. av. J.-C.

CLAUDIEN
Vᵉ s. ap. J.-C.

Diodore de Sicile

L'histoire de Dionysos est longue, riche en rebondissements et en vicissitudes. Diodore de Sicile, en propose un récit abrégé et presque complet: le mythe est envisagé comme prélude à l'histoire, rationnel et méthodique.

HISTOIRES DE DIONYSOS

Nous commencerons par Dionysos parce qu'il est tout à fait ancien et qu'il a rendu de très grands services au genre humain. Nous avons mentionné, dans les livres précédemment cités, que certains des peuples barbares se disputent l'origine de ce dieu. Les Égyptiens, en effet, affirment que le dieu nommé chez eux Osiris est celui qui est appelé chez les Grecs, Dionysos. Ils racontent aussi qu'il a parcouru toute la terre habitée, qu'il a enseigné aux hommes, après avoir inventé le vin, à planter la vigne, et que c'est pour ce bienfait que l'immortalité lui a été accordée. De la même façon, on dit que les Indiens affirment que c'est chez eux que ce dieu s'est révélé et qu'après avoir trouvé ingénieusement la culture de la vigne, il a communiqué l'usage du vin aux hommes de la terre habitée. Mais après avoir rapporté en détail ce qu'ils en disent, nous allons exposer maintenant ce qui est raconté sur ce dieu chez les Grecs.

Zeus s'unit à Sémélè pour sa beauté, mais comme il lui rendait visite en secret, elle crut que Zeus la méprisait. C'est pourquoi elle réclama qu'il rendît leurs enlacements semblables à ceux, assidus, qu'il avait pour Héra. Zeus survint donc avec une magnificence divine, au milieu de tonnerres et d'éclairs et il donna de l'éclat à leur union. Mais, comme Sémélè était grosse et qu'elle ne supportait pas l'importance de son état, elle mit l'enfant au monde avant terme et mourut elle-même sous l'effet des flammes. Lorsque Zeus eut recueilli l'enfant, il le remit à Hermès, lui ordonna de l'emmener près de la grotte de Nysa, située entre la Phénicie et le Nil, et de le confier aux Nymphes pour l'élever et prendre, avec beaucoup de zèle, le plus grand soin de lui. Et c'est pour avoir été élevé à Nysa que Dionysos reçut ce nom, d'après Zeus et Nysa[1]. Homère d'ailleurs en témoigne dans ses hymnes, dans lesquels il dit :

« Il existe une Nysa, haute montagne, revêtue de forêt, loin de la Phénicie, près des courants, de l'Égyptos. »

Après avoir été élevé par les Nymphes à Nysa, il devînt, dit-on, l'inventeur du vin et enseigna aux hommes la plantation de la vigne. Tout en parcourant la quasi-totalité de la terre habitée, il en civilisa un vaste territoire, et c'est pour cela qu'il obtint chez tous de très grands honneurs. C'est lui qui inventa aussi la boisson préparée à base d'orge, qui est appelée par certains « zythos », et qui, pour son parfum, ne le cède pas de beaucoup au vin. Il l'enseigna à ceux qui possédaient des terres qui ne pouvaient pas accueillir la culture de la vigne. Il était, en outre, entouré d'une armée non seulement d'hommes mais aussi de femmes et il punissait les hommes injustes et impies. En particulier en Béotie, pour rendre grâces à sa patrie, il libéra toutes les villes et fonda une ville qu'il appela Éleuthère (« Libre »), au nom de l'autonomie qu'il y établissait.

Il mena campagne en Inde et regagna la Béotie dans la troisième année, rapportant une considérable masse de butin ; il fut le premier de tous à conduire un triomphe juché sur un éléphant indien. Les Béotiens, tous les autres Grecs et les Thraces gardant le souvenir de cette expédition en Inde, ont institué des sacrifices triennaux à Dionysos, et ils pensent que le dieu, à ces moments-là, se manifeste auprès des hommes. C'est pourquoi, dans beaucoup de villes grecques, tous les trois ans, des troupes bachiques de femmes s'assemblent, et il est d'usage pour les vierges de

---

1. En grec *dios* et *nysa*.

porter le thyrse[2] et d'entrer en transes en poussant des cris et en rendant hommage au dieu ; les femmes, en groupe, offrent des sacrifices au dieu, célèbrent les mystères bachiques, et, en somme, louent par un chant la présence de Dionysos, en mimant les compagnes en délire qui jadis, raconte-t-on, entouraient le dieu. Il infligea des châtiments, à travers toute la terre habitée, à beaucoup d'autres hommes qui semblaient être impies ; les plus illustres sont Penthée et Lycurgue. Comme l'invention et le don du vin avaient extrêmement plu aux hommes, en raison du plaisir qui naît de cette boisson, et parce que ceux qui boivent du vin deviennent physiquement plus vigoureux, pendant le repas, dit-on, quand est offert du vin pur, on ajoute une invocation au Bon Génie ; mais quand, après le repas, on sert du vin mélangé à de l'eau, c'est à Zeus Sôter qu'ils s'adressent. Car boire du vin pur amène à un état de transes, tandis que, quand il est mélangé à la pluie de Zeus, le plaisir et la jouissance demeurent, mais la gêne que constituent la transe et le relâchement est corrigée. De façon générale, les mythes racontent que parmi les dieux, ceux qui trouvent la plus grande considération auprès des hommes sont ceux qui l'ont emporté par leurs bienfaits en inventant des biens, Dionysos et Déméter : lui, pour avoir été l'inventeur de la boisson la plus agréable, elle, pour avoir transmis au genre humain la plus importante des denrées sèches[3].

Cependant, certains racontent qu'il y a eu aussi un second Dionysos, qui, chronologiquement, devance celui-là de beaucoup. Ils disent, en effet, qu'un Dionysos est né de Zeus et de Perséphone, qui est appelé par certains Sabazios et dont la naissance, les sacrifices et les honneurs sont célébrés de nuit et en secret à cause du déshonneur qui accompagnait cette union. Ils racontent qu'il se distingua des

2. Bâton ornée de pampre et de lierre.
3. Le blé.

autres par sa perspicacité, qu'il fut le premier à entreprendre d'atteler des bœufs sous le joug, grâce auxquels il
put semer des graines ; et c'est justement pour cela qu'ils le
représentent cornu. Mais celui né de Sémélè dans des
temps plus récents était, disent-ils, physiquement efféminé
et tout à fait délicat, mais il l'emportait largement sur les
autres par sa belle apparence et fut très enclin aux plaisirs
amoureux durant ses expéditions, il était toujours entouré
d'une foule de femmes armées de fers de lances en forme
de thyrse.

Bibliothèque historique, IV, 1-4

HOMÈRE
VIIIe s. av. J.-C.

VIRGILE
Ier s. av. J.-C.

CLAUDIEN
Ve s. ap. J.-C.

Euripide

La pièce d'Euripide, dédiée au dieu du théâtre, relate un des épisodes les plus fameux de sa geste. Penthée, roi de Thèbes, refuse de reconnaître le culte du dieu. Pour tromper Penthée, Dionysos s'est déguisé… en prêtre de Dionysos. Le roi[1], qui a fait arrêter l'agitateur, l'interroge. Le dialogue, tout en stichomythie[2], est un trésor d'ironie et de double-entente.

DIONYSOS TRAVESTI

PENTHÉE. – Vous pouvez le lâcher ; car, pris dans mes filets, si leste qu'il puisse être, il ne peut m'échapper. – Mais tu n'es pas mal fait, étranger, au goût des femmes, ce pourquoi tu es venu à Thèbes ! Tes longs cheveux bouclés ondoyant sur ta joue ne sont point d'un lutteur mais respirent l'amour. Blanche est ta peau, tu l'as soigneusement, sans doute, tenue au frais sans l'exposer au plein soleil, captant, par ta beauté, les faveurs d'Aphrodite. – Mais dis-moi, tout d'abord, quelle est ton origine ?

DIONYSOS. – Elle est aisée à dire, et je n'en suis pas vain. Connais-tu le Tmôlos, la montagne fleurie ?

PENTHÉE. – Je sais : comme d'un cirque il environne Sardes.

DIONYSOS. – Je viens de là ; mon sol natal est la Lydie.

PENTHÉE. – D'où tiens-tu ces mystères qu'en Grèce tu apportes ?

DIONYSOS. – Dionysos en personne, le fils de Zeus, m'initia.

PENTHÉE. – Est-il, chez vous, un Zeus, père de nouveaux dieux ?

---

1. Penthée.
2. Dans un dialogue de théâtre, la stichomythie désigne un rapide échange entre deux personnages. Chaque réplique fait moins d'un vers.

DIONYSOS. – Non! c'est celui qu'aima dans ces lieux Sémélé.

PENTHÉE. – Est-ce en songe qu'il t'a donné ses ordres?

DIONYSOS. – Je le vis face à face et reçus ses mystères.

PENTHÉE. – Ces mystères, dis-moi, quelle en est la nature?

DIONYSOS. – Les non-initiés ne la peuvent connaître.

PENTHÉE. – Quel en est le profit pour ceux qui les célèbrent?

DIONYSOS. – Il est grand: mais il t'est interdit de l'apprendre.

PENTHÉE. – La défaite est habile et propre à m'allécher.

DIONYSOS. – Nos mystères sacrés ont horreur de l'impie.

PENTHÉE. – Puisque tu vis le Dieu, quelle était sa figure?

DIONYSOS. – Eh! celle qui lui plut: je n'avais rien à dire.

PENTHÉE. – Subtile échappatoire encor, pour ne rien dire!

DIONYSOS. – L'ignorant trouvera sot un sage langage…

PENTHÉE. – Est-ce à nous que tu fais étrenner ton démon?

DIONYSOS. – Tous les Barbares vont célébrant ces mystères.

PENTHÉE. – C'est en quoi ils sont moins éclairés que les Grecs.

DIONYSOS. – Beaucoup plus en ce point, quoique leurs mœurs soient autres.

PENTHÉE. – Ces rites se font-ils de nuit, ou bien de jour?

DIONYSOS. – De nuit surtout, car les ténèbres sont sacrées.

PENTHÉE. – C'est justement le piège où se prennent les femmes.

DIONYSOS. – Le jour aussi se prête aux actions honteuses.

PENTHÉE. – Tu seras châtié de tes méchants sophismes.

DIONYSOS. – Toi, de ton ignorance impie et sacrilège…

PENTHÉE. – Ah! l'effronté bacchant! le sophiste-retors!

DIONYSOS. – Quel supplice m'attend? Quel mal vas-tu me faire?

PENTHÉE. – D'abord je couperai ces boucles délicates.

DIONYSOS. – Ces cheveux sont sacrés et voués à mon Dieu.

PENTHÉE. – Et puis lâche ce thyrse que tu tiens à la main.

DIONYSOS. – Viens le prendre toi-même; il est à Dionysos.

PENTHÉE. – Puis nous te garderons au fond de notre geôle.

DIONYSOS. – Le Dieu viendra me libérer quand je voudrai.

PENTHÉE. – Quand tu l'invoqueras au milieu des bacchantes…

Dionysos. – Dès cet instant, présent, il voit comme on me traite.

Penthée. – Où donc est-il ? Mon œil du moins ne le voit pas !

Dionysos. – Où je suis, mais l'impiété te rend aveugle !

Penthée. – Qu'on l'emmène ! À moi-même, à Thèbes il fait outrage !

Dionysos. – Je défends qu'on me lie : aux fous je parle en sage.

Penthée. – T'enchaîner est mon droit : je suis plus fort que toi.

Dionysos. – Tu ne sais pas ce que tu dis ni ne vois qui tu es.

Les Bacchantes, 451-506

Les Bacchantes, avec les Satyres, font partie du cortège de Dionysos, le thiase, et promènent leur folie hors la ville, dans les montagnes et les lieux agrestes. Dans Les Bacchantes, *les princesses thébaines, dont la mère de Penthée, ont été converties au dieu. Le messager relate au roi les étranges et terrifiantes cérémonies qu'il a surprises dans la montagne.*

LES BACCHANTES

Le Messager. – Je venais de mener le troupeau de mes bœufs sur le plateau de la montagne, et j'atteignais son sommet, à cette heure où, réchauffant la terre, le soleil darde ses rayons. Soudain, je vois trois thiases, trois chœurs de femmes, commandés, l'un par Autonoé, le second par ta mère Agavé ; le troisième marchait sur les ordres d'Inô... Toutes, elles dormaient, leurs corps à l'abandon, les unes adossées aux rameaux chevelus d'un sapin, et les autres, sur des feuilles de chêne, leur tête reposant au hasard sur le sol, chastement, – et non pas, ainsi que tu les peins, enivrées par le vin et le bruit du lôtos, et cherchant à l'écart l'amour dans la forêt...

Mais voici que ta Mère, se dressant au milieu des bacchantes, lança le signal rituel, la clameur du réveil, sitôt qu'elle entendit mugir nos bœufs cornus. Secouant le profond sommeil de leurs paupières, merveilles de pudeur, toutes, de se dresser, toutes, les jeunes et les vieilles, et les vierges ignorantes du joug. D'abord, elles laissèrent le flot de leurs cheveux couler sur les épaules ; puis l'on en vit qui remontaient leurs peaux de faon dont les liens s'étaient relâchés, ceignant ces nébrides[3] tachetées avec des serpents qui les léchaient à la joue ; et d'autres, dans leurs bras, prenaient de petits faons ou bien des louveteaux, à ces farouches nourrissons tendant leurs seins gonflés du lait de leur maternité nouvelle – jeunes mères ayant délaissé leur enfant. Toutes parent leur front de couronnes de lierre, ou de feuilles de chêne ou des fleurs du smilax[4]. Et l'une de son thyrse[5] ayant frappé la roche, un flot frais d'eau limpide à l'instant en jaillit ; l'autre de son narthex[6] ayant fouillé la terre, le dieu en fit sortir une source de vin. Celles qui ressentaient la soif du blanc breuvage, grattant du bout des doigts le sol, en recueillaient du lait en abondance. Du thyrse orné de lierre s'égouttait un doux miel… Ah ! que n'as-tu, présent, contemplé tout cela ! Le dieu que tu blasphèmes, tu lui voudrais toi-même adresser des prières !

Nous, bouviers et pasteurs, assemblés en conseil, échangions nos avis et discutions ces choses, nous disant que c'étaient des prodiges étranges, dignes d'être admirés !

Or voici qu'Agavé bondit à ma portée : moi aussi, la voulant saisir, d'un bond, je quitte les buissons où je m'étais mis en embuscade. Mais elle de hurler : « Ô mes chiennes agiles, on nous traque ! Voyez ces hommes !

3. Peaux de bêtes.
4. Plante, salsepareille.
5. Bâton orné de pampre et de lierre.
6. Le narthex est un genre d'ombellifère. La branche de narthex est un attribut de Dionysos.

Suivez-moi ! Suivez-moi donc, armez toutes vos mains du thyrse ! »

Nous pûmes, nous du moins, par la fuite échapper aux bacchantes, qui nous auraient écartelés. Mais, tombant sur nos bœufs qui broutaient la prairie, sans qu'aucun fer armât leurs mains, qu'avons-nous vu ? – l'une, de ses deux bras écartés, soulever une vache au pis gonflé, toute meuglante, d'autres rien qu'en tirant, dépecer des génisses... Partout, vous eussiez vu, projetés en tous sens, des côtes, des sabots fourchus qui, suspendus aux branches des sapins, laissaient goutter du sang. Des taureaux furieux et la corne en arrêt, l'instant d'après, gisaient, terrassés, mille mains de femmes s'abattant sur eux et lacérant toute la chair qui les couvrait – plus vite, ô Prince, que tu ne pourrais, sur ta royale pupille, abaisser ta paupière... Et, comme un vol d'oiseaux qui prend l'essor, elles s'élancent vers les plaines qui s'étendent le long du cours de l'Asopos et font, pour les Thébains, naître le blé fertile ; envahissant les bourgs d'Erythres et d'Hysies, au pied du Cithéron, comme une horde hostile, elles fondent sur eux, elles dévastent tout, emportent les enfants... Rien de ce qu'elles chargent sur leurs épaules, sans qu'un lien d'aucun genre serve à l'y attacher, ne choit sur le sol noir ; non, pas même l'airain, ni le fer. Le feu même, à leurs cheveux mêlé, ne les consume point. Les gens des bourgs, exaspérés de ce pillage, prennent les armes, et courent sus aux bacchantes. Ô Prince ! on vit alors un prodige effrayant. Le fer des javelots ne faisait point saigner leur chair : elles pourtant, rien qu'en lançant leurs thyrses, couvraient leurs ennemis de sanglantes blessures. Ces femmes faisaient fuir les hommes devant elles, preuve qu'un dieu les assistait ! Puis on les vit retourner au lieu même où commença leur course, aux sources que le dieu avait créées pour elles ; elles lavaient leurs mains sanglantes, leurs serpents léchaient toute trace du sang dégouttant de leurs joues.

Ah ! Quel qu'il soit, ce dieu, mon maître, accueille-le dans ta cité, car il est grand à tous égards et surtout, à ce qu'on me rapporte, aux mortels il fit don de la vigne, endormeuse de nos chagrins. Or, sans le vin, où serait donc l'amour, quel charme resterait aux mortels ici-bas ?

Les Bacchantes, 677-716 et 728-774

Dionysos ne se contente pas d'humilier son adversaire. La vengeance du dieu est autrement cruelle. C'est un procédé bien courant que de faire relater par un personnage étranger à l'action, souvent un messager ou un héraut, des événements n'ayant pas lieu sur scène, soit par contrainte scénographique, soit pour ne pas heurter le spectateur. Voici la scène affreuse à laquelle le messager a assisté sur le Cithéron, la montagne près de Thèbes.

LE MEURTRE DE PENTHÉE

Puis l'éther fit silence, et le vallon boisé fit taire son feuillage, et l'on n'entendit plus un seul cri d'animal. Elles, qui n'avaient point discerné nettement l'appel, se redressèrent, tournant partout la tête. Et le dieu répéta l'ordre : ayant reconnu le clair commandement de Bakkhios[7], alors, les filles de Cadmos, d'un essor non moins vif que celui des palombes, bondissent, et l'effort agile de la course les emporte : Agavé, la mère de Penthée, et ses sœurs avec elle, et toutes les bacchantes… Elles passent, d'un saut, le torrent du vallon, et les ravins, dans la fureur insufflée par le dieu. Les voici qui soudain aperçoivent mon maître juché sur son sapin. Aussitôt, gravissant un rocher, face à l'arbre, elles lancent sur lui une grêle de pierres, puis l'assaillent avec des branches de sapin, et d'autres, décochant leurs thyrses par les airs, s'acharnaient, mais en vain, sur Penthée, triste cible : l'infortuné, paralysé d'angoisse, était perché trop haut pour que leur rage pût l'atteindre. Enfin,

7. Autre nom de Dionysos.

brisant avec fracas des ramures de chêne, les bacchantes cherchent à dégager, de ces leviers sans fer, les racines...

Mais, comme ce labeur n'aboutissait à rien, Agavé s'écria : « Allons, faites la ronde, ménades, saisissez ce tronc pour capturer le fauve de là-haut, de peur qu'il ne révèle les danses secrètes de notre Dieu ! » Et mille mains alors s'appliquent au sapin, et l'arrachent du sol ! Penthée, qui sur le faîte vertigineux siégeait, vertigineusement s'abattit sur la terre, en poussant force cris plaintifs : il comprenait que sa mort était proche.

Sa mère, la première, en sacrificatrice, prélude au meurtre et fond sur lui : mais, arrachant sa mitre, pour que l'infortunée Agavé le pût reconnaître et ne pas le tuer, Penthée lui caressait la joue et lui disait : « Mère, c'est moi : je suis ton fils, ton fils Penthée, que tu as mis au monde au palais d'Échion. Ah ! prends pitié de moi, ma mère, et ne va point, pour châtier mes fautes, immoler ton enfant ! » Mais, l'écume à la bouche, et les yeux révulsés, n'ayant plus sa raison, de Bakkhos possédée, Agavé ne l'écoute point. Elle prend des deux mains son bras gauche, et s'arc-boutant du pied au flanc de cet infortuné, désarticule, arrache l'épaule, non point certes avec ses seules forces, mais avec celles que le dieu lui communique. Inô, sur l'autre flanc, œuvrait pareillement, et lacérait la chair, tandis qu'Autonoé venait à la rescousse avec la troupe entière des femmes. Ce n'étaient que confuses clameurs, lui, gémissant tant qu'il lui reste un peu de souffle, elles poussant le cri d'assaut : l'une emportant un bras, une autre un pied avec le soulier même – et les flancs lacérés se dépouillaient de chair. De leurs sanglantes mains, toutes, ainsi qu'au jeu de la balle, en tous sens dispersaient les lambeaux de la chair de Penthée : et son corps mutilé gisait de part et d'autre sous les âpres rochers, dans les fourrés des bois, où l'on ne trouverait ses restes qu'à grand'peine... Quant à la tête de l'infortuné, sa mère l'a prise entre ses mains et plantée sur son thyrse ; elle croyait porter la tête d'un lion, par tout le Cithéron promenant son trophée ; ayant laissé ses sœurs aux danses des ménades, elle s'enorgueillit de son butin funeste, et marche vers nos murs, invoquant Bakkhios son partenaire, son compagnon de chasse, le beau vainqueur auquel elle apporte un trophée arrosé de ses pleurs... Mais adieu! car je fuis devant cette infortune, et je ne veux pas voir apparaître Agavé auprès de ce palais! Ah! garder la mesure et respecter les dieux, c'est le plus beau parti, c'est aussi le plus sage, et le bien le plus sûr, je crois, pour les mortels!

Les Bacchantes, 1084-1152

HOMÈRE
VIIIe s. av. J.-C.

VIRGILE
Ier s. av. J.-C.

CLAUDIEN
Ve s. ap. J.-C.

Nonnos de Panopolis

Les cérémonies bachiques ne sont pas toujours aussi dévasta-
trices. La troupe qui accompagne le dieu, constituée des silènes et des
satyres, est l'occasion d'évoquer des fêtes champêtres, sensuelles et
grivoises. Voici la description, non sans humour, que propose
Nonnos de Panopolis du cortège et du bain ; faut-il lire dans le bain
de ce dieu jeune et féminin une parodie légère de celui d'une déesse
parfois un peu virile, Athéna, aussi sage que Dionysos est fou ?

LE BAIN DE DIONYSOS

Cependant Dionysos, dans la campagne du pays lydien,
agite les instruments consacrés à l'évohé de Rhéa la
Cybélienne[1] ; il est dans la fleur de son âge, ayant atteint la
taille qu'il désire. – Alors, pour fuir à midi le fouet du Soleil
au plus haut de sa course, il baigne son corps dans l'onde
au doux clapotis du fleuve méonien ; pour plaire à Lyaios,
le Pactole laisse couler en murmurant son eau qui sème l'or
sur le sable rutilant et, dans les fonds où s'entasse le trésor
du métal précieux, le poisson qui frétille se couvre d'or.

Et les Satyres, dans leurs jeux, les pieds en l'air, plon-
gent dans le fleuve, la tête la première ; l'un d'eux, se laissant porter par son propre mouvement, nage sur le ventre
en ramant de ses mains à la surface des flots : les pieds
pesant sur l'eau, d'une détente de ses jambes, il fend l'onde
opulente. Un autre plonge dans les profondeurs des
demeures abyssales pour y chasser un gibier sans pattes aux
couleurs bigarrées et il tend une main aveugle vers les poissons qu nagent ; et il quitte l'abîme, et revient offrir à
Bacchos[2] les poissons que rougit le riche limon du fleuve.

---

1. Rhéa est souvent assimilée à la déesse étrangère Cybèle.
2. Autre nom de Dionysos.

Et, unissant étroitement pieds et jambes, Silène, tout voûté, bondissant pour rivaliser avec le Satyre, fait la culbute, roulé sur lui-même, et saute de haut dans le fleuve, jusqu'au fond de son lit; sa chevelure en effleure le limon; puis il plante ses deux pieds dans la vase brillante et extrait du fleuve le trésor de ses galets. Un autre, dans les flots, montre son dos à l'air, sans mouiller ses épaules; il trempe ses reins dans l'eau, près du bord, immobile. Cet autre, dressant ses oreilles lisses, ne baigne que ses cuisses velues dans le flot resplendissant et la queue dont la nature l'a doté fouette l'onde en faisant d'elle-même des moulinets.

Et le dieu, la tête levée et la poitrine gonflée, rame avec ses mains et fend le calme des flots d'or. Et, spontanément, les roses jaillissent sur les rives sans vagues, les lis poussent, les Saisons forment une guirlande sur les berges – c'est le bain de Bacchos! – et dans l'onde étincelante, les boucles dénouées de la chevelure brune du dieu s'empourprent.

Les Dionysiaques, X, 139-174

HOMÈRE
VIIIᵉ s. av. J.-C.

VIRGILE
Iᵉʳ s. av. J.-C.

CLAUDIEN
Vᵉ s. ap. J.-C.

Plutarque

Même s'il est en réalité très ancien, le culte de Dionysos est considéré comme importé, si bien que le dieu est souvent associé à des divinités étrangères. Le voici, d'une manière aussi étonnante que peu vraisemblable, présenté comme le dieu des Juifs.

DIONYSOS JUIF

Étonné de ce dernier propos, Symmachos reprit : « Comment, Lamprias, ce dieu qui est ton compatriote, "Dionysos de l'évohé, ardent meneur de femmes, superbe d'honneurs en délire", tu veux l'inscrire au registre, l'introduire dans le domaine des dogmes secrets des Hébreux ? Ou alors existe-t-il vraiment une tradition selon laquelle il s'identifie à ce dieu-là ? »

Mais Moeragénès prit la parole et dit : « Laisse Lamprias tranquille ; je te réponds, moi qui suis Athénien, et je déclare qu'il lui est absolument identique. La plupart des preuves à cet égard ne peuvent être communiquées et enseignées qu'à ceux qui, chez nous, sont initiés aux grands mystères triennaux ; mais ce qu'il n'est pas défendu d'exposer à des amis, notamment à une table de banquet devant les présents du dieu, si l'on m'y invite, je suis prêt à le dire. »

Tout le monde l'y invita et l'en pria. « Tout d'abord, dit-il, l'époque et le caractère de la fête chez les Juifs, la plus grande et la plus solennelle conviennent à Dionysos. En effet, après ce qu'ils appellent leur jeûne, lorsque les vendanges battent leur plein, ils dressent des tables avec toutes sortes de fruits sous des tentes et des cabanes faîtes principalement de sarments de vigne et de lierre entrelacés, et ils appellent le premier des deux jours de la fête "jour des tentes". Peu de jours après, ils en célèbrent une autre, qui n'est plus nommée par énigmes, mais, directement, fête de

Bacchus. Et ils ont encore comme fête une sorte de procession de rameaux ou de procession des thyrses, au cours de laquelle ils entrent dans leur sanctuaire en portant des thyrses. Ce qu'ils font après y être entrés nous ne le savons pas, mais il est vraisemblable qu'il s'agit d'une cérémonie bachique ; ils se servent en effet de petites trompettes, comme les Argiens aux Dionysies, pour invoquer le dieu, pendant que d'autres s'avancent en jouant de la cithare ; eux-mêmes donnent à ces derniers le nom de Lévites, et ils les appellent ainsi soit par référence à Lysios, soit plutôt à Évios. Je pense aussi que la fête des Sabbats n'est pas non plus étrangère à Dionysos ; car actuellement encore beaucoup appellent Sabes les initiés de Bacchos, et ceux-ci poussent ce cri lorsqu'ils accomplissent pour le dieu les rites orgiastiques et l'on ne se tromperait pas beaucoup en affirmant que le mot vient de cette espèce de fureur qui possède les bacchants. Les Juifs eux-mêmes témoignent en faveur de cette opinion lorsqu'ils célèbrent le sabbat, puisqu'ils s'exhortent avant tout les uns les autres à s'enivrer, ou qu'ils ont coutume, si quelque motif important les en empêche, de goûter tout au moins du vin pur. Ce ne sont là, dira-t-on, que des vraisemblances ; ce qui, par contre, doit irréfutablement convaincre les contradicteurs, c'est d'abord le spectacle du grand-prêtre juif, qui mène la procession lors de leurs fêtes, coiffé d'un bandeau et couvert d'une peau de faon brodée d'or, portant une tunique jusqu'aux pieds et des cothurnes ; des clochettes nombreuses sont suspendues à son vêtement, qui résonnent à mesure qu'il marche, tout comme chez nous l'on mène grand bruit pendant nos propres cérémonies nocturnes et l'on appelle cymbalières les nourrices du dieu. C'est gravé dans la pierre, ainsi que les tambourins ; tout cela, en effet, ne convenait à aucun autre dieu, j'imagine, qu'à Dionysos. »

Propos de table, IV, 6

PERSÉPHONE ≈ PROSERPINE

La fille de Zeus et de Déméter n'est connue que pour un épisode mythique, qui eut une immense fortune littéraire. Quand elle n'était qu'une toute jeune fille, elle fut promise au Seigneur des Enfers. Toute occupée à cueillir des fleurs, la Jeune Fille (Korê en grec, l'autre nom communément donné à Perséphone) est enlevée par Hadès. Elle devient ainsi la Reine des Enfers. Si le mythe est raconté d'abord dans l'*Hymne à Déméter*, les textes proposés ici sont tous issus de la dernière épopée mythologique latine, *Le Rapt de Proserpine* de Claudien, texte magnifique et trop peu connu, et qui, en outre, a la particularité de montrer le point de vue de la jeune fille, et non celui de sa mère[1].

---

1. Celui-ci est largement développé dans le chapitre consacré à la Déméter.

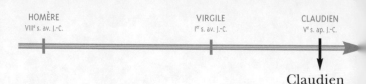

HOMÈRE
VIIIᵉ s. av. J.-C.

VIRGILE
Iᵉʳ s. av. J.-C.

CLAUDIEN
Vᵉ s. ap. J.-C.

Claudien

*Perséphone et son cortège, Vénus (Aphrodite pour les Grecs),
Diane (Artémis) et Minerve (Athéna), s'aventurent dans les plaines
humaines : le destin s'accomplit et la fleur à cueillir n'est autre que
la jeune déesse vierge.*

PROSERPINE À LA CUEILLETTE

Les Premiers rayons d'un jour pur n'ont pas encore frappé
Les flots ioniens : un feu tressaille au tremblement de l'onde ;
Des flammes jouent çà et là sur l'azur.
Et déjà Proserpine, d'un cœur hardi – la tromperie de Dioné[1]
Lui fait oublier sa mère fidèle –, gagne les humides bocages :
Ainsi l'ont ordonné les Parques !

Or voici qu'au milieu de ces jeux virginaux
Soudain éclate un grondement ; les tours se heurtent ;
Ébranlées en leurs fondements, les cités penchent puis
                                                [s'écroulent.
La cause en est cachée et seule la Paphienne a reconnu
Ce fracas ambigu ; mais sa joie est mêlée de crainte et de
                                                [terreur.
Et déjà le Maître des âmes, par des détours obscurs,
Cherchait une route sous terre. Ses lourds chevaux foulaient
Encélade et ses cris : les roues déchirent ses membres
                                                [monstrueux ;
La nuque écrasée, le géant peine à porter
Et la Sicanie et Pluton ; il tente de bouger,
Trop faible, et ses serpents s'épuisent à entraver l'essieu ;
Une ornière fumante sillonne son dos sulfureux.
Comme un soldat s'avance, inaperçu, vers l'ennemi,

1. Vénus est nommée ici par le nom de sa mère.

274

Sans défiance, et, sous les fondations minées du camp,
Par un chemin secret franchit les murs fermés;
La troupe jaillit victorieuse dans la place surprise,
Tels les Fils de la terre: ainsi le tiers héritier de Saturne,
D'une bride incertaine cherche une traverse cachée,
Désireux de surgir dans le domaine de son frère.
Nulle porte ne s'ouvre: partout s'opposaient des rochers
Qui le bloquaient; ils retenaient le dieu de leur assemblage
[serré.
Mais lui s'indigne et, sans supporter ces retards, frappe les rocs
De son énorme sceptre. Les grottes de Sicile ont résonné
et Lipari se trouble; Mulciber[2] stupéfait abandonna sa forge;
Le cyclope, tremblant, laissa tomber ses foudres.
Et ils ont entendu, ceux que les Alpes enchaînent de leurs
[glaces,
Celui qui nage en toi, Tibre non encor ceint des trophées des
[Latins,
Celui qui sur le Pô lance et mène à la rame un esquif en bois
[d'aune.
Ainsi, quand le Pénée stagnait, qu'un marais fermé par les
[roches
Tenait la Thessalie et empêchait de cultiver
Les terres inondées, la triple pointe de Neptune,
Ébranla les monts opposés; alors, blessé d'un coup puissant,
Le sommet de l'Ossa se sépara de l'Olympe glacé;
Les eaux de leur prison s'échappent et se fraient un passage:
Le fleuve est rendu à la mer, et la terre aux fermiers.
Dès lors que, vaincue par son bras, la Trinacrie a dénoué
Ses liens serrés, ouverte largement en une fente immense,
Soudain paraît au ciel l'effroi: les astres ont changé
Leurs chemins établis. L'Ourse se baigne en des flots interdits;
La peur fait se hâter le Bouvier paresseux;
Orion tremble; Atlas pâlit d'entendre ainsi hennir.
Une haleine d'une autre teinte obscurcit l'axe rutilant;

2. Autre nom de Vulcain.

Ce monde effraya les chevaux accoutumés à se repaître
D'une longue ténèbre : stupéfaits par un ciel meilleur,
Ils rongent leur frein, ils hésitent, ils luttent, timon de travers,
Pour revenir, pour retourner au chaos redoutable.
Mais aussitôt qu'ils ont senti les coups, l'aiguillon sur leur
[croupe,
Qu'ils ont appris à supporter le jour, ils se ruent avec plus de
[fougue
Qu'un torrent hivernal, plus de rapidité qu'un javelot lancé :
Le trait du Parthe n'est point tel, ni l'élan de l'Auster ;
Ni la pointe de l'âme inquiète ne court çà et là si légère.
Leur mors est chaud de sang, leur souffle mortel corrompt
[l'air
Et les cendres s'imprègnent et se souillent de leur écume.
Les nymphes de s'enfuir ; et Proserpine, enlevée sur le char,
Implore les déesses.

Le Rapt de Proserpine, II, 1-6 et 151-205

*Au fond des Enfers, des noces sont célébrées. Comme l'Olympe,
l'Hadès est le miroir du monde mortel. Proserpine enlevée par Pluton
est parée pour son mariage. Les défunts se préparent à célébrer les
noces de la jeune fille en fleur et du maître des Enfers. Avec audace,
Claudien reprend la description traditionnelle des noces divines et
l'applique au monde d'en bas : le pays des morts est en liesse.*

NOCES FUNÈBRES

Tu donneras aux justes le repos ; c'est toi qui, juge, forceras
Les criminels à avouer les forfaits commis en leur vie.
Avec le gouffre du Léthé, reçois les Parques pour servantes :
Et que le destin soit toutes tes volontés. » Sur ce, il encourage
Ses chevaux triomphants et entre adouci au Tartare.
Les âmes se rassemblent, aussi nombreuses que les feuilles
Que l'Auster le plus violent arrache aux arbres, les gouttes
[qu'il amasse

Dans les nuées, les flots qu'il brise, les grains de sable
[qu'il fait tourner.
Toutes les générations en rangs serrés se précipitent
Pour voir la mariée si distinguée. Bientôt Pluton s'avance,
D'un air serein : il se laisse adoucir et sourit aisément,
Car il n'est plus le même. À l'entrée de ses maîtres, le
[Phlégéton
Se dresse, immense : de sa barbe hérissée ruissellent
Des flots de feu, et de tout son visage coulent des incendies.
De ce peuple choisi des serviteurs s'empressent d'accourir :
Les uns ramènent le grand char, défont le mors,
Dirigent les coursiers aux prés accoutumés : ils l'ont bien
[mérité.
Les autres tiennent des tentures ; d'autres recouvrent de
[rameaux
Le seuil, et dressent dans la chambre des étoffes brodées.
Les matrones de l'Élysée en chaste file entourent
Leur reine et allègent ses craintes par de douces paroles ;
Elles renouent sa chevelure éparse et posent sur sa face
Le voile flamboyant qui couvrira sa pudeur inquiète.
Le pays de la pâleur est en liesse, les nations ensevelies
Exultent ; les ombres s'adonnent au banquet de noces ;
Les Mânes couronnés s'attardent à ce festin exquis.
Le ténébreux silence est déchiré par des chants insolites
Et les gémissements s'apaisent. De lui-même l'Érèbe
Devient moins sale et laisse dissiper son éternelle nuit.
Le sort ne roule plus, douteux, dans l'urne de Minos ;
Aucun fouet ne claque, et le Tartare impie respire
Sans frémir de douleur : les châtiments sont différés,
On dit que l'Achéron changea alors ses tourbillons :
Pour la première fois, sa source se gonfla de lait ; et l'on
[rapporte
Que, verdoyant de lierre, le Cocyte roula les délices de Lyéus[3].
Lachésis ne rompt plus nos fils ; nul cri de lamentation

---

3. Autre nom de Bacchus, désigne ici le vin.

Ne vient troubler les chœurs sacrés. La mort ne rôde plus
Sur terre, et les parents ne pleurent plus sur les bûchers :
La mer ne tue plus le marin, ni l'épieu le soldat ;
Les villes sont prospères, exemptées du trépas funèbre.
Le vieux portier a voilé de roseaux son front hirsute
Et il rame en chantant, dans une barque vide.
Déjà l'Hespérus infernal s'était avancé dans son monde ;
On conduit la vierge à la chambre. La Nuit, debout près d'elle,
Préside, en robe constellée, l'hymen, elle touche le lit,
Fécond Présage : elle consacre une union éternelle.
Les justes chantent d'allégresse : à la cour de Pluton
Ils commencent ainsi leur nuit de félicitations :
« Notre Junon puissante, et toi, à la fois fils et gendre
Du Tonnant, apprenez à partager l'union dans le sommeil ;
Que mutuellement vos bras enlacent l'objet de vos vœux.
Déjà se lève une lignée comblée ; déjà la Nature en liesse
Attend ces dieux futurs. Donnez au monde de nouvelles
                                              [divinités,
Et offrez à Cérès les petits-enfants qu'elle attend. »

Le Rapt de Proserpine, II, 307-334 et 351-372

IV

LES DIEUX
D'ICI-BAS

LES DIVINITÉS DES BOIS

La mythologie gréco-latine compte nombre de divinités mineures, qui, bien que ne faisant pas partie du Panthéon, ont inspiré les auteurs. Parmi elles, les divinités des bois occupent une place à part : elles habitent sur terre, si bien qu'il n'est pas rare pour les mortels d'en rencontrer au détour d'un bosquet. Ces dieux parmi les hommes sont des êtres riants, joueurs et sensuels. Parmi eux, Pan, le fils d'Hermès, est aussi joyeux que facétieux. Dieu des bergers, il est doté de cornes et de sabots de chèvre. Avec sa flûte de roseau, il fait danser les nymphes des bois. Les sons inquiétants de la nuit proviennent de lui et provoquent chez les mortels une peur « panique ». Silène est un vieillard ventru et sage, monté sur un âne, trop ivre pour marcher. Il fut le précepteur de Bacchus (Dionysos). Le dieu a prêté son nom à des créatures mi-hommes mi-boucs, les Silènes, aussi appelés Satyres (les Faunes pour les Latins), accompagnés parfois des centaures, mi-hommes mi-chevaux. En route pour une promenade dans les bois mythologiques !

HOMÈRE
VIIIe s. av. J.-C.

VIRGILE
Ier s. av. J.-C.

CLAUDIEN
Ve s. ap. J.-C.

Hymnes homériques

Cet hymne compte parmi les poèmes récents des Hymnes homériques, *et a pu être écrit par un contemporain de Callimaque.*

LE BERGER D'ARCADIE

Muse, parle-moi du fils d'Hermès, le chèvre-pieds à deux cornes, le dieu bruyant qui se promène à travers les prairies boisées avec les Nymphes accoutumées aux danses, ces Nymphes qui marchent sur les cimes inaccessibles aux chèvres en invoquant le dieu pastoral à la magnifique chevelure inculte, Pan, qui a pour apanage toutes les hauteurs neigeuses, ainsi que les cimes des monts et les sentiers pierreux.

Il va, çà et là, parmi les taillis épais ; parfois il est séduit par le courant d'une onde nonchalante et parfois, cheminant à travers des rochers escarpés, il monte tout en haut, jusqu'à la cime d'où il surveille ses moutons. Souvent il parcourt les grandes montagnes éclatantes de blancheur, et souvent il poursuit sa course sur les collines en tuant les bêtes des bois – il a une vue perçante. Quelquefois, et seulement au soir, il se fait entendre au retour de la chasse, et joue sur ses pipeaux un air suave : il ne pourrait pas le dépasser en ses chants, l'oiseau qui répand dans la verdure fleurie du printemps la plainte douloureuse de sa douce chanson. Les Nymphes harmonieuses des montagnes l'accompagnent alors à pas pressés, et chantent près d'une source aux eaux sombres, tandis que l'écho de la montagne en fait gémir la cime. Le dos couvert de la peau fauve d'un lynx, le dieu bondit, ici et là, dans le chœur, et parfois entre dans la danse d'un pas animé ; son cœur est charmé par ces chants harmonieux dans une molle prairie où, innombrables, les fleurs odorantes du crocus et de la jacinthe se mêlent à l'herbe. Ils célèbrent les dieux bienheureux et le grand Olympe : par exemple, ils chantaient le bienfaisant Hermès plus que tout autre, en disant comment il est pour tous les dieux le messager rapide, et comment il arriva dans l'Arcadie aux mille sources, mère des moutons, où est son domaine du Cyllène. En ces lieux, tout dieu qu'il fût, il gardait chez un homme mortel des moutons à la laine poudreuse : il avait senti venir soudain et grandir dans son cœur le tendre désir de s'unir à une Nymphe aux beaux cheveux, la fille de Dryops. Il parvint à ses fins en un heureux mariage et, dans sa demeure, elle donna un fils à Hermès ; il était en naissant d'aspect monstrueux, chèvre-pieds à deux cornes, bruyant et souriant. Elle s'enfuit d'un bond, celle qui devait le nourrir ; et, prise de peur en voyant ce visage farouche et barbu, elle abandonna son enfant. Le bienfaisant Hermès le prit aussitôt dans ses bras – ce dieu était joyeux au fond du cœur. Il enveloppa l'enfant dans la fourrure épaisse d'un lièvre des montagnes, et se hâta vers la demeure des Immortels ; il s'assit auprès de Zeus et des autres Immortels, et vint leur présenter son fils : tous les Immortels se réjouirent dans leur cœur, et surtout Dionysos Bacchos. Ils aimaient à lui donner le nom de *Pan*, parce qu'il avait réjoui *tous* les esprits[1].

Ainsi donc, je te salue, Seigneur, et par mes chants recherche tes faveurs ; pour moi, je penserai à toi dans mes autres chants !

À Pan

---

1. *Pan* en grec signifie tout.

HOMÈRE
VIIIe s. av. J.-C.

VIRGILE
Ier s. av. J.-C.

CLAUDIEN
Ve s. ap. J.-C.

Stace

Loin de l'ampleur de la Thébaïde, *les* Silves *sont un recueil de pièces courtes, au sujet simple, comme dans ce poème où Stace imagine un arbre familier visité par les dieux, dont Pan.*

L'ARBRE D'ATÉDIUS MÉLIOR

Il se dresse, pour ombrager les eaux transparentes de l'élégant Mélior, un arbre, qui couvre tout le bassin ; à peine sorti de terre, pourquoi son tronc vigoureux se ploie-t-il vers l'eau et repart-il ensuite tout droit, d'un jet comme s'il renaissait du milieu des ondes et s'enfonçait par de secrètes moines dans le cristal de la fontaine ? À quoi bon invoquer Phébus pour un si mince sujet ? C'est à vous, Naïades, de m'enseigner les causes, à vous, Faunes complaisants, – vous y suffirez – d'inspirer mes chants.

De jeunes essaims de nymphes fuyaient Pan ; et lui court comme s'il les voulait toutes, mais il ne court qu'après Pholoé. Cependant par les bois et les rivières, poursuivie, elle échappe à ses jambes velues, à ses cornes impudentes. À travers le bois guerrier de Janus, et le noir séjour de Cacus, et les champs de Quirinus, elle fuit, incertaine ; elle gagne enfin les retraites sauvages du Célius ; là seulement, accablée par la fatigue, épuisée de peur, à l'endroit où aujourd'hui s'ouvre généreusement le vertueux foyer du bienveillant Mélior, elle serra plus étroitement autour d'elle ses voiles blonds et s'arrêta au bord de l'eau, sur la berge d'un blanc de neige. L'agile dieu des troupeaux est sur ses pas ; il croit déjà la posséder ; de sa poitrine brûlante s'échappent déjà des soupirs entrecoupés ; déjà, léger, il fond sur sa proie. Mais voici que Diane tourne de ce côté ses pas rapides, tandis qu'elle parcourt les sept collines et suit les traces d'une biche de l'Aventin. Ce spectacle affligea la déesse, et se tournant vers ses fidèles compagnes :

« Ne pourrai-je jamais interdire leurs rapts lubriques à ces affreuses bêtes pétulantes ? Et faudra-t-il que la foule de ma chaste escorte décroisse toujours ? » À ces mots, elle tire de son carquois une courte flèche, qu'elle décoche sans courber les cornes de l'arc et sans l'habituel sifflement : il lui suffit de l'envoyer de la main et d'effleurer, dit-on, du bout opposé à la pointe, le malencontreux sommeil de la Naïade. Celle-ci, se dressant, vit à la fois le jour et son impudique assaillant ; dans la source, pour ne pas dévoiler son corps de neige, elle s'élance comme elle est, avec tous ses vêtements, et, sous l'épaisseur des eaux paisibles, croyant Pan à sa poursuite, elle s'enveloppe les flancs des algues du fond. Que pouvait faire le brigand soudainement déçu ? Sachant bien sa peau hérissée de poils, il n'ose point se confier au gouffre, et d'ailleurs il n'a jamais appris à nager. Il se répand en plaintes, contre Bromius et sa cruauté, contre le lac jaloux, le trait jaloux ; puis voyant un tout jeune platane, de belle pousse, aux bras innombrables, dont la cime veut monter aux nues, il le transporta tout près et l'entoura de sable vivifiant ; il l'arrose de ces eaux chéries et lui adresse ces recommandations : « Vis longtemps, gage durable de mon vœu, arbre ! Cette mystérieuse retraite d'une nymphe sans cœur, toi du moins penche-toi sur elle avec amour et presse son onde de tes frondaisons. Elle a beau l'avoir mérité, ne la laisse pas, je t'en prie, brûler par le feu du soleil ou frapper par la dure grêle ; ne songe qu'à parsemer ses flots et à les troubler de tes feuilles. Alors je t'accorderai un long souvenir ainsi qu'à la maîtresse de ce lieu aimable et je vous défendrai également contre les atteintes de la vieillesse, pour que les arbres de Jupiter et de Phébus, et le peuplier au feuillage diversement coloré, et mes propres pins s'émerveillent de tes rameaux. » Il dit. Et l'arbre, s'animant des feux dont avait brûlé le dieu, penche obliquement son tronc sur le lac aux eaux abondantes, le couve et scrute ses ondes de son ombre amoureuse ; il va jusqu'à espérer l'étreinte : mais le souffle des eaux l'écarte et interdit le contact. Enfin, d'un grand effort, il s'élance tout de nouveau vers les airs et retrouve son propre génie pour élever la tige lisse de son faîte, comme s'il enfonçait au plus profond du bassin une autre racine. Et déjà la Naïade chère à Phébé n'a plus de haine ; elle appelle en ses eaux les rameaux dont elle ne voulait pas.

Voilà le modeste présent que je te destine au jour de ta naissance, modeste, mais peut-être fait pour vivre pendant des siècles. Toi qui loges dans ton cœur paisible une dignité accueillante et une vertu gaie, mais d'une gaieté pondérée ; toi dont le repos n'est pas de la paresse ni le commandement de la tyrannie, ni les espérances des désirs outrés, mais qui te tiens toujours à mi-chemin entre le devoir et le plaisir ; toi dont la probité est inaltérable, qui n'a jamais connu les désordres de l'âme et restes bien à toi au milieu de tous par l'ordre que tu imposes aux diverses occupations de ta vie ; toi qui, au surplus, dédaignes l'or si volontiers et excelles d'ailleurs à disposer au mieux tes richesses et à mettre ta fortune au plein jour : puisses-tu, florissant toujours en cette jeunesse de l'âme et du caractère, finir, d'année en année, par égaler l'âge des vieillards d'Illion et par surpasser les ans que ton père et ta mère ont emportés dans l'Élysée ! Ce privilège, ce sont eux qui l'ont obtenu des sœurs impitoyables, eux et la haute renommée de ce grand cœur de Blésus laquelle, destinée grâce à ton témoignage à échapper à la rouille et à l'oubli des siècles, prend dans ta main un nouvel éclat.

Silves, II, 3, 1-74

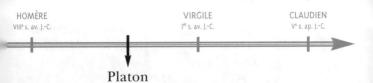

HOMÈRE
VIIIᵉ s. av. J.-C.

VIRGILE
Iᵉʳ s. av. J.-C.

CLAUDIEN
Vᵉ s. ap. J.-C.

Platon

Quel est le dieu des philosophes ? Ce n'est ni Athéna ni Métis[1] que Socrate invoque, mais Pan, un dieu mineur, joueur et bien de ce monde. Assis à l'ombre des chaleurs de l'été grec, après avoir longuement devisé, Socrate livre à son auditeur la prière du philosophe.

PAN PHILOSOPHE

SOCRATE. – Ne devrions-nous pas faire une prière aux dieux de cet endroit, avant de nous mettre en chemin ?

PHÈDRE. – Bien sûr.

SOCRATE. – Cher Pan, et vous autres, toutes autant que vous êtes, divinités de ces lieux, donnez-moi la beauté intérieure ; pour l'extérieur, que tout ce qui m'appartient soit, en accord avec le dedans. Que le sage soit à mes yeux toujours riche. Que j'aie juste autant d'or que l'homme tempérant peut seul prendre et emporter avec lui. Avons-nous, Phèdre, une autre demande à faire ? Pour moi, je n'ai rien à ajouter à ma prière.

PHÈDRE. – Fais les mêmes vœux pour moi : entre amis tout est commun.

SOCRATE. – En route !

Phèdre, 279b-279c

---

1. Déesse de l'intelligence, de la ruse et de la prudence.

HOMÈRE
VIIIe s. av. J.-C.

VIRGILE
Ier s. av. J.-C.

CLAUDIEN
Ve s. ap. J.-C.

Ovide

Priape, fils de Bacchus et de Vénus selon la plupart des versions, est, tout comme Pan, une divinité agreste, protecteur des vignes et des vergers. Son domaine est celui du trivial et du graveleux : ses caractéristiques principales sont une verge rouge en érection[1] et un appétit sexuel féroce dont la seule limite est le refus que les nymphes lui opposent.

PRIAPE ET LOTIS

L'âne à son tour est sacrifié au gardien ithyphallique du domaine rural ; la raison en est à vrai dire inconvenante, mais elle convient à la nature du dieu. Tu célébrais, ô Grèce, la fête de Bacchus couronné de lierre, que ramène tous les deux ans, selon la coutume, le cœur de l'hiver. S'y rassemblèrent aussi les dieux qui honorent Lyaeus[2], et tous ceux qui n'étaient pas ennemis des jeux et des ris, les Pans, la troupe amoureuse des jeunes Satyres, et les déesses qui habitent les rivières et les campagnes solitaires. Le vieux Silène était venu aussi sur son âne à l'échine courbe, et le dieu tout rouge, qui, de son membre, terrifie les oiseaux craintifs. Ils trouvèrent un bois propice à leurs joyeuses agapes et s'étendirent sur des lits recouverts de gazon. Liber servait le vin, chacun avait apporté sa couronne, un ruisseau fournissait en abondance l'eau à mélanger au vin. Les Naïades étaient là, les unes, cheveux flottants, qui ignoraient l'usage du peigne, les autres, dont une main habile avait ajusté la chevelure. Celle-ci, pour faire le service, a relevé sa tunique jusqu'aux genoux ; celle-là, la robe décousue, découvre sa poitrine ; l'une met à nu une épaule,

---

1. Il est dit ithyphallique, au « sexe dressé ».
2. Lyaeus et Liber sont assimilés à Bacchus.

l'autre traîne son vêtement dans l'herbe ; nulle chaussure n'entrave leurs pieds délicats. C'est ainsi qu'elles allument de douces flammes, les unes chez les Satyres, d'autres chez toi, dont les tempes sont couronnées de pin ; toi aussi tu brûles, Silène, dont le désir est insatiable : c'est ton libertinage qui t'interdit de vieillir. Mais le rouge Priape, parure et défense des jardins, c'est Lotis qui, entre toutes, l'a séduit : c'est elle qu'il désire, elle qu'il choisit ; c'est pour elle seule qu'il soupire, de la tête il lui fait signe, et du geste il l'aguiche. Mais les belles sont dédaigneuses et l'orgueil est le compagnon de la beauté : le visage de Lotis manifeste une moquerie méprisante. La nuit était venue et, le vin provoquant le sommeil, ils étaient tous étendus çà et là, cédant à l'assoupissement. Lotis, lasse de ses ébats, reposait à l'écart, sur le gazon, sous les branches d'un érable. Son amoureux se lève et, retenant son souffle, furtivement, il s'approche à pas de loup, sur la pointe des pieds. Arrivé près de la couche solitaire de la Nymphe au corps de neige, il contient sa respiration, pour ne faire aucun bruit ; déjà il se balançait sur l'herbe tout près d'elle, et cependant la Nymphe dormait profondément. Il s'en réjouit et, soulevant depuis les pieds le voile qui la recouvrait, il était en bonne voie vers la réalisation de ses vœux. Soudain la monture de Silène, l'âne, se mettant à braire, émit de son gosier rauque des sons intempestifs. La Nymphe terrifiée se dresse, ses mains repoussent Priape et, en fuyant, elle donne l'alarme à tout le bois. Alors le dieu, trop bien préparé à entrer en lice, fut au clair de lune la risée de tous. La mort fut le châtiment pour l'auteur du tumulte, et, depuis, l'âne est la victime favorite du dieu de l'Hellespont.

Les Fastes, I, 390-456

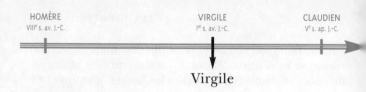

HOMÈRE
VIIIe s. av. J.-C.

VIRGILE
Ier s. av. J.-C.

CLAUDIEN
Ve s. ap. J.-C.

Virgile

Les Bucoliques *sont, comme leur nom l'indique, consacrées à la poésie champêtre. Virgile décrit ici l'antre charmant de Silène.*

LE CHANT DE SILÈNE

En avant, Piérides ! Les jeunes Chromis et Mnasyle virent dans un antre Silène sommeillant, étendu ; la liqueur d'Iacchus, bue la veille, enflait ses veines, comme toujours ; des couronnes avaient glissé de son chef à terre, pas très loin, et il tenait pendant, par son anse usée, un lourd canthare[1]. Ils l'assaillent (car souvent le vieillard, en leur faisant espérer un chant, s'était joué de l'un et de l'autre) : justement les guirlandes servent à le ligoter. À leur aide et au secours de leur timidité vient Églé, Églé, la plus belle des Naïades ; alors qu'il ouvre déjà les yeux, elle lui barbouille de mûres sanglantes le front et les tempes. Et lui riant de la ruse : « Pourquoi nouer ces entraves ? dit-il. Déliez-moi, garçons ; il suffit que votre victoire soit évidente ; les chants que vous voulez connaître, les voici ; pour vous, les chants ; pour elle, une autre récompense l'attend. » Et aussitôt il commence. Alors on aurait pu voir Faunes et fauves en cadence s'ébattre, alors les chênes raides balancer leurs cimes. Moins ravie d'entendre Phébus est la roche du Parnasse, moins grande est l'admiration du Rhodope et de l'Ismare pour Orphée.

Car il chantait comment, dans l'immensité du vide, s'étaient agrégées les semences des terres, de l'air, de la mer, et aussi du feu fluide ; comment, de ces principes, sont sortis tous les éléments, et comment la tendre matière de la voûte céleste a pris consistance ; puis comment le sol s'est

1. Sorte de très grand vase.

durci, a enfermé Nérée dans l'océan, et pris peu à peu les formes des objets ; comment, dès lors, les terres avec stupeur voient luire le soleil nouveau, et les averses tombent des nuages exhaussés, tandis que les bois commencent à surgir, et les animaux épars à errer parmi les montagnes surprises.

Ensuite il rappelle les pierres lancées par Pyrrha[2], le règne de Saturne, les oiseaux du Caucase, et le larcin de Prométhée.

Toutes les œuvres que Phébus jadis composait quand l'Eurotas avec bonheur les écouta et les fit apprendre à ses lauriens, Silène les chante (l'écho des vallées les renvoie jusqu'aux astres), jusqu'au moment de rassembler les moutons au bercail et de rendre l'appel, au signal de Vesper[3] apparu dans l'Olympe marri.

Bucoliques, VI, 11-42 et 82-86

---

2. Une légende racontait que les hommes étaient nés des pierres jetées par Pyrrha.
3. L'étoile du soir.

HOMÈRE
VIIIe s. av. J.-C.

VIRGILE
Ier s. av. J.-C.

CLAUDIEN
Ve s. ap. J.-C.

Euripide

Les spectacles à Athènes s'achevaient par un drame satyrique,
pièce légère et plaisante dont la mission était d'apaiser le spectateur
après les trois tragédies qui venaient d'être jouées. Le Cyclope est
le seul drame satyrique qui nous est parvenu. Les Satyres entourent
Silène et se mettent à chanter.

LE CHŒUR DES SATYRES

Précédés du joueur de flûte et poussant devant eux leurs
bêtes, les satyres bondissent dans l'orchestre en chantant. Ils
sont nus sous une tunique de boue, et portent une ceinture de
peau de chèvre à laquelle sont fixés la queue de cheval et le
phallus.

LE CHŒUR DES SATYRES. – *(À une brebis qui s'écarte.)* Fille
d'un père de bonne race et d'une mère de noble sang par
où vas-tu gagner les rocs ? N'as-tu pas ici, à l'abri du vent,
brise et gazon herbu ? L'eau tournoyante des ruisseaux
dans les abreuvoirs repose près de l'antre. N'entends-tu pas
bêler tes petits ?

(À la poursuite d'un bélier qui s'attarde.) Psitt ! Ici, veux-tu
bien ! Veux-tu bien paître ici la pente humide de rosée ?
Ohé ! j'aurai tôt fait de te jeter une pierre. Avance, avance,
l'encorné ! à l'étable du pasteur, du Cyclope rustique.

(À une brebis retardataire.) Détends tes mamelles gonflées ;
accueille à leurs pis ta progéniture, les agneaux que tu
abandonnes aux parcs. Ils te réclament, les bêlements de
ces petits endormis tout le jour. Pour te transporter dans
l'étable, au cœur des rocs de l'Etna, quand quitteras-tu les
pâtis de gazon ?

Il est loin, Bromios[1] ! Ils sont loin les chœurs, et les Bacchantes porte-thyrses, et la clameur des tambourins au bord des sources ruisselantes, et les fraîches lampées de vin ! Je ne suis point à Nysa parmi les Nymphes, modulant le chant d'Iacchos, Iacchos ! à la recherche d'Aphrodite ; c'est à sa poursuite que je volais avec les Bacchantes au pied blanc. Ô bien-aimé, ô cher Bacchos, où vas-tu solitaire, secouant ta blonde chevelure ? Moi cependant, ton serviteur, me voici aux gages du Cyclope borgne ; je suis esclave, et j'erre avec cette misérable tunique de bouc, sevré de ton affection.

Silène, qui inspecte l'horizon vers l'entrée de droite, se retourne soudain vers les satyres.

SILÈNE. – Silence, enfants ! dans l'antre au toit de roc dites aux serviteurs de rassembler les bêtes.

Le Cyclope, 41-83

1. Autre nom de Dionysos, en grec « le rugissant ».

HOMÈRE
VIIIᵉ s. av. J.-C.

VIRGILE
Iᵉʳ s. av. J.-C.

CLAUDIEN
Vᵉ s. ap. J.-C.

Ovide

La poésie latine est friande des divinités bucoliques. Ovide relate dans ces vers l'histoire de la jolie Pomone, une Hamadryade[1], et de celui qui est épris d'elle, Vertumne.

VERTUMNE ET POMONE

Déjà Procas gouvernait le peuple du Palatin ; sous son règne vécut Pomone ; parmi les Hamadryades du Latium aucune n'était plus habile dans la culture des jardins ; aucune ne montrait un goût plus vif pour les productions des arbres ; de là son nom[2] ; ce qu'elle aime, ce ne sont ni les forêts, ni les rivières, mais les champs et les rameaux chargés de fruits abondants. Sa main ne porte point de javelots mais une serpette recourbée, qu'elle emploie tantôt à émonder la végétation luxuriante et à contenir l'élan des pousses vagabondes, tantôt à tendre l'écorce, où elle greffe un bourgeon étranger, que nourrira une sève nouvelle ; toujours attentive à ne point laisser souffrir de la soif les fibres sinueuses des racines avides, elle les abreuve d'eaux courantes ; c'est là tout son plaisir ; ce sont là tous ses soins ; de Vénus elle n'a aucun souci. Mais comme elle redoute les violences des dieux champêtres, elle ferme ses vergers en dedans ; elle interdit à ceux du sexe mâle d'y pénétrer, elle fuit leurs approches. Que n'ont point tenté les jeunes Satyres, amis de la danse, et les Pans aux cornes couronnées de pin et Silvain, toujours plus jeune que son âge[3], et ce dieu qui effraie les voleurs avec sa faux ou avec

---

1. Nymphe des bois.
2. Pomona est un nom propre dérivé de *pomum*, « fruit des arbres ».
3. On le représentait sous les traits d'un vieillard, mais il avait toute la pétulance d'un jeune homme vigoureux.

son membre viril[4]? Que n'ont-ils point fait pour venir à
bout de la nymphe? Vertumne les surpassait tous par la violence de sa passion, sans être plus heureux. Ah! que de fois,
sous le costume d'un rude moissonneur, il avait porté des
épis dans une corbeille, offrant l'image d'un moissonneur
véritable! Souvent, le front ceint de foin nouveau[5], il semblait avoir retourné les herbes fauchées; souvent il tenait
un aiguillon dans sa main calleuse et alors on aurait juré
qu'il venait à peine de dételer du joug les bœufs fatigués.
Prenait-il une serpe, c'était un émondeur, occupé à tailler
la vigne; avait-il une échelle sur les épaules, on aurait dit
qu'il allait cueillir des fruits; avec une épée, c'était un soldat; avec un roseau, un pêcheur. Enfin, grâce à toute
espèce de déguisements, il trouve souvent le moyen d'approcher assez la beauté qu'il aimait pour avoir le bonheur
de la contempler. Un autre jour, la tête entourée d'une
mitre aux vives couleurs, s'appuyant sur un bâton, des cheveux blancs aux tempes, il prend la figure d'une vieille
femme; il entre dans ces jardins si bien cultivés et il en
admire les fruits: «Que de richesses!» s'écrie-t-il. Et, tout
en complimentant la nymphe, il lui donne quelques baisers
comme jamais n'en eût donné une vieille femme véritable;
puis il s'assied sur la terre, tout courbé, regardant au-dessus
de lui les branches qui plient sous le poids des présents de
l'automne. Il y avait là un orme que décoraient les grappes
brillantes suspendues à ses flancs. Il admire cet arbre et la
vigne qu'on lui a donnée pour compagne; «Oui, mais si ce
tronc, dit-il, était resté célibataire, privé de pampres, il n'aurait rien que son feuillage à nous offrir. Cette vigne, elle
aussi, qui repose sur l'orme qu'elle embrasse, retomberait
sur elle-même, si on ne l'avait point mariée, et traînerait à
terre. Toi pourtant, tu ne te laisses point toucher par
l'exemple de cet arbre; tu fuis les plaisirs de l'amour, tu ne

---

4. Priape ithyphallique, gardien des jardins et dieu de la végétation.
5. En signe de réjouissance pour la fenaison heureusement terminée.

veux point d'époux. Ah! si tu voulais! Tu te verrais implorée par plus de prétendants que n'en eut jamais Hélène, ou celle pour qui se battirent les Lapithes, ou l'épouse d'Ulysse, ce prince si brave, avec les lâches. Et même en ce moment, tu as beau fuir et repousser toutes les demandes, mille amants te désirent, des demi-dieux, des dieux, bref tous ceux qu'on adore sur les Monts Albains. Mais, si tu es sage, si tu veux faire un bon mariage, si tu veux écouter une vieille femme qui t'aime plus que tous ceux-là, plus que tu ne crois, rejette les partis vulgaires, choisis Vertumne pour lui faire partager ta couche. Je réponds de lui: car je le connais aussi bien qu'il se connaît lui-même; ce n'est pas un inconstant, toujours errant çà et là à travers le monde; ce grand domaine est son unique séjour; à l'inverse de beaucoup de prétendants, il ne s'éprend pas de la dernière qu'il a vue; tu seras son premier et son dernier amour; à toi seule il voue son existence entière. Ajoute qu'il est jeune, qu'il a reçu de la nature le don de la beauté et qu'il peut prendre, quand il faut, toutes les formes; tu n'as qu'à ordonner; sur ton ordre il deviendra tout ce que tu voudras. Et puis n'avez-vous pas les mêmes goûts? Ces fruits que tu cultives, n'est-il pas le premier à les recevoir? Ne prend-il pas avec joie entre ses mains les présents que tu dispenses? Mais ce qu'il désire maintenant, ce ne sont pas les fruits que l'on cueille sur tes arbres, ni les plantes dont les sucs ont mûri dans tes jardins; il ne veut rien de toi que toi-même. Prends pitié d'un amant que sa flamme consume et figure-toi que le bonheur auquel il aspire, il l'implore en personne par ma bouche; crains les dieux vengeurs, la déesse d'Idalie[6] qui hait les cœurs insensibles, et celle de Rhamnonte[7], dont la colère n'oublie jamais rien! »

Les Métamorphoses, XIV, 621-695

---

6. Vénus.
7. Némésis, déesse de la vengeance.

QUELQUES DIVINITÉS BIEN LATINES

Les dieux du Panthéon sont nés en Grèce et les Romains se sont satisfaits de ces dieux « importés » dont ils ont changé les noms et qu'ils ont assimilés à leurs propres cultes. La mythologie latine ne fut cependant pas stérile : certaines figures, comme Priape, sont plus appréciées que dans la culture grecque, d'autres sont uniquement romaines. Voici quelques créatures propres au monde latin.

HOMÈRE
VIIIᵉ s. av. J.-C.

VIRGILE
Iᵉʳ s. av. J.-C.

CLAUDIEN
Vᵉ s. ap. J.-C.

Ovide

Janus est le dieu des portes et des passages : il est représenté avec deux visages, l'un regardant le passé et l'autre l'avenir. Il a, entre autres missions, celle « d'ouvrir » l'année, comme le relate Ovide.

LE POÈTE ET JANUS

Mais quel dieu dirai-je que tu es, Janus à la double forme ? car la Grèce n'a aucune divinité qui te soit comparable. Révèle-moi aussi pour quelle raison, seul des dieux du ciel, tu vois ce qui est derrière ton dos et ce qui est devant toi. Comme je méditais ainsi, tablettes en main, ma demeure me parut plus lumineuse qu'auparavant. Alors le divin Janus, prodigieux avec son image à deux têtes, offrit soudain à mes yeux ses deux visages. Épouvanté, je sentis mes cheveux se dresser de terreur, et un froid subit glaçait mon cœur. Lui, tenant un bâton de la main droite et une clef de la gauche, m'adressa ces paroles, de sa bouche qui me faisait face : « N'aie pas peur, chantre laborieux des jours, apprends ce que tu veux savoir et ouvre ton esprit à mes paroles. Les anciens m'appelaient Chaos – car je suis chose antique – ; vois à quel lointain passé remonte mon récit ! Cet air limpide et les trois autres éléments, le feu, l'eau et la terre, ne formaient qu'un seul amas. Mais quand cette masse se dissocia, par suite de la discorde de ses parties, et que, désagrégée, elle gagna de nouvelles demeures, la flamme s'élança vers le haut, l'air occupa la région voisine, la terre et la mer se fixèrent au centre. C'est alors que moi, qui n'étais naguère qu'une boule, une masse informe, je pris un aspect et des membres dignes d'un dieu. Aujourd'hui encore, faible vestige de mon apparence jadis confuse, ma face antérieure et ma face postérieure ont le même aspect. Apprends l'autre raison de cette conformation dont tu t'enquiers, afin que du même coup tu connaisses aussi mon office. Tout ce que tu vois de toutes parts, le ciel, la mer, les nuages, les terres, tout est fermé et ouvert par ma main.C'est à moi seul qu'est confiée la garde du vaste monde et le droit de le faire tourner sur son axe n'appartient qu'à moi. Quand j'ai décidé de laisser sortir la Paix de sa paisible demeure, elle marche librement sur des routes sans obstacles; le monde entier sombrerait dans un carnage sanglant, si de solides verrous ne tenaient les guerres emprisonnées. Je garde la porte du ciel, en compagnie des douces Heures; pour sortir et pour rentrer Jupiter lui-même a besoin de mes services. C'est pourquoi on m'appelle Janus, mais quand le prêtre m'offre un gâteau de froment et de la farine mêlée de sel, tu riras de mes noms, car il m'invoque rituellement, tantôt comme *Patulcius* (Celui qui ouvre), tantôt comme *Clusius* (Celui qui ferme). C'est ainsi que la fruste antiquité a voulu signifier par l'alternance de ces deux noms la diversité de mes fonctions. Je t'ai exposé mon pouvoir; apprends maintenant la raison de ma forme, encore que tu la connaisses déjà partiellement. Toute porte a deux faces, l'une d'un côté, l'autre de l'autre; celle-ci regarde les passants, celle-là le dieu Lare[1], comme votre portier, assis près du seuil de votre demeure, voit les sorties et les entrées, ainsi moi, portier de la céleste cour, je regarde à la fois l'Orient et l'Occident. Tu vois les visages d'Hécate[2], tournés dans trois directions, afin de garder aux carrefours la croisée de trois routes : moi aussi, pour ne pas perdre mon temps à tourner la tête, j'ai le pouvoir de regarder dans deux directions sans bouger le corps ».

Les Fastes, I, 89-144

1. Le dieu de la famille.
2. Hécate est souvent représentée avec trois visages.

HOMÈRE
VIII° s. av. J.-C.

VIRGILE
Iʳ s. av. J.-C.

CLAUDIEN
V° s. ap. J.-C.

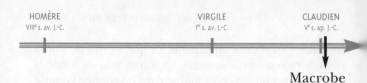

Macrobe

Au V° siècle après J.-C., Macrobe propose à « l'honnête homme » romain une encyclopédie du savoir essentiel : la mythologie y occupe une place importante. Voici une explication, réaliste et austère, du dieu Janus.

Les mythologues[1] rapportent que, sous le règne de Janus, les maisons de tous jouissaient d'une protection sacrée et inviolable, que pour cette raison des honneurs divins lui furent décernés, et que pour de tels mérites les entrées et les sorties des maisons lui furent consacrées. Xénon aussi, au livre I de son *Histoire d'Italie*, rapporte que Janus fut le premier en Italie à élever des temples en l'honneur des dieux et à édicter des règles cultuelles et que, pour cette raison, il a obtenu l'honneur d'être toujours invoqué le premier dans les sacrifices. Selon certains, le qualificatif de *Bifrons* (« À deux visages ») lui a été attribué pour sa connaissance du passé et sa capacité à prévoir l'avenir.

Mais les physiciens le mettent au rang des dieux en avançant des preuves solides de son caractère divin. Il en est en effet qui prétendent que Janus s'identifie avec Apollon et Diane, et qu'il est à lui seul l'expression de ces deux divinités.

Certains veulent démontrer que Janus se confond avec le soleil et que son double visage traduit son pouvoir sur les deux portes célestes, parce qu'en se levant il ouvre le jour, en se couchant il le ferme ; selon eux, il est invoqué le premier, quand un sacrifice est célébré pour un dieu, afin qu'il ouvre l'accès vers le dieu destinataire du sacrifice, comme si par ses portes il transmettait lui-même aux dieux les prières des suppliants. Pour cette raison, la statue de Janus

---

1. Savants étudiant la mythologie.

le montre généralement tenant dans la main droite le nombre 300 et dans la main gauche le nombre 65 pour exprimer la longueur de l'année, qui est la première fonction du soleil.

D'autres ont soutenu que Janus se confond avec le monde, c'est-à-dire le ciel, et qu'il tirait son nom du verbe *ire* (aller), parce que le monde va sans cesse, décrivant un cercle en tournant dans un mouvement qui part de lui pour revenir à lui ; voilà pourquoi Cornificius, dans ses *Étymologies*, déclare : « Cicéron écrit non pas Janus, mais Ianus, du verbe *ire* (aller). » Pour la même raison, les Phéniciens, reproduisant son image dans le culte, l'ont représenté sous forme d'un serpent roulé en cercle et dévorant sa queue, pour bien montrer que le monde se nourrit de sa propre substance et tourne sur lui-même. Voilà pourquoi chez nous aussi, il regarde vers les quatre points cardinaux, comme le montre sa statue, que l'on a fait venir de Faléries. Gavius Bassus, dans l'ouvrage qu'il a consacré aux dieux, affirme que Janus est représenté avec un double visage, en tant que portier du ciel et des enfers avec un quadruple visage comme embrassant dans son pouvoir toutes les régions climatiques.

Les Saturnales, IX, 2-6 et 9-14

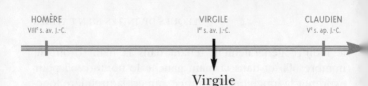

HOMÈRE
VIIIe s. av. J.-C.

VIRGILE
Ier s. av. J.-C.

CLAUDIEN
Ve s. ap. J.-C.

Virgile

Les Mânes sont pour les Romains les âmes des ancêtres remar-
quables. Elles s'adressent ici à Énée et lui disent que faire.

C'était la nuit et sur la terre tous les vivants étaient sous
la loi du Sommeil ; les images sacrées des dieux et les Pénates
phrygiens que j'avais avec moi emportés de Troie et du
milieu des flammes de la ville, parurent se présenter devant
mes yeux, comme je gisais dans mes songes, indubitables
dans l'éclatante lumière où la lune en son plein, glissant par
les fenêtres encastrées dans les murs, se répandait. Alors ils
s'adressent à moi et de ces mots dissipent mes soucis : « Ce
qu'Apollon pourra te dire si tu te rends à Ortygie, il te l'annonce ici : voici qu'il prend les devants et nous envoie sur ton
seuil. Nous qui t'avons suivi, toi et tes armes, quand la
Dardanie eut sombré dans le feu, nous qui sous ta conduite
avons dans tes vaisseaux parcouru les flots houleux, nous
serons là encore pour élever tes neveux jusqu'aux astres et
donner l'empire à ta ville. Toi, pour ces grandes entreprises
prépare une grande capitale et n'abandonne pas la longue
peine de tes courses errantes. Il faut quitter ces demeures.
L'Apollon de Délos ne t'a pas dirigé vers ces rives et ne t'a
pas ordonné de t'établir en Crète. Il est un lieu – les Grecs le
nomment Hespérie –, terre antique, puissante par ses armes
et par la fécondité de sa glèbe ; les Oenotres l'ont habité ; on
dit que par la suite cette nation a pris d'un de ses chefs et
porte maintenant le nom d'Italie. Là sont nos propres
demeures, de là est issu Dardanus et le grand Iasius, ancêtre
de notre race. Allons, debout ! Va-t-en dans l'allégresse rap-
porter à ton vieux père ces paroles dont vous ne devez douter : qu'il cherche Corythus et les terres d'Ausonie ; Jupiter te
refuse les champs Dictéens. »

Tout troublé par cette apparition et par la voix des
dieux – car ce n'étaient pas les brumes du sommeil et je

croyais reconnaître devant moi leurs visages, leur chevelure voilée, leurs traits secourables ; une sueur glacée coulait de tout mon corps –, je m'arrache vivement de ma couche. J'élève vers le ciel mes mains ouvertes et ma prière et je répands sur le foyer une libation pure.

Énéide, III, 147-178

V

LES DIEUX
ET LES HOMMES

Quels sont les rapports qui unissent les dieux et les hommes? Même s'ils sont de nature différente, les dieux grecs et latins se mêlent souvent aux affaires des hommes, tant pour les châtier que pour venir à leur rescousse. Qu'ils soient invoqués ou qu'ils apparaissent en songe, ces dieux aux visages humains[1] sont loin d'être indifférents aux mortels.

1. La similitude ne s'arrête pas au visage : les dieux sont anthropomorphes, c'est-à-dire d'apparence humaine.

HOMÈRE
VIIIe s. av. J.-C.

VIRGILE
Ier s. av. J.-C.

CLAUDIEN
Ve s. ap. J.-C.

Homère

*L'épopée est par excellence l'univers où dieux et hommes se
côtoient. Pour communiquer avec les hommes, les dieux ont recours
au Songe, ici envoyé par Zeus à Agamemnon, chef de l'armée
achéenne.*

VISITE DE SONGE À AGAMEMNON

Dieux et hommes aux bons chars de guerre dorment
ainsi toute la nuit. Seul, Zeus n'est pas la proie du doux
sommeil. En son cœur il médite : comment, pour honorer
Achille, détruira-t-il, près de leurs nefs, les Achéens par milliers ? À la fin, ce parti lui paraît le meilleur en son âme : à
Agamemnon, fils d'Atrée, dépêcher le funeste Songe. Il
s'adresse donc à Songe et lui dit ces mots ailés :

« Pars, Songe funeste, et va-t'en aux fines nefs des
Achéens. Une fois dans la baraque d'Agamemnon, le fils
d'Atrée, dis tout exactement comme je te l'ordonne.
Enjoins-lui d'appeler aux armes les Achéens chevelus – vite,
en masse ! L'heure est venue où il peut prendre la vaste cité
des Troyens. Les Immortels, habitants de l'Olympe, n'ont
plus sur ce point d'avis qui divergent. Tous se sont laissé fléchir à la prière d'Héra. Les Troyens désormais sont voués
aux chagrins. »

Il dit, et Songe va, sitôt l'ordre entendu ; promptement
il arrive aux fines nefs des Achéens. Il se dirige alors vers
Agamemnon, fils d'Atrée, et il le trouve endormi dans sa
baraque, le sommeil divin épandu sur lui. Il s'arrête donc
au-dessus de son front, sous l'aspect du fils de Nélée, de ce
Nestor qu'Agamemnon honore entre tous les vieillards.
C'est sous ses traits que le céleste Songe lors s'adresse à
Agamemnon :

« Quoi ! tu dors, fils d'Atrée, le brave dompteur de
cavales ! Un héros ne doit pas dormir la nuit entière, alors

qu'il est de ceux qui ont voix au Conseil, que tant d'hommes lui sont commis et tant de soins réservés. Voici l'heure de me comprendre promptement. Je suis, sache-le, messager de Zeus – Zeus qui, pour toi, de loin, terriblement s'inquiète et s'apitoie. Il t'enjoint d'appeler aux armes tous les Achéens chevelus – vite, en masse ! L'heure est venue où tu peux prendre la vaste cité des Troyens. Les Immortels, habitants de l'Olympe, n'ont plus sur ce point d'avis qui divergent. Tous se sont laissé fléchir à la prière d'Héra. Les Troyens désormais sont voués aux chagrins. Zeus le veut. Garde bien la chose en ta tête, et que l'oubli n'ait pas prise sur toi, lorsque t'aura quitté le suave sommeil. »

Il dit, et s'en va, et le laisse là songer en son cœur à un avenir qui jamais ne doit se réaliser. Il croit qu'il va ce jour même prendre la cité de Priam : le pauvre sot ! il ne sait pas l'œuvre que médite Zeus, ni ce qu'il entend infliger encore et de peines et de sanglots aux Danaens comme aux Troyens, au milieu des mêlées brutales. Il s'éveille de son sommeil ; mais la voix divine demeure épandue tout autour de lui. Il se soulève, se met sur son séant ; il passe une tunique molle, belle et neuve, et revêt un ample manteau. À ses pieds luisants il attache de belles sandales ; autour de ses épaules il jette son épée à clous d'argent ; enfin il prend le sceptre héréditaire, le sceptre indestructible, et, sceptre en main, il s'en va vers les nefs des Achéens à la cotte de bronze.

Iliade, II, 1-54

HOMÈRE
VIIIe s. av. J.-C.

VIRGILE
Ier s. av. J.-C.

CLAUDIEN
Ve s. ap. J.-C.

Collouthos

Aux mortels parfois les dieux demandent conseils. Pâris, prince troyen, doit décider qui d'Athéna, Aphrodite et Héra est la plus belle. Le choix du jeune homme est lourd de conséquence puisqu'il est à l'origine de la Guerre de Troie.

LE JUGEMENT DE PÂRIS

Chantant ainsi sous le couvert, élevé des arbres, Pâris aperçoit de loin Hermès, le messager. Effrayé, il se lève d'un bond ; il cherche à éviter la vue des dieux ; il pose contre un chêne la rangée de ses pipeaux mélodieux et, alors qu'elle était encore bien courte, interrompt sa chanson. Il est effrayé et voici que s'adresse à lui le divin Hermès :

« Jette au loin ton seau à traire ; laisse tes beaux moutons ; maintenant il te faut rendre un arrêt et prononcer entre les divinités du ciel ; maintenant distingue la beauté la plus parfaite et offre à la plus éclatante la pomme que voici, ce fruit tant désiré. »

Tels sont ses mots. Pâris fixe son regard caressant et essaie doucement d'apprécier la beauté de chacune. Il examine l'éclat des yeux clairs, il scrute les nuques parées d'or, il juge la parure de chacune, même la beauté du talon par derrière et le bout des pieds. Mais Athéna, sans attendre la sentence, prend les mains d'Alexandre[1] qui sourit et lui adresse à peu près ces mots :

« Viens, fils de Priam, laisse de côté l'épouse de Zeus ; dédaigne Aphrodite, qui ne règne que sur l'union conjugale, et préfère Athéna, protectrice du courage. Tu es, ce dit-on, un roi et tu as la garde de la cité troyenne. Viens, je ferai de toi, pour tes concitoyens malheureux, le sauveur de

---

1. Autre nom de Pâris.

la patrie. La vindicative Ényô[2] ne fondra jamais sur toi. Obéis-moi, je t'enseignerai les combats et le courage. »

Voilà ce que proclame la très sage Athéna. Et voici ce qu'à son tour, lui dit Héra aux bras blancs :

« Si tu me choisis et que tu me donnes le fruit entre tous délectable, je ferai de toi le seigneur de toute mon Asie. Dédaigne les travaux des combats. Qu'a-t-il à faire avec les guerres, un roi ? Souverain à la fois des vaillants et des pacifiques, il n'a qu'à commander. Ce ne sont pas toujours les fidèles d'Athéna qui l'emportent. Les serviteurs d'Ényô ont une mort rapide ! »

Telle est la suprématie qu'offre Héra, dont le trône est le premier. Mais l'autre ouvre sa tunique largement drapée et fait jaillir son sein nu, car elle ne rougit pas, Cypris[3]. Soulevant de sa main la suave chaîne des amours, elle dénude toute sa poitrine, sans songer à ses seins. Avec un sourire, voici comment elle s'adresse au berger :

« Accueille-moi et oublie la guerre ; accueille ma beauté et dédaigne sceptres et terre d'Asie. J'ignore les œuvres de guerre : qu'a-t-elle à faire de boucliers, une Aphrodite ? C'est par la beauté, bien plutôt, que triomphent les femmes ! Au lieu de courage viril, je te donnerai une épouse charmante ; au lieu d'avoir un royaume, monte dans la couche d'Hélène. Lacédémone, après Troie, te verra jeune marié. »

Elle n'a pas terminé son propos que Pâris lui tend la belle pomme, emblème de beauté, trésor précieux pour Aphrogénie[4], génératrice de guerre et maudite engeance de travaux guerriers. La pomme dans sa main, elle lance ces mots, pour railler Héra et la virile Athéna :

« Arrière ! renoncez à la lutte ! Renoncez à une victoire dont vous avez l'habitude. J'aime la beauté et la beauté

2. Déesse de la guerre accompagnant Arès.
3. Aphrodite.
4. Aphrodite, « née de l'écume ».

m'est fidèle. On dit, mère d'Arès, que, grâce aux douleurs de l'enfantement, tu multiplies le chœur sacré des Grâces aux beaux cheveux : toutes, cependant, t'ont reniée aujourd'hui et tu n'en as pas trouvé une seule pour venir à ton aide. Non, tu n'es pas la reine des boucliers ; non, tu n'es pas la mère du feu : non, Arès n'est pas venu à ton secours, bien que sa lance se déchaîne furieuse, ni non plus Héphaïstos avec ses flammes, bien qu'il émette une haleine de feu. Ah ! que tes vantardises sont inconsidérées, Atrytône[5], toi qui ne dois d'être née ni à un mariage ni à l'accouchement d'une mère ! C'est une entaille faite par le fer, c'est une souche de fer qui t'a fait jaillir sans accouchement du crâne de ton père. C'est pourquoi, le corps vêtu d'une tunique de bronze, tu fuis l'amour et recherches les travaux d'Arès, car tu es inexperte aux étreintes et ignores l'union des cœurs. Ne sais-tu pas que les Athénas comme toi sont plutôt débiles, lorsque, se vantant de glorieux combats, elles considèrent leur corps qui n'est ni mâle ni féminin ? »

Telle est l'insulte que Cypris adresse à Athéna. C'est ainsi qu'elle obtient le prix, destructeur pour une ville, de la beauté, en triomphant d'Héra et d'Athéna, malgré leur douleur.

L'Enlèvement d'Hélène, 121-194

---

5. Surnom d'Athéna, « l'infatigable ».

HOMÈRE
VIIIe s. av. J.-C.

VIRGILE
Ier s. av. J.-C.

CLAUDIEN
Ve s. ap. J.-C.

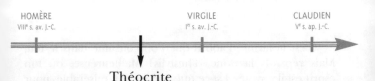

Théocrite

*Le meilleur moyen de faire apparaître un dieu est de l'invoquer,
mais tous ne se manifestent pas aisément. Certains dieux se montrent plus que d'autres, comme la déesse Hécate qu'appelle dans ce
poème une jeune femme avide de reconquérir son amant.*

INVOCATION D'HÉCATE

Où sont mes branches de laurier? Apporte, Thestylis[1].
Où sont les philtres? Couronne la coupe de fine laine
teinte en rouge. Je veux enchaîner à moi l'amant cher qui
me fait de la peine. Voilà douze jours qu'il n'est pas même
venu, le malheureux, qu'il ne s'est pas occupé de savoir si
nous sommes morte ou vivante, qu'il n'a pas frappé à ma
porte, le cruel. Sans doute Éros a emporté ailleurs son
cœur mobile, et Aphrodite. J'irai à la palestre de
Timagétos, demain, pour le voir, et lui reprocherai ce
qu'il me fait. Maintenant, je l'enchaînerai à l'aide de
sacrifices. Mais toi, Séléné[2], brille d'un bel éclat; car c'est
à toi que je vais adresser à voix basse mes incantations,
déesse, et à la souterraine Hécate, devant qui tremblent
les chiens eux-mêmes, quand elle vient à travers les monu-
ments des morts et le sang noir. Salut, Hécate redoutable;
assiste moi jusqu'au bout, et rends mes enchantements
aussi forts, que ceux de Circé, ou de Médée, ou de la
blonde Périmède[3].

Iynx[4], attire vers ma demeure cet homme, mon amant.

1. La servante.
2. La lune.
3. Magiciennes. Hécate est la déesse de la magie.
4. Oiseau en lequel une nymphe avait été changée par Héra pour avoir,
au moyen de philtres, rendu Zeus amoureux. L'oiseau était associé à la
magie noire.

C'est la farine d'abord que l'on consume dans le feu, Mais répands la donc, Thestylis! Malheureuse, où ton esprit est-il envolé? Est-ce que par hasard, misérable, pour toi aussi je suis un objet de risée? Répands, et dis en même temps ces paroles: « Ce sont les os de Delphis que je répands. »

Iynx, attire vers ma demeure cet homme, mon amant.

Delphis m'a fait du mal; moi, à l'intention de Delphis, je brûle cette branche de laurier; et comme elle craque fort en prenant feu, comme elle s'est embrasée tout d'un coup sans laisser même de cendre visible, ainsi puisse la chair de Delphis s'anéantir dans la flamme.

Iynx, attire vers ma demeure cet homme, mon amant.

Comme je fais fondre cette cire avec le concours de la déesse, ainsi fonde d'amour à l'instant le Myndien[5] Delphis; et comme ce disque d'airain tourne éperdument sous l'action d'Aphrodite, ainsi puisse-t-il tourner éperdument à ma porte.

Iynx, attire vers ma demeure cet homme, mon amant.

Maintenant je vais brûler le son. Artémis, toi qui serais capable de remuer et l'acier des Enfers et ce qu'il peut y avoir encore d'inébranlable... Thestylis, les chiens[6], tu les entends, aboient à travers la ville; la déesse est dans les carrefours; vite, fais résonner l'airain.

Idylles, II, 1-36

5. Ville de Carie.
6. Les chiens sont les animaux d'Hécate: ils annoncent l'arrivée de la déesse.

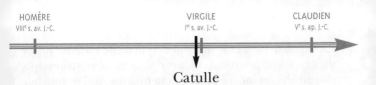

HOMÈRE
VIIIᵉ s. av. J.-C.

VIRGILE
Iᵉʳ s. av. J.-C.

CLAUDIEN
Vᵉ s. ap. J.-C.

Catulle

Les prières sont nombreuses, mais les apparitions rares. Le poète Catulle déplore la disparition des dieux du monde des hommes.

LES TEMPS HÉROÏQUES

En ce temps-là, les habitants des cieux venaient en personne visiter les demeures pures des héros et se montraient aux assemblées des mortels, qui ne faisaient pas encore fi de la piété. Souvent le père des dieux, de retour dans son temple resplendissant, quand l'année ramenait les jours des fêtes sacrées, vit cent taureaux tomber à terre devant lui. Souvent Bacchus, errant sur le sommet du Parnasse, conduisit les Thyades, qui, les cheveux épars, criaient évohé ! quand Delphes tout entière, se précipitant à l'envi hors de ses murailles, accueillait le dieu avec joie devant les autels fumants. Souvent, dans les luttes meurtrières de la guerre, Mars, ou la déesse qui règne sur le Triton rapide, ou la vierge de Rhamnonte[1] encouragèrent par leur présence les bataillons en armes. Mais, depuis que le crime néfaste a souillé la terre et que la passion a chassé la justice de toutes les âmes, depuis que les frères ont trempé leurs mains dans le sang de leurs frères, que le fils a cessé de pleurer la mort de ses parents, que le père a souhaité voir les funérailles de son fils premier-né, pour pouvoir librement ravir la fleur d'une vierge et en faire une marâtre ; depuis qu'une mère impie, oui impie, partageant la couche de son-fils sans en être connue, n'a pas craint de profaner ses dieux pénates, toutes ces horreurs d'une folie perverse qui ne

---

1. Némésis, la vengeance personnifiée.

distingue le bien et le mal ont détourné de nous les justes dieux. Voilà pourquoi ils ne daignent plus visiter nos assemblées et ne nous permettent plus de les toucher dans la claire lumière du jour.

Poésies, 64, 383-408

VI

LA FIN
DES DIEUX ?

Les Grecs ont-ils cru à leurs mythes ? La question posée par Paul Veyne[1] est beaucoup trop complexe pour qu'une réponse simple puisse être apportée. Toutefois tous les Anciens n'étaient pas convaincus par les discours mythiques, « contes de nourrices » selon Platon[2]. Finalement tous les degrés de croyance et d'incroyance se retrouvent dans l'Antiquité. Voici quelques propos subversifs, critiques ou seulement irrévérencieux d'Anciens iconoclastes qui ne se soumettaient pas aux croyances de leur temps.

1. Paul Veyne, *Les Grecs ont-il cru à leurs mythes ?*, Paris, Seuil, 1983.
2. *Timée*, 22a.

HOMÈRE
VIIIe s. av. J.-C.

VIRGILE
Ier s. av. J.-C.

CLAUDIEN
Ve s. ap. J.-C.

Lucrèce

Disciple d'Épicure, Lucrèce, sans nier l'existence des dieux, les retranche du monde des mortels. Les dieux existent mais ne se soucient pas des hommes. Quel sens donner alors aux mythes ? Ils sont à interpréter de manière symbolique, et Lucrèce se livre lui-même à l'exercice dans sa description du Tartare.

EXPLICATION ALLÉGORIQUE DES ENFERS

De même assurément tous les châtiments que la tradition place dans les profondeurs de l'Achéron, tous, quels qu'ils soient, c'est dans notre vie qu'on les trouve. Il n'est point, comme le dit la fable, de malheureux Tantale[1] craignant sans cesse l'énorme rocher suspendu sur sa tête, et paralysé d'une terreur sans objet : mais c'est plutôt la vaine crainte des dieux qui tourmente la vie des mortels, et la peur des coups dont le destin menace chacun de nous. Il n'y a pas non plus de Tityos[2] gisant dans l'Achéron, déchiré par des oiseaux ; et ceux-ci d'ailleurs dans sa vaste poitrine ne sauraient trouver de quoi fouiller pendant l'éternité. Si effroyable que fût la grandeur de son corps étendu, quand même, au lieu de ne couvrir que neuf arpents de ses membres écartelés, il occuperait la terre tout entière, il ne pourrait pourtant endurer jusqu'au bout une douleur éternelle, ni fournir de son propre corps une pâture inépuisable. Mais pour nous Tityos est sur terre : c'est l'homme vautré dans l'amour, que les vautours de la jalousie déchirent, que dévore une angoisse anxieuse, ou dont le cœur se fend dans les peines de quelque autre passion. Sisyphe[3] lui

1. Condamné au châtiment éternel pour avoir donné son fils Pélops à manger aux dieux.
2. Géant condamné à avoir le foie dévoré par des vautours pour avoir essayé de violer Létô.

320

aussi existe dans la vie ; nous l'avons sous nos yeux, qui s'acharne à briguer auprès du peuple les faisceaux et les haches redoutables, et qui toujours se retire vaincu et plein d'affliction. Car solliciter le pouvoir qui n'est qu'illusion et n'est jamais donné, et dans cette recherche supporter sans cesse de dures fatigues, c'est bien pousser avec effort sur la pente d'une montagne un rocher qui, à peine au sommet, retombe et va aussitôt rouler en bas dans la plaine. De même repaître sans cesse les désirs de notre âme ingrate, la combler de biens sans pouvoir la rassasier jamais, à la manière des saisons lorsque, dans leur retour annuel, elles nous apportent leurs produits et leurs attraits divers, sans que jamais pourtant notre faim de jouissances en soit apaisée, c'est là, je pense, ce que symbolisent ces jeunes filles dans la fleur de l'âge, que l'on dit occupées à verser de l'eau dans un vase sans fond, que nul effort ne saurait jamais remplir.

De la Nature, 978-1010

---

3. Condamné à rouler un rocher jusqu'au haut d'une montagne pour avoir révélé un secret de Zeus. À peine hissé, le rocher retombait.

HOMÈRE
VIIIᵉ s. av. J.-C.

VIRGILE
Iᵉʳ s. av. J.-C.

CLAUDIEN
Vᵉ s. ap. J.-C.

Lucien

Les dieux, trop humains dans leurs attitudes, feraient mieux de se conduire de manière plus divine, sous peine de se retrouver sans adorateurs. Voilà ce que suggère, de manière prémonitoire, Lucien, par la bouche de Momos, le dieu du sarcasme.

DES DIEUX MENACÉS

Par Thémis[1], ce n'est pas la peine de se fâcher contre Épicure ni contre ses disciples ou les héritiers de sa doctrine, s'ils ont conçu une telle idée de nous. Sinon, que voudrait-on qu'ils pensent, quand ils voient un si grand désordre dans le monde, les honnêtes gens négligés parmi eux, malmenés par la pauvreté, la maladie, la servitude, mais les vauriens et les pervers mis au premier rang, richissimes, faisant la loi aux meilleurs, et les sacrilèges impunis et à l'abri des recherches, alors que parfois on crucifie ou soumet au supplice du « tambour » les innocents ?

Il est normal qu'à ce spectacle ils nous considèrent comme n'étant rien du tout, surtout quand ils entendent les oracles dire qu'« après avoir franchi l'Halys, il détruira un grand empire »[2], sans préciser si ce sera le sien ou celui des ennemis. Ou encore : « ô divine Salamine, tu perdras les enfants des femmes ». Or les Perses, j'imagine, et aussi les Grecs étaient « enfants des femmes ». Et quand ils entendent les rhapsodies disant que nous sommes amoureux, recevons des blessures, sommes mis aux liens, sommes en esclavage, connaissons des discordes, sans parler des multiples ennuis qui sont les nôtres – et cela, malgré notre prétention à être bienheureux et immortels –, n'ont-

1. Déesse de la justice.
2. Oracles célèbres.

ils pas raison de rire et de nous compter pour rien? Or nous nous indignons que certains hommes, qui ne sont pas tout à fait stupides, dénoncent tout cela et rejettent notre providence : il faudrait plutôt nous estimer heureux que quelques-uns continuent à nous offrir des sacrifices malgré toutes ces fautes commises par nous.

Eh bien, s'il faut dire la vérité, nous restons assis, attentifs à une seule question : voir si l'on offre des sacrifices et si l'on fait fumer nos autels. Tout le reste s'en va à vau-l'eau, chaque chose emportée au hasard. Ainsi notre sort est logique et continuera de l'être lorsque les hommes, levant peu à peu les yeux vers le ciel, découvriront qu'il est absolument inutile pour eux de faire en notre honneur sacrifices et processions. Alors, en un instant, tu verras rire les Épicure, Métrodore et Damis[3] et nos avocats vaincus et réduits à rien par eux. C'est donc à vous qu'il reviendrait de mettre fin et de remédier à cette situation, vous qui l'avez précisément amenée à ce point. Quant à Mômos, le risque est mince pour lui, s'il ne doit pas recevoir d'honneurs, car même auparavant il n'était point de ceux qu'on honorait, au temps où vous connaissiez encore la prospérité et récoltiez vos sacrifices.

Zeus tragédien, 19-20 et 22

---

3. Philosophes tenus pour athées.

HOMÈRE
VIIIᵉ s. av. J.-C.

VIRGILE
Iᵉʳ s. av. J.-C.

CLAUDIEN
Vᵉ s. ap. J.-C.

Plutarque

Plutarque fut, entre autres, prêtre à Delphes, au début du IIᵉ siècle après J.-C. Au soir de sa vie, il raconte comment le brillant sanctuaire d'Apollon tombe peu à peu en désuétude : les dieux de la mythologie ont abandonné les hommes, à moins qu'il ne s'agisse du contraire.

LE SILENCE DES ORACLES

Ammonios ayant terminé, je dis alors : « Cléombrote, parle-nous plutôt de l'oracle, car la renommée du dieu de là-bas fut grande jadis, mais elle semble aujourd'hui plutôt flétrie. »

Comme Cléombrote gardait le silence et tenait les yeux baissés, Démétrios prit la parole : « Il ne convient nullement, dit-il, de nous informer et de discuter sur les oracles de là-bas, quand nous voyons que ceux d'ici ont tellement perdu de leur éclat, ou plutôt que, sauf un ou deux, ils ont tous disparu ; ce qu'il faut rechercher, c'est la cause d'une telle défaillance. À quoi bon les énumérer tous ? Ceux de Béotie, qui, dans le temps anciens, faisaient retentir ce pays de leurs nombreuses voix, ont maintenant tout à fait cessé, comme des rivières taries, et la divination est frappée dans cette région d'une profonde stérilité. Car, en dehors de Lébadée, la Béotie n'offre plus aucune source de prédiction à ceux qui désirent y puiser ; dans tous les autres sanctuaires règne soit le silence, soit même la solitude complète.

Et pourtant, à l'époque des guerres médiques, beaucoup de ces oracles avaient atteint une haute réputation, notamment celui du Ptoïon, non moins que celui d'Amphiaraos[1].

---

1. Héros honoré comme un dieu.

L'un et l'autre furent mis à l'épreuve, à ce qu'il paraît, par Mardonios, qui envoya un Lydien à l'Amphiaraïon et un Carien au Ptoïon. Le prophète de ce dernier oracle, qui employait auparavant le dialecte éolien, en cette occasion rendit sa réponse dans la langue des barbares, de façon à n'être compris que de celui qui le consultait, à l'exclusion de tous ceux de ses concitoyens qui étaient présents ; il montrait ainsi, dans son délire inspiré, qu'il est impossible aux barbares d'obtenir que la langue grecque se mette à leur service et réponde à leurs injonctions. Quant au Lydien envoyé au sanctuaire d'Amphiaraos, il crut voir en songe un ministre du dieu, qui d'abord le chassait de la voix en lui disant que le dieu n'y était pas, puis le poussait avec les mains et enfin, comme il ne s'en allait pas, prenait une pierre d'une bonne grosseur et la lui lançait à la tête. Tout cela était en quelque sorte figuratif de ce qui devait se produire, car Mardonios fut vaincu dans une bataille où le chef des Grecs n'était pas un roi mais le tuteur et le serviteur d'un roi, et il tomba frappé d'un coup de pierre, semblable à celui que le Lydien avait cru recevoir en songe.

En ce temps-là florissait aussi l'oracle de Tégyres, où l'on raconte même que le dieu est né et où passent deux cours d'eau que certains appellent, aujourd'hui encore, l'un, le Palmier, et l'autre, l'Olivier. Lors des guerres médiques, le dieu y prédit aux Grecs, par la voix du prophète Échécrate, qu'ils seraient vainqueurs et l'emporteraient dans ce conflit. Puis, lors de la guerre du Péloponnèse, les Déliens chassés de leur île reçurent de Delphes, dit-on, un oracle qui leur enjoignait de découvrir le lieu de naissance d'Apollon et d'y célébrer certains sacrifices. Comme ils étaient stupéfaits et se demandaient comment le dieu avait pu naître ailleurs que chez eux, la Pythie leur prédit en outre qu'une corneille leur indiquerait l'endroit. Or, s'en étant allés et se trouvant à Chéronée, ils entendirent leur hôtelière s'entretenir de l'oracle de Tégyres avec des étrangers qui s'y rendaient ; ceux-ci en partant, saluèrent cette femme en l'appelant par son nom, qui se trouvait être Corneille. Les Déliens comprirent alors le sens de la prédiction et, après avoir sacrifié à Tégyres, ils réussirent peu de temps après à rentrer dans leur pays.

Ces oracles ont aussi donné signe de vie à des époques plus récentes que celles-là, mais ils ont maintenant disparu. »

Sur les Sanctuaires dont les oracles ont cessé, 5

LES AUTEURS DU « SIGNET »[1]

Apollonios de Rhodes (IIIe siècle av. J.-C.)

Né à Alexandrie vers 295 av. J.-C., Apollonios fut le précepteur de Ptolémée III Évergète avant de devenir, comme Callimaque, directeur de la Bibliothèque d'Alexandrie. Pour des raisons qui nous sont inconnues, il s'exile à Rhodes, ajoutant à son nom celui de la ville qui l'avait accueilli. C'est dans cette cité qu'il finit ses jours. Grand érudit, Apollonios a écrit des poèmes historiques sur la fondation des cités et des œuvres à caractère philologique, même si son œuvre principale demeure les *Argonautiques*. Dans ce poème épique, Apollonios raconte les exploits des Argonautes, leurs voyages, la rencontre de leur chef Jason avec Médée la magicienne ainsi que la conquête de la toison d'or.

Apulée de Madaure (*c.* 125-170)

Né vers 125 à Madaure, non loin de l'actuelle Constantine, Apulée fait des études d'avocat, et comme tout bon lettré, se rend à Rome et à Athènes où non seulement il apprend le grec mais se fait initier à la philosophie et aux mystères. De retour dans son pays, il mène une vie publique de rhéteur et de conférencier. Il est même choisi comme prêtre du culte impérial. Jovial et plein d'esprit, il nous a laissé un roman désopilant, *Les Métamorphoses ou l'Âne d'or*, qui relate les mémoires de Lucius de Corinthe, métamorphosé par mégarde en âne. Accusé de sorcellerie pour des raisons obscures, Apulée écrit à cette occasion une *Apologie* où il se défend contre les imputations dont il fait l'objet. On

1. La plupart de ces notices sont issues du *Guide de poche des auteurs grecs et latins* par P.-E. Dauzat, M.-L. Desclos, S. Milanezi et J.-F. Pradeau, Paris, Les Belles Lettres, 2002. Les auteurs de langue latine sont en italique.

lui connaît aussi des opuscules philosophiques, notamment un allègre *De deo Socratis*, et diverses poésies, maniérées ou scabreuses.

Aristophane (445-386 av. J.-C.)

Aristophane fut le plus grand poète comique d'Athènes. Issue du dème de Kydathénée, sa famille aurait possédé des terres à Égine. Sous un nom d'emprunt, il débuta au théâtre de Dionysos en 427 avec *Les Babyloniens*. Son talent fut très rapidement reconnu et il obtint un premier prix en 425 avec *Les Acharniens*, puis l'année suivante avec *Les Cavaliers*. Ayant vécu pendant la guerre du Péloponnèse, il évoque dans ses comédies la cité en proie aux vicissitudes de la guerre et à la recherche de la paix (*Les Acharniens*, *La Paix*, *Lysistrata*). Il attaque également la politique athénienne, dominée par des démagogues qu'il juge corrompus (*Les Cavaliers*, *Les Guêpes*). Il excelle à tourner en dérision la vie athénienne, du pouvoir politique (*L'Assemblée des Femmes*, *Les Oiseaux*), à l'éducation (*Les Nuées*) en passant par la littérature elle-même (*Les Grenouilles*, *Les Thesmophories*). Enfin, sa dernière pièce, *Ploutos*, évoque la situation désastreuse d'Athènes ravagée et humiliée par la guerre. Son humour, caustique, acerbe et souvent trivial, n'est jamais vain : par ses caricatures et ses jeux de mots, Aristophane a invité ses concitoyens et ses lecteurs autant à la distraction qu'à la réflexion.

Callimaque (*c.* 305-*c.* 240 av. J.-C.)

Né à Cyrène (actuelle Libye), Callimaque s'installa à Alexandrie et devint, sous le règne de Ptolémée II Philadelphe, le bibliothécaire de la fameuse Bibliothèque d'Alexandrie. Il est à l'origine des *Pinakes* à la fois catalogue (par auteur, titre et genre) et histoire de la littérature des œuvres disponibles à Alexandrie. D'une prolixité étonnante, Callimaque aurait écrit plus de 800 œuvres, dans le style précieux et érudit qui était celui de son époque. Seule sa poésie nous est parvenue : les références mythologiques y abondent, comme dans les *Aitiai*, récits des origines mythiques de certains cultes, ou dans les *Hymnes*, influencés par les *Hymnes homériques*. Nous connaissons aussi de lui des *Iambes*, un éloge, *La Boucle de Bérénice* et un court poème épique, *Hécalé*. Callimaque est sans nul doute l'un des plus grands poètes de l'époque hellénistique.

Catulle (84 ?-54 ? av. J.-C.)

Héritier des poètes alexandrins, Catulle fait partie du cénacle des *poetae novi*, « les nouveaux poètes » dont Cicéron se moquait. Né à Vérone dans une famille aisée, il s'empresse de rejoindre Rome et ses plaisirs, intellectuels et sensuels. C'est là qu'il fait la connaissance de la vénéneuse Lesbie, cause de tous ses ravissements, ses déconvenues, ses espoirs, ses désespoirs… et de ses plus beaux poèmes. Les 116 pièces qu'on lui connaît ont été recueillies après sa mort, à trente ans.

Claudien (ve siècle ap. J.-C)

Grec d'Alexandrie venu à Rome, Claudien est le dernier grand poète païen de la Rome antique. Dans la Rome théodosienne, décadente et harcelée par la menace barbare, il connut un succès immédiat. De lui nous avons conservé de nombreux poèmes de circonstance, où il fait l'éloge des puissants de son époque, notamment Honorius, l'empereur d'Occident. C'est à lui aussi que nous devons la dernière épopée mythologique latine, *Le Rapt de Proserpine*, dont 1 100 vers ont été conservés. L'enlèvement de Proserpine (appelée aussi Koré et Perséphone par les Grecs) par Pluton (Hadès) et sa recherche éperdue par sa mère Cérès (Déméter) est un des plus grands mythes de l'Antiquité. Claudien relate dans des vers magnifiques la belle histoire de cette pure jeune fille qui, séduite par la beauté des fleurs, devient la Reine des Enfers.

Collouthos (vi^e siècle ap. J.-C.)

Si l'épisode de l'enlèvement d'Hélène est un des plus connus de la littérature grecque, il n'en va pas de même pour ce petit poème, extrêmement tardif, que nous a transmis la tradition littéraire. Selon *La Souda*[2], une des rares sources que nous ayons sur l'auteur, Collouthos l'aurait écrit sous Anastase Ier, c'est-à-dire entre 491 et 518 après Jésus-Christ. L'auteur aurait en outre composé six livres de *Calydoniae* (poème sur la légende de Méléagre et la chasse au sanglier de Calydon), des *Éloges* et des *Persica* (poème sur la Perse). De

---

2. Encyclopédie byzantine datant du xe ou du début du xie siècle.

cette vie et de cette œuvre, apparemment riches, il ne reste que les 392 vers de *L'Enlèvement d'Hélène*. Écrit dans un style archaïsant impeccable, le poème relate le mythe depuis les noces de Thétis et de Pélée, jusqu'au départ de Sparte en passant par le jugement de Pâris.

Diodore de Sicile (1er siècle av. J.-C.)

Né à Agyrion en Sicile, Diodore voyagea beaucoup et vécut à Rome, sans doute sous César et Auguste. Grand érudit, il a écrit la *Bibliothèque historique*, vaste projet de 40 livres visant à relater une histoire universelle, des temps mythiques à la Guerre des Gaules (54 av. J.-C.). De cette première « encyclopédie », il nous reste les livres I à V, XI à XXII ainsi que quelques extraits et quelques résumés. Le témoignage de Diodore est précieux pour le regard qu'il porte tant sur la mythologie que sur Rome et sur les Barbares.

Eschyle (525-456 av. J.-C.)

Né à Éleusis dans une famille d'Eupatrides, Eschyle a vu la chute de la tyrannie et la mise en place des réformes de Clisthène qui devaient conduire Athènes à la démocratie. Il aurait en outre participé, contre les Perses, aux batailles de Marathon et de Salamine. Il est pour nous le premier des grands tragiques. Reconnu de son vivant, il bouleverse les règles du théâtre en introduisant un deuxième acteur sur scène. Ses pièces ont une forte valeur morale, dans un style grandiose et imagé. Sur les soixante-treize œuvres qu'il aurait écrites, sept nous sont parvenues. Parmi elles, se trouve la seule trilogie dont nous disposons, l'*Orestie*, qui relate l'assassinat d'Agamemnon à son retour de Troie, puis celui de Clytemnestre par son fils, et, enfin, le procès d'Oreste. De lui nous possédons encore *Prométhée Enchaîné*, *Les Sept contre Thèbes*, *Les Suppliantes* et *Les Perses*.

Euripide (485-406 av. J.-C.)

« Le plus tragique des poètes » selon Aristote, serait né en 485 av. J.-C. à Salamine. Contrairement à Eschyle et à Sophocle, il semble n'avoir guère participé à la vie de la cité. Celle-ci le lui rendit bien puisque, contrairement à ses deux glorieux prédécesseurs, il n'a pas obtenu le succès que son talent méritait et le premier prix lui fut souvent refusé. Fort heureusement la postérité eut tôt fait de réparer cette injustice. Euripide est devenu le plus célébré des Tragiques. Nourries de philosophie, de sophistique et de rhétorique, sa pensée et sa langue sont bien souvent iconoclastes, ce qui lui valut sans doute de devoir quitter Athènes : en réponse à l'invitation du tyran Archélaos, Euripide part pour Pella où il meurt vers 406. Il excelle dans les débats à vif, rendus grâce à l'emploi de la stichomythie, ainsi que dans l'usage du *deus ex machina*, l'intervention impromptue d'un dieu pour conclure une intrigue. Des quatre-vingt-douze pièces qu'il aurait écrites, dix-huit nous parvenues, qui retracent des épisodes mythiques, souvent centrés autour de grands personnages féminins, *Alceste, Médée, Hippolyte, Les Troyennes, Hélène, Oreste, Andromaque, Les Bacchantes, Hécube, Iphigénie en Aulide, Iphigénie en Tauride, Ion, Les Suppliantes, Électre, Héraclès, Les Héraclides* et *Les Phéniciennes*. De lui nous avons encore *Le Cyclope*, seul drame satyrique conservé.

Hésiode (vers 700 av. J.-C.)

Tout ce que nous connaissons de ce poète, nous le trouvons dans ses œuvres, la *Théogonie* et *Les Travaux et les Jours*. De condition modeste, Hésiode, poète et paysan, nous raconte tenir son savoir des Muses, qui lui seraient apparues au sommet de l'Hélicon alors qu'il faisait paître ses bêtes. Dans la *Théogonie*, il évoque les origines du monde (la cosmogonie) et la naissance des dieux (la théogonie), jusqu'à l'avènement de Zeus et la victoire sur le chaos initial ; puis le poète définit la place et le rôle des hommes par rapport aux dieux. Postérieur à Homère, et contemporain de la naissance de la cité-État, Hésiode propose une synthèse de la pensée religieuse des Grecs. Dans *Les Travaux et les Jours*, il donne des conseils pratiques à ses contemporains, et notamment à son frère, Persès. Sa poésie est didactique : elle délivre un enseignement. Dans cet enseignement, les mythes sont centraux : c'est dans ce poème que se trouvent le mythe des races et celui de Pandore. Bien que sa renommée ait été éclipsée par celle d'Homère, il constitue la source la plus belle et la plus complète de la mythologie grecque. Les Anciens lui attribuaient en outre *Le Bouclier* dont l'authenticité a été mise en doute et *Le Catalogue des Femmes*, aujourd'hui perdu.

Homère (VIIIᵉ siècle av. J.-C. ?)

Ce n'est pas le moindre des paradoxes que le plus célèbre poète de l'Antiquité est peut-être aussi l'un des moins connus. Homère a-t-il seulement existé ? Étaient-ils plusieurs ? Le nom désigne-t-il une école d'aèdes[3] ? Nul ne sait. « L'affaire Homère » a fait couler beaucoup d'encre, et aujourd'hui encore, les érudits multiplient les hypothèses. L'obscurité s'est faite dès l'Antiquité, en partie à cause de la célébrité de l'auteur : nombre de « vies », fictives, ont circulé, tant et si bien que, s'il y a un Homère, c'est celui que la tradition a forgé. Celui-ci vécut en Ionie, au VIIIᵉ siècle avant J.-C., et a composé l'*Iliade* et l'*Odyssée*, immenses épopées de respectivement près de 16 000 et plus de 12 000 vers. Louées dès l'Antiquité, ces deux œuvres sont fondatrices de la culture occidentale. Chantées par les aèdes dans les cours aristocratiques, elles sont les premières œuvres de notre patrimoine qui nous sont parvenues intactes. L'*Iliade*, poème de la gloire et de la guerre, relate la colère d'Achille qui, pour ne pas manquer à l'idéal héroïque, fait le sacrifice de sa vie. Récit de voyage et conte merveilleux, l'*Odyssée* chante les errances d'Ulysse jusqu'à son retour à Ithaque. Les deux textes s'intègrent aux légendes issues de la guerre de Troie. À la suite de l'enlèvement d'Hélène, la femme du roi de Sparte Ménélas, les chefs grecs[4], partent à la conquête de Troie. Gouvernée par Priam, Troie est une riche cité d'Asie Mineure (en actuelle Turquie) où ont trouvé refuge Hélène et Pâris, le prince troyen qui a ravi la jeune femme. Les combats font rage pendant dix ans, tant de part et d'autre les héros sont vaillants. Parmi les Troyens, Hector et Énée sont les plus valeureux, tandis que, côté achéen, Achille, Ajax et Diomède sont les meilleurs guerriers, auxquels il faut ajouter Ulysse le rusé. Les dieux prennent aussi part à la guerre, en favorisant leurs champions, quand ils ne vont pas eux-mêmes sur le champ de bataille. Hector, puis Achille, meurent au combat, si bien que l'issue de la guerre est, jusqu'aux derniers moments, incertaine. C'est alors

---

3. Poète et interprète, l'aède récite et improvise hymnes et épopées, accompagné de musique, à l'occasion des banquets.
4. Homère les appelle tantôt les «Achéens», tantôt les «Danaens».

qu'Ulysse imagine un stratagème appelé à devenir fameux : les troupes grecques font mine de partir. Il ne reste sur la plage qu'un gigantesque et mystérieux cheval de bois. Les Troyens y voient un présent des dieux et l'introduisent dans leurs murs. Les Achéens, dissimulés dans le cheval, sortent de leur cachette. Troie est dévastée : seuls Énée et quelques hommes parviennent à fuir la cité en flammes. Les chefs achéens reprennent la mer, leurs navires chargés de l'or de Troie et des princesses captives.

Hymnes homériques

Si ce recueil de trente-trois poèmes s'adressant à des dieux a été attribué à Homère dans l'Antiquité, les érudits n'ont guère tardé à contester son authenticité, si bien qu'aujourd'hui c'est en référence à leur forme que le titre est conservé : tous ces poèmes sont du genre épique, s'opposant en cela à d'autres types d'hymnes. Rien de plus divers cependant, tant du point de vue du style que de celui de la date, que ces poèmes. Si l'*Hymne à Apollon* remonte à la fin du VIIIe siècle avant J.-C., l'*Hymne à Arès* pourrait dater du IVe siècle après J.-C. Nombre de ces poèmes ont été récités lors des fêtes en l'honneur des dieux qu'ils célèbraient.

Lucien (*c.* 120-180)

Né à Samosate en Syrie, Lucien est l'un des plus brillants esprits de l'Antiquité tardive. Après des études d'éloquence et de philosophie, Lucien utilise ses talents de plaideur en donnant des cours et des conférences publiques en Asie Mineure, en Italie, en Grèce et en Gaule. Mais c'est en Égypte qu'il s'établit et mourut, vers 180 après J.-C. Son œuvre, vaste et variée (les Anciens lui prêtent plus de 86 ouvrages), brille par sa bonne humeur, sa vivacité et sa liberté. Homme de parole, Lucien écrivit beaucoup de discours, comme le *Dialogue des Dieux*, le *Dialogue des Morts* ou le *Dialogue des courtisanes*. L'humour est omniprésent, notamment dans les *Histoires vraies*, parodie des romans d'aventure. Iconoclaste et plein de verve, Lucien excelle à tourner en dérision la vanité, l'ignorance, les croyances et la superstition de ses contemporains. Bien qu'ancrée dans son époque, son œuvre n'en est pas moins un remède intemporel à la mauvaise humeur.

Lucrèce (99/94-55/50)

La légende, propagée par saint Jérôme, veut que Lucrèce, égaré par un filtre d'amour, ait composé ses vers dans les moments de lucidité que lui laissait sa folie. Le *De Natura Rerum* serait donc la dissertation d'une tête folle. S'il n'y a guère de crédit à porter à cette histoire, force est de constater toutefois le manque navrant d'informations relatives au poète. La seule certitude est que Cicéron fut si admiratif de l'œuvre qu'il entreprit de l'éditer. Les six magnifiques livres qui la composent relatent en vers les préceptes du matérialisme inspiré de Démocrite. Aucun préjugé ne résiste à la vigueur de la pensée de Lucrèce : le poète attaque tour à tour les croyances, la religion, les peurs et les superstitions. L'ouvrage, dans une langue imagée et harmonieuse, développe une physique, dont est issue la théorie du *clinamen*, et une morale dans laquelle le poète fait l'éloge de son maître, le penseur grec Épicure.

Macrobe (fin du IVe siècle-début du Ve siècle ap. J.-C.)

Macrobe, né à la fin du IVe siècle, est un auteur majeur de la renaissance de la culture païenne. Sa vie n'est guère connue : il fut sans doute haut-fonctionnaire et n'était pas né à Rome. Dans *Les Saturnales*, il fait revivre les principaux représentants de l'opposition païenne en lutte contre le christianisme triomphant, à l'occasion d'un banquet organisé lors des Saturnales, des fêtes du mois de décembre. Macrobe renoue avec la tradition du banquet telle que l'avait initiée Platon et développée Plutarque. Dans ce dialogue fictif, douze personnages, un nombre symbolique, participent au banquet. Les convives sont d'origines diverses, grecque, romaine ou égyptienne. Deux jeunes gens sont présents, Servius, qui n'est autre que le célèbre commentateur de Virgile, et Avienus, associé généralement à Avianus, un auteur de fables. Très documentées, *Les Saturnales* constituent une véritable encyclopédie ainsi qu'un vaste répertoire de citations. Macrobe est aussi l'auteur d'un *Commentaire* au *Songe de Scipion*, texte fondateur écrit par Cicéron, et qui connut une grande fortune au Moyen Âge.

Martial (38/41-*c*. 104)

M. Valerius Martialis est né dans une famille aisée de Tarraconnaise sous le règne de Caligula. Il se rend à Rome où il est bien accueilli par les autres Romains d'Espagne, Quintilien, Sénèque et Lucain. Mais ses relations lui portent préjudice lors de la conspiration de Pison à laquelle ses amis étaient mêlés. S'il excelle dans le genre, c'est pour subvenir à ses besoins que Martial s'essaie à la « poésie brève », l'épigramme, à l'occasion de l'inauguration du Colisée par Titus. Cette poésie alimentaire lui vaut le succès et la reconnaissance : entre 85 et 96, il publie onze livres d'épigrammes, riches en flagornerie certes, mais aussi en traits d'esprit et en allusions grivoises. Hypocondriaque notoire, il ne cesse de se plaindre et finit sa vie dans l'ennui de la Tarraconaise qu'il souhaitait si ardemment revoir.

Nonnos de Panopolis (ve siècle ap. J.-C.)

Né au ve siècle après J.-C., à Panopolis en Égypte, Nonnos est un des derniers auteurs de l'Antiquité, en même temps que l'un des plus fascinants. Était-il chrétien ? Païen ? L'un puis l'autre ? Les critiques sont perplexes. Toujours est-il que deux œuvres de lui nous sont parvenues, quoique de manière bien inégale, *Les Dionysiaques*, vaste épopée de 48 chants dédiée à Dionysos, et une *Paraphrase à l'Évangile selon saint Jean*, dont seuls quelques fragments subsistent. Ces œuvres témoignent de l'éclectisme et de la richesse de la littérature tardive. « Grandes », *Les Dionysiaques* le sont à plus d'un titre tant le style et le sujet sont amples, voire démesurés. Le poète y traite des grands épisodes de la geste de Dionysos, notamment son expédition aux Indes. Érudit et baroque, ce poème constitue une source exceptionnelle pour la mythologie.

Ovide (43 av. J.-C.-*c.* 18 ap. J.-C.)

Le « clerc de Vénus » est le plus jeune des poètes augustéens et n'a connu que la paix. Un premier poste de *triumvir* le détourne vite de la vie politique au profit d'une vie mondaine vouée à l'érotisme et à la poésie. Pour des raisons qui nous sont obscures, Ovide est exilé à Tomes dans l'actuelle Roumanie, où il meurt dans la désolation, abandonné de tous et tout, sauf de ses livres. Son œuvre de virtuose, étourdissante de facilité et de beauté, comporte trois tonalités différentes. Un premier ensemble regroupe les *Héroïdes* (les lettres d'amour écrites par les héroïnes de la mythologie à leurs amants), commencées à l'âge de 18 ans et *Les Amours*. *Les Fastes* et *Les Métamorphoses* appartiennent à une veine plus purement mythologique : *Les Fastes* relatent l'origine des fêtes du calendrier tandis que *Les Métamorphoses* ont pour sujets les transformations des humains en animaux et en plantes. La troisième période s'ouvre avec l'exil où Ovide, avec les *Tristes* et les *Pontiques*, se consacre à l'élégie, la poésie de la plainte. Tendre, enjoué et incisif, Ovide est l'un des plus grands poètes latins et l'une de nos meilleures sources pour la mythologie.

Pindare (518-438 av. J.-C.)

Né en Béotie dans une famille aristocratique, Pindare est le plus important représentant de la lyrique chorale grecque. Des 17 livres dans lesquels les Anciens avaient recueilli ses poèmes, nous avons encore quatre livres d'odes triomphales, les *Olympiques*, les *Pythiques*, les *Isthmiques* et les *Néméennes*. Pindare excelle dans l'art de l'épinicie, ode en l'honneur des athlètes victorieux aux concours sportifs. Dans ces poèmes où les vainqueurs sont identifiés aux héros de la mythologie, Pindare vante la gloire des cités dont ils sont issus. D'abord protégé par le tyran Hiéron de Syracuse, on le retrouve à la cour du roi de Cyrène dès 462. Si Pindare eut un rival, Bacchylide, il n'eut guère d'imitateurs : ses odes sont le dernier écho d'une manière aristocratique de vivre où les exploits étaient ceux des jeux et non ceux de la vie politique.

Platon (427-347 av. J.-C.)

Le célèbre philosophe grec était un citoyen athénien, issu d'une des grandes familles de la cité. Alors que sa noble origine, sa richesse et son éducation le destinaient à devenir un dirigeant politique ou un savant pédagogue (un de ces sophistes honnis par l'écrivain), Platon choisit de devenir philosophe, à l'imitation de son maître et concitoyen Socrate. Loin toutefois de se retirer de la vie publique, le philosophe tel que Platon l'a inventé se consacre à la réforme de la cité et de ses habitants, soit par ses écrits, soit par son enseignement. Il institua en outre l'Académie où les élèves (parmi lesquels Aristote) venaient suivre ses leçons aussi bien que celles des prestigieux savants invités. Son œuvre est immense et la culture occidentale n'a cessé d'y puiser des enseignements.

Plaute (*c.* 255-184 av. J.-C.)

Tenté par le « bas comique » jusque dans le nom qu'on lui prête, T. Macc(i)us (la « grosse mâchoire ») Plautus (« aux pieds plats ») est né en Ombrie. Venu à Rome pour faire carrière dans les métiers du théâtre, il fut acteur, s'essaya au commerce, se ruina et goûta à divers métiers (jusqu'à être l'esclave d'un meunier) avant de se mettre à écrire des comédies : on lui attribue 130 pièces, dont 21 ont été conservées et jugées authentiques par le savant latin Varron (116-27 av. J.-C.). Soucieux de plaire au goût de l'époque qui réclamait des sujets grecs, Plaute puisa le sujet de ses pièces dans les « comédies nouvelles » de Ménandre (IVe siècle av. J.-C.), tout en les adaptant au public latin, friand d'allusions et de jeux de mots sur la situation contemporaine. L'usage du prologue où le personnage s'adresse directement au public, les intrigues vaudevillesques sont ses innovations les plus délectables. Après sa mort, Plaute eut un tel succès que beaucoup de pièces ont circulé sous son nom. Molière s'est inspiré de son talent et de ses sujets, notamment dans *Amphitryon* et dans *L'Avare*.

Plutarque (*c.* 45-125)

Né à Chéronée, en Béotie, Plutarque est issu d'une famille de notables. Après avoir visité Athènes, où il étudie, l'Égypte et l'Asie Mineure, il s'installe à Rome et acquiert la citoyenneté. Plutarque a laissé une œuvre importante, dans laquelle la philosophie et la biographie occupent une place de choix. Sous le titre de *Moralia* sont regroupés ses nombreux traités de philosophie morale qui offrent une synthèse érudite et passionnante des différentes écoles, de Platon, d'Aristote, des Stoïciens et des Épicuriens. En sa qualité de moraliste, Plutarque s'est intéressé à la vie des hommes illustres, en rédigeant des biographies dans lesquelles il établit et analyse les vices et les vertus de chacun. Nous disposons ainsi de 23 paires de ses *Vies parallèles des hommes illustres* où sont à chaque fois rapprochés un Grec et un Latin. À noter, pour compléter une vie et une œuvre riches et éclectiques, les *Dialogues pythiques*, écrits durant les années que Plutarque a passées à Delphes comme prêtre du sanctuaire d'Apollon. Dès l'Antiquité, l'influence de Plutarque a été considérable. Au-delà de leur portée philosophique, ses œuvres sont une mine de renseignements pour tous ceux qui s'intéressent à la civilisation gréco-romaine.

Sénèque (1 av. J.-C.-65 ap. J.-C.)

Le « toréador de la vertu » selon le mot de Nietzsche est né autour de l'an 1 avant J.-C., à Cordoue, dans le sud de l'Espagne. Si le nom de Sénèque est, à juste titre, associé à la pensée stoïcienne, sa vie et son œuvre ne s'y résument pas. Sénèque suit les enseignements de Sotion d'Alexandrie, un stoïcien, puis est initié en Égypte aux cultes orientaux. La carrière politique du philosophe est tout aussi brillante que sa carrière littéraire : précepteur de Néron, régnant dans l'ombre sur l'Empire, il est aussi l'auteur de neuf tragédies fameuses, dont *Œdipe*, *Hercule furieux* et *Médée*. Son œuvre philosophique reste la plus marquante : *De tranquillitate animi*, *De clementia*, *De vita beata* ou *De constantia animi*, autant de traités où Sénèque, parallèlement à sa carrière d'homme d'État, développe une pensée essentielle à la philosophie stoïcienne. Néron au pouvoir se méfie de son ancien maître et tente de le faire empoisonner. Retiré à Naples par crainte de l'empereur, le penseur stoïcien devient un véritable sage et compose les *Lettres à Lucilius*. Même sa fin est exemplaire : impliqué dans la conjuration de Pison, Sénèque choisit de se suicider rejoignant dans la mort une autre figure emblématique du stoïcisme, Caton d'Utique.

Sophocle (497-405 av. J.-C.)

Dès l'Antiquité, Sophocle fut considéré comme le modèle de l'homme heureux. Né à Colone vers 497 avant J.-C., Sophocle se consacre au théâtre et connaît un triomphe immédiat : sur les 123 tragédies qu'il aurait écrites, il aurait remporté 26 fois le premier prix lors des concours dramatiques. Ce succès ne fut pas démenti par la suite. Le dramaturge a joué en outre un rôle politique de premier plan dans la cité d'Athènes : il exerça plusieurs magistratures, et participa à l'introduction du culte d'Asclépios[5]. Poète de génie, soucieux de sa patrie comme de la piété, cet homme exemplaire a vu sa vie

---

5. Le dieu de la médecine.

couronnée d'une longévité exceptionnelle. Il a apporté nombre d'innovations décisives au théâtre, comme l'introduction du troisième acteur ou les décors peints. La tradition nous a légué sept de ses tragédies : *Ajax, Antigone, Philoctète, Œdipe à Colone, Électre, Œdipe Roi* et *Les Trachiniennes*, chefs-d'œuvre inépuisables, aujourd'hui encore régulièrement portés sur scène.

Stace (45-*c*. 96)

Né à Naples, pays virgilien par excellence, Stace est de bonne heure initié aux lettres grecques et latines par son père. « Le plus hellène des poètes latins » se voue tôt à la poésie, tout en cultivant les puissants, en l'occurrence l'empereur Domitien. Auteur prolifique, il est surtout connu pour la *Thébaïde* : l'épopée relate la lutte de Polynice pour reprendre le trône de Thèbes détenu par son frère Étéocle. Après cette œuvre qui lui demande douze ans de travail, et sans doute en songeant au modèle de l'*Iliade* et de l'*Odyssée*, Stace commence l'*Achilléide*, poème inachevé dédié à l'enfance d'Achille. À partir de 92, Stace publie également des « improvisations mêlées », les *Silves*, où il chante non seulement les puissants, mais aussi des faits plus personnels et touchants comme les paysages de son pays natal, la côte sorrentine, le mariage d'un proche, les insomnies qui l'accablent ou le triste visage d'une épouse lassée.

Théocrite (315 av. J.-C.)

Originaire de Syracuse, Théocrite se rend à Alexandrie où les Ptolémées ont la cour la plus fameuse de l'époque hellénistique. Avec Aratos, Callimaque et Nicandre, il est un des protégés de Ptolémée Philadelphe. Son nom est aussi attaché à l'île de Cos, où il aurait séjourné. La poésie de Théocrite appartient à la tradition pastorale ou bucolique : la vie aux champs, celle des pâtres, des bouviers, des moissonneurs, devient l'objet d'un poème évoquant la joie et la douceur de vivre. Les *Idylles*, d'une grande liberté stylistique, prennent pour modèles tour à tour les hymnes, les monologues, les éloges, les dialogues, les descriptions ou les joutes poétiques. Sa poésie n'est pas uniquement pastorale : la vie citadine, comme dans *Les Syracusaines ou les femmes à la fête d'Adonis*, les peines d'amour, dans *Les Magiciennes* ou la mythologie, par exemple dans *Héraclès Enfant*, y sont aussi évoquées. Quels que soient les sujets, la poésie de Théocrite est pleine d'esprit et de vie.

Virgile (70-19 av. J.-C.)

Si Homère devait avoir un double latin, ce serait Virgile, tant son œuvre fut célébrée, autant par les Anciens que par les générations suivantes. Issu d'une famille modeste, Virgile est né à Mantoue et ne tarda guère à se consacrer à la poésie. À trente ans à peine il a déjà composé les *Bucoliques*, pièces champêtres à la manière du poète grec Théocrite. Mécène puis l'empereur Auguste lui accordent leurs faveurs. Virgile devient ainsi le chantre officiel de l'empire. Toutefois ce poète de cour est un poète de génie. Pressé de chanter la gloire d'Auguste, il entreprend une épopée propre à flatter tant le prince que l'orgueil national : l'*Énéide* relate les exploits d'Énée, chef troyen et ancêtre mythique de la famille d'Auguste. C'est ainsi que les Latins ont rejoint les glorieux héros grecs. Insatisfait de son œuvre, Virgile, au soir de sa vie, voulut la jeter dans les flammes. Bravant la volonté du défunt, Auguste en ordonna la publication. Dès lors l'épopée nationale fut considérée comme un véritable abrégé du savoir humain, louée tant par les païens que par les chrétiens.

LES OLYMPIENS

Le canon olympien est traditionnellement limité à douze. Toutefois, la liste varie selon les lieux et les époques.

NOM	FONCTIONS
APHRODITE ≈ VÉNUS	– Amour : désir et sentiment – Marine : issue de la mer, elle assu une bonne navigation
ZEUS ≈ JUPITER	– Dieu du ciel et des phénomèn atmosphériques – Père et Souverain
POSÉIDON ≈ NEPTUNE	– Dieu de la mer et des eaux : protège les navigateurs et les pêcheu – Ébranleur du sol
HADÈS ≈ PLUTON	– Souverain des morts – Maître des richesses et des profondeurs de la terre
HÉRA ≈ JUNON	– Protection du mariage et de la vie féminine
HESTIA ≈ VESTA	– Déesse du foyer – Protège les familles, les villes et les colonies
DÉMÉTER ≈ CÉRÉS	– Céréales, fertilité de la terre – Initie les humains aux mystères de la fécondation, du renouvellemer de la vie et de l'au-delà
ATHÉNA ≈ MINERVE	– Déesse de l'intelligence (la *mètis*) – Déesse guerrière
HÉPHAÏSTOS ≈ VULCAIN	– Feu, forge et volcans – Protège les artisans

SYMBOLES ET ATTRIBUTS	SANCTUAIRES ET LIEUX DE CULTES
me, grenade nyrrhe, le myrte et la rose ombe	– Partout, particulièrement à Chypre et en Sicile – Sanctuaires à Paphos et Olbia
dre et tonnerre le le	– Partout – Sanctuaire d'Élide, oracle à Dodone et temples à Olympie et sur le Capitole
lent eval et taureau	– Très répandu en Béotie, dans l'Isthme et en Thessalie – Sanctuaires à Éleusis, au cap Sounion
ce à deux fourches, casque ant invisible celui qui le porte rès bère	– Peu répandu – Sanctuaires à Éleusis, Élis, Samothrace, en Sicile et sur le mont Soracte en Italie
lune lys paon et la génisse	– Très répandu en Argolide : villes d'Argos, Mycènes et Sparte, ainsi qu'à Lanuvium en Italie
flamme	– Partout – Temples et sanctuaires à Athènes, Rome, Corinthe, Larissa et Oropos
i de blé pavot porc	– Culte partout – Sanctuaire à Éleusis, fête des Thesmophories et temple en Sicile
olivier chouette nce et bouclier rgoneion (tête de méduse)	– Partout, surtout à Athènes – Sanctuaire de l'*Érechtéion* à Athènes. – Temple à Rome sur la colline de l'Aventin
a forge e marteau et l'enclume	– Culte à Athènes, en Asie Mineure et en Campanie – Sanctuaires à Lemnos et sur l'Etna. Temple à Rome (bâti par Romulus)

NOM	FONCTIONS
ARÈS ≈ MARS	– Dieu de la guerre – Garant des serments
APOLLON	– Protecteur des arts et des oracles – Archer semant la mort et la peste – Dieu du Soleil (Phoibos ou Phébu
ARTÉMIS ≈ DIANE	– Déesse de la nature sauvage et de la chasse – Vierge et protectrice de la vie féminine – Déesse de la Lune
HERMÈS ≈ MERCURE	– Dieu du voyage, du commerce et d marchands – Conducteur des morts – Messager de Zeus
DIONYSOS ≈ BACCHUS	– Dieu du théâtre – Dieu du vin – Dieu de l'étrangeté et de la folie

SYMBOLES ET ATTRIBUTS	SANCTUAIRES ET LIEUX DE CULTES
che ace et casque	– Culte en Thrace – Sanctuaire à Acharnes (Attique), temple à Argos et à Salamine, et à Rome (temple du capitole et champ de Mars)
Laurier lyre et l'arc cygne, le corbeau et le dauphin	– Répandu partout surtout à Argos, Sparte et Leucade – Oracles à Delphes, Délos et Claros
rc biche croissant de lune	– Culte particulièrement répandu en Tauride, à Sparte et en Phocide – Sanctuaires à Éphèse et à Brauron. Temple à Nîmes
ndales ailées tase (chapeau plat) ducée bélier	– Culte associé plus particulièrement à l'Arcadie, au mont Cyllène et en Crète – Très répandu en Gaule
yrse (bâton) lierre et le pin figue et la grenade panthère	– Culte très répandu – Temples majeurs à Athènes, Sparte, Smyrne, Éphèse et Baalbeck

POUR ALLER PLUS LOIN

Bonnefoy Y. (dir), *Dictionnaire des mythologies*, I et II, Paris, Flammarion, 1981.

Bremmer J., *Greek Religion*, Oxford, Oxford University Press, 1994.

Bremmer J., *Interpretations of Greek Mythology*, Londres, Routledge, 1987.

Bruit Zaidman L., Schmitt Pantel P., *La Religion grecque*, Paris, Armand Colin, 1989.

Brunel P., *Le Mythe de la métamorphose*, Paris, A. Colin, 1974.

–, *Le Mythe d'Électre*, Paris, Honoré Champion, 1995.

Brunel P. (dir), *Dictionnaire des mythes d'aujourd'hui*, Paris, Le Rocher, 1999.

–, *Dictionnaire des mythes féminins*, Paris, Le Rocher, 2002.

–, *Dictionnaire des mythes littéraires*, Paris, Le Rocher, 1988.

Burkert W., *Les Cultes à mystères dans l'Antiquité*, Paris, Les Belles Lettres, 1992.

Chantraine P., « Le divin et les dieux chez Homère », dans *La Notion du divin depuis Homère jusqu'à Platon*, Entretiens sur l'Antiquité Classique, 1, Fondation Hardt, Vandœuvres-Genève, 1952, p. 47-79.

Deforge B., *Le Commencement est un dieu*, Paris, Les Belles Lettres, 1990.

Delattre C., *Manuel de mythologie grecque*, Paris, Bréal, 2005.

Detienne M. (dir), *Transcrire les mythologies. Tradition, écriture, historicité*, Paris, Albin Michel, 1994.

Detienne M., *Apollon le couteau à la main*, Paris, Gallimard, 1998.

–, *Dionysos mis à mort*, Paris, Gallimard, 1977.

Dumézil G., *Entretiens avec Didier Éribon*, Paris, Gallimard, 1987.

Ellinger P., *La Fin des maux. D'un Pausanias à l'autre*, Paris, Les Belles Lettres, 2005.

Frazer J.-G., *Le Rameau d'or*, Paris, Robert Laffont, 1993.

Fricker B., *Mythe, philosophie, poésie*, Paris, Les Belles Lettres, 1999.

GANTZ T., *Mythes de la Grèce archaïque*, Paris, Belin, 2004.

GRIMAL P., *Dictionnaire de la mythologie grecque et romaine*, Paris, PUF, 1951.

HAMILTON E., *La Mythologie, ses dieux, ses héros, ses légendes*, Paris, Hachette, 1979.

REINACH S., *Cultes, Mythes et religion*, Paris, Robert Laffont, 1996.

ROMILLY J., *Homère*, Paris, PUF, 2005.

SAÏD S., *Approches de la mythologie grecque*, Paris, Nathan Université, 1993.

SCHELLING F. W., *Introduction à la philosophie de la mythologie*, trad. S. Jankélévitch, Paris, Aubier-Montaigne, 1945.

SÉCHAN L. & LÉVÊQUE P., *Les Grandes Divinités de la Grèce*, Paris, de Boccard, A. Colin, 1990.

SINEUX P., *Qu'est-ce qu'un dieu grec ?*, Paris, Klincksieck, 2006.

SISSA G. & DETIENNE M., *La Vie quotidienne des dieux grecs*, Paris, Hachette, 1989.

SOREL R., *Chaos et Éternité. Mythe et philosophie grecque de l'origine*, Paris, Les Belles Lettres, 2006.

VERNANT J.-P., *Mythe et pensée chez les Grecs*, Paris, Maspéro, 1965.

–, *Mythe et religion en Grèce ancienne*, Paris, Seuil, 1990.

–, *Mythe et société en Grèce ancienne*, Paris, La Découverte, 2004.

–, *Pandora, la première femme*, Paris, Bayard, 2005.

–, *L'Univers, les dieux, les hommes. Récit grec des origines*, Paris, Seuil, 1989.

VERNANT J.-P. & VIDAL-NAQUET P., *Mythe et tragédie en Grèce ancienne*, Paris, Maspéro, 1981.

VEYNE P., *Les Grecs ont-ils cru à leurs mythes ?*, Paris, Seuil, 1983.

INDEX DES AUTEURS ET DES ŒUVRES

TABLE DES MATIÈRES

Ce volume,
le premier
de la collection « Signets »,
publié aux Éditions Les Belles Lettres,
a été achevé d'imprimer
en décembre 2013
sur les presses
de la Nouvelle Imprimerie Laballery
58500 Clamecy, France

Dépôt légal : décembre 2013
N° d'édition : 7746 - N° d'impression : 312006

Imprimé en France